教育部长江学者和创新团队发展计划资助项目
（证据科学研究与应用）（IRT0956）

Forensic Ethics and the Expert Witness

法庭伦理学与专家证人

［美］安德鲁·桑顿 （Andrew Szanton）／ 编

［美］菲利普·坎德利斯 （Philip J. Candilis）／ 著
［美］罗伯特·温斯托克 （Robert Weinstock）／ 著
［美］理查德·马丁内斯 （Richard Martinez）／ 著

杨天潼 ◎ 译

中国法制出版社
CHINA LEGAL PUBLISHING HOUSE

图书在版编目（CIP）数据

法庭伦理学与专家证人/（美）坎德利斯等著；杨天潼译.
—北京：中国法制出版社，2013.8
书名原文：Forensic ethics and the expert witness
ISBN 978 – 7 – 5093 – 4846 – 8

Ⅰ.①法…　Ⅱ.①坎…②杨…　Ⅲ.①法伦理学 – 研究
②证人 – 司法制度 – 研究　Ⅳ.①D90 – 053 ②D915.13

中国版本图书馆 CIP 数据核字（2013）第 234963 号

Translation from English language edition：
Forensic Ethics and the Expert Witness
by Andrew Szanton, Philip J. Candilis, Robert Weinstock and Richard
Martinez
Copyright ⓒ 2007 Springer US
Springer US is a part of Springer Science + Business Media
All Rights Reserved

策划编辑　袁笋冰　　　　责任编辑　袁笋冰　　　　封面设计　周黎明

法庭伦理学与专家证人
FATING LUNLIXUE YU ZHUANJIA ZHENGREN
著者/（美）坎德利斯等
译者/杨天潼
经销/新华书店
印刷/涿州市新华印刷有限公司
开本/880×1230 毫米 32　　　　　　　　印张/8.75　字数/220 千
版次/2013 年 8 月第 1 版　　　　　　　　2013 年 8 月第 1 次印刷
中国法制出版社出版
书号 ISBN 978 – 7 – 5093 – 4846 – 8　　　　　　　　定价：30.00 元
北京西单横二条 2 号　邮政编码 100031　　　　　　传真：66031119
网址：**http://www.zgfzs.com**　　　　　　编辑部电话：**66066627**
市场营销部电话：66033296　　　　　　邮购部电话：**66033288**

前　言

　　为什么要有一部集司法精神病学伦理理论和相关原则于一身的专著呢？大部分的精神科医生可以在精神病学职业培训过程中，特别是在日常的工作实践中，获得有关的伦理学知识。但是，在临床实践中获得的伦理学知识，是否可以同样应用于专家证人的司法实践中呢？答案是"不能"。

　　例如当精神科医生作为专家证人时，他们扮演着与自已所熟悉的临床角色明显不同的另外的一个角色。临床精神科医生服务于病人利益；对他们来说，保证病人的利益和避免伤害病人，是高于一切的原则。但是，作为专家证人的精神科医生，病人利益就不是他们要优先考虑的，他们要做的就是作为控辩双方之外的第三方，为司法审判提供专业性的意见。他们所服务的对象，可以是刑事案件中的被鉴定人、侵权案件中的原告，或者是伤残索赔案件中的伤者——而不是病人。这就是专家证人与临床医生的本质区别所在。

　　无论现在的司法精神病学伦理理论在实践中有多么广泛的应用，但除非确定了明确的执业范围或工作领域，司法精神病伦理学才会真正的拥有自己的理论体系。当患者利益不再是专家证人首要考虑的原则时，那么什么才是可以维护被鉴定人利益或规避伤害的原则呢？如何将这些原则应用于庞杂的司法实践中，解决那些颇具争议的焦点事件呢？尽管我们在相关的细节问题上，已经尽可能的讨论、琢磨，尽量的尽善尽美，但仍存在着诸多的问题。比如，如果被鉴定人不配合身体检查，我们就无法对其进行鉴定，就更不要提什么鉴定原则应用了，就是这样一个简单的事例，就会轻易地摧毁我们之前所有的努力。

现在，我们仍不能确定医学伦理学价值观是否可以等同于法庭伦理学。一个简单的思辨即可说明这一点，在医学领域内，维护患者利益和规避伤害是永恒的原则，但这不可能是法庭专家的原则。被鉴定人已经有为自己辩护的律师，律师将竭尽所能维护被鉴定人的利益，这时，法庭专家如果仅仅揭示或阐述了对被鉴定人有利的结论，那么他的工作内容就会与律师相重合。最重要的是，这种仅对被鉴定人有利的，或无伤害的结果，在司法程序中，毫无价值。我们应该明确，法庭专家扮演着独特的角色，即应用相关领域的知识和经验，解决与法律相关的问题。这种角色将专家证人定位于中立地位，而与之相应的结果可能对某人造成伤害，也可能帮助某人，但最终将有助于公正裁判。

本书提供了有关临床医学和司法鉴定道德领域的丰富讨论，它的意义在于，不但可以就以前此方面的论述进行反思，也可以通过进一步的思考，逐步的演绎、推断它们之间的实质区别。几年前，我曾论述有关法庭伦理学理论，试图填补临床医学和司法鉴定实践中的道德鸿沟，但结果并不理想。当时，有其他很多学者对此提出疑虑，认为司法精神病伦理学缺乏伦理学基础，原因可能是我们还暂时无法从司法鉴定实践中找到可以依靠的中立性原则。

如何直面挑战？医学伦理学是在其具体的实践中逐步衍生出来的。无论如何，任何一名正在医学培训中的实习医生都会被告知"生命所系、性命相托"，即病人的利益永远是第一位的，这就是医学伦理学，或具体一点，这是临床医学的基本伦理道德价值观。那么，作为法庭伦理学的基本价值观是什么呢？我认为有两点：事实和尊重。事实，我们以维护事实为己任，也许我们的意见会造成伤害，但还原事件真实是我们的责任，通过客观鉴定的依据及丰富的鉴定经验，得出无论在客观还是主观上都能令人信服的鉴定意见是我们的义务；尊重，为何不将被鉴定人视为道德主体呢，尊重其知情权、尽告知义务、真诚交流、包容他们的缺点。这就是我所理解的法庭伦理学原则，对于我，对于任何专家证人，事实和尊重都将是中心法则。

如后文所述，我们在众多伦理学理论中，有选择的确立法庭伦理学原则，而我一直信奉其他思考伦理学的方法（例如美德伦理、叙事伦理等）。本书中，一系列使思辨更为轻松的原则将作为伦理法规的基础，我们也将探讨一些仍待完善的伦理学理论。在诉讼过程中，"慈悲"和"非杀"的理念仍然是大多数人的选择，这一理念与公正惩戒一样曾一度引起大量的关注，虽然我们的问题有些抽象，但这并不意味着我们不能唤起相关人士的关注。特别是司法精神病学鉴定所涉及的刑事责任、民事赔偿及量刑依据（特别是死刑）等问题，以上这些都将引起感性读者的强烈兴趣。

可以肯定，当讨论法庭伦理学理论和实践冲突时，我们的语言也许会显得匮乏而局促。面对或多或少的伦理学难题，我猜想，站在反对立场学者将不再固执己见，但这不表示我们已经消除了理论和实践的差异。简单引用几个例子，法庭专家是否应该提供案件中涉及根本法律问题的相关证据，或是否应该授权法庭专家参与死刑犯人的刑事行为能力鉴定，或明确鉴定实质问题的伦理学范畴，以上这一切都期待着法庭伦理学给出答案。

所以，伦理学会通常会以具体的方法解决我们所遇到的难题，这也恰恰是本书的价值所在。但是，确定的是，本书的价值不是我们的目的，我们并不是告诉司法精神病学家面对特别的困境时要如何去做，而是给他们提供如何思考的指南。仔细阅读本书，将会帮助精神病学医生选择正确的法庭专家角色，司法实践中引发众多批评的鉴定必须有合理的伦理学指南，关于一些特殊案件的介绍将列于书后。总之，法庭伦理学的价值极大的依赖于人们对它的热情，这些热情是我们获取伦理学真知的原动力。

哥伦比亚大学医学会

精神医学系

司法精神病学部主任

保罗·阿佩尔鲍姆教授（医学博士）

1

致　谢

当完成这本为法庭专家和司法鉴定同行所编写的著作时，我们知道我们将有很多朋友需要感谢。我们的主管，保罗·阿佩尔鲍姆、罗伯特·特鲁格和罗伯特·米勒，他们解决了我们遇到的基本伦理道德难题，启发我们以经典著作和伦理推理方法确立本书的框架。

我们感谢奠定了这种讨论基础的学者们，这一问题是："作为法庭专家，我们忠于谁"。我们列举了他们的研究工作，目的在于既探讨其影响，又为赞扬他们为本书所付出的努力。

本书的付梓不可能没有精神病学、生物伦理学和司法精神病学这三个学科多年积累经验的支持，在每一个相关领域，我们感动于相关人士的慷慨、关注和热忱，感谢他们与我们分享知识和经验。

我们特别感谢美国儿科学会的精神病学和法学（美国精神病法学会）前主席理查德·查诺恩博士、埃兹拉·格里芬及托马斯·格思里。

保罗·阿佩尔鲍姆为本书做出了特殊的贡献，作为本书主编的导师，他总是亲自解读伦理学难题，并常常引领我们的思考，拓展我们的思路。他最终为本书题写了前言。令我们由衷钦佩的是，他在一些法庭伦理学理论方面具有独特而敏锐的思维。

感谢坎德利斯博士和查尔斯·李迪兹在社会伦理学方面的指导，还要感谢乔纳森·劳伦及那些在医学伦理学方面给予我们指导的人们。

我们的编辑安德鲁·萨顿是我们的良师益友，他非常熟悉现今日趋紧张的职业伦理道德局面和西方伟大著作的思想，当我们表述混乱时，他总能以不同的角度、不同的风格，清晰无误地表达我们自己的思想。

马文·普罗索诺教授在历史叙述性理论方面给予我们极大的帮助，他利用丰富的法庭专家经历细致入微的解释法庭专家这一职业的历史沿袭，阐释历史上的科学和法律争端，他的工作是本书的重要组成部分。

我们要感谢阿兰·斯通和麦克兰·温斯托克博士，他们归纳总结了司法精神病伦理学的伦理框架。

感谢理查德·罗斯勒帮助温斯托克博士改进法庭伦理学的研究方法。本书曾遇到了诸多挑战，感谢大量专业人士的精神鼓励，感谢罗伯特·豪斯、罗伯特·弗里德曼、卡尔·兹米特、约翰·凯利、杰夫·米特兹娜、麦克·文森博格、菲力·温特劳布、罗伯特·科茨、哈维·米克曼和丹·萨文，特别感谢丹尼斯·托马森、罗伯特·特鲁格和罗伯特·科尔斯，感谢丽塔·查荣、阿瑟·弗兰克、凯瑟琳·蒙哥马利·亨特、沃伦·瑞兹和理查德·塞尔泽在医学人文学领域的帮助。

感谢马丁内斯博士的朋友和家人，尤其是大卫·穆思和新奥尔良社区，他们在飓风灾难时给予我们极大的关怀和帮助。

已故的伯纳德·戴尔蒙德给我们提供了很多有关法庭伦理学的相关知识，由于与他交流不多，以致本书在此方面存在不足，我们希望能在以后的论著中补充上述内容。

我们的同事，为聋哑人服务的维斯特伯劳思医院的琼斯、温迪·佩特雷卡和尼奥·格力特曼曾与我们深入探讨文化沿袭方面的问题，与之交流使我们受益良多，在这里一并对他们表示感谢。

另外，感谢我们的父母，他们启蒙了我们对古代哲学的兴趣，他们是我们首先要尊重的老师。本书中，我们综合了很多优秀人士的工作，我们相信我们展示了一种新的思想。在种种思潮、历史变革和鲜活事例面前，在我们与法庭专家、律师、被鉴定人及其家属的交流中，我们似乎已经超越了一个作者的范畴。我们知道本书对我们和他们、对司法实践将具有重要意义。

菲利普·坎德利斯
罗伯特·温斯托克
理查德·马丁内斯

目　录

第一部分

简介和概述

第一章　法庭专家的伦理学问题

简　介

专家证言证词在伦理学上具有必然挑战性和复杂性。专家证人把他们各自领域的伦理学规范不知不觉地引入到司法审判体系中，而这个体系是一个由截然不同的伦理道德理念所统治的领域。尤其当一些专家证人来自于纯粹的医学伦理学领域时，这些伦理理念上的冲突就更为明显。

我们可以以司法精神病学鉴定人证人为例，说明上述的伦理学冲突：首先，精神病学专家的证人证言涉及诸多领域，如神经病学、生物学、药理学、心理学、社会学甚至统计学；其次，他们所得出的临床医学结论，必然包含有政治、经济、文化等社会因素；最后，如果精神病学专家证人证言涉及性暴力或性犯罪方面，那么他们的证言所展示的内容必然会与根深蒂固的社会传统理念发生激烈冲突。在这些伦理冲突中，不同的理论、思想混杂融合，衍生了很多有关司法精神病学的新理论、新思想，而这些新的理论成果都不可避免地与司法审判相关联。与许多自然科学一样，精神病学的自然科学属性和人文科学属性都依赖于推理性论证或逻辑性分析，这种属性往往与伦理学理论体系格格不入，因而必然产生冲突。遗憾的是，这种冲突无论在过去和现在都存在于法庭科学的所有领域。

自然科学，如精神病学，与法学的不同之处在于分析问题的方式。自然科学往往会事先设定假设，然后应用实验或其他手段去证明这个假设。在这个过程中，自然科学学者会通过不断的调整、验证、演绎来完善、修正假设，最后，甚至会完全推翻先前的假设。而法学则不同，它往往需要即时或立刻对事件做出明确判断，而且这种判断一旦得出，就极少会有机会对其进行过多的修正。

作为医学分支的司法精神病学与纯粹的精神病学不同，它被赋予了双重使命，既要提供医疗服务，又要有诸如报道虐婴、限制有暴力倾向的精神病病人等的附加职责。但是，社会医疗服务职能永远是最重要的。

法律具有它自己独特的学科属性。作为一种社会调节规范，法律着眼于解决纠纷，公平和正义是其基本理念。当然，法律还具有如惩戒、教育及引导的作用。实际上，它潜移默化地影响或调整着社会的其他领域，但维持社会规范还是其最根本的作用。

法庭专家服务于司法系统。司法系统希望法庭专家能最终帮助实现维护"公平正义"的最终目的。同时，由法庭专家所组成的专业机构也会引导、规范他们的具体职业行为。在司法实践中，会引发这样或那样的伦理学冲突。对法庭专家来说，他们服务于与其原有专业领域时时矛盾着的伦理学框架。

这种冲突极具戏剧性，当发挥惩戒作用时，法律往往会严厉地惩罚个人（罚金、拘禁，甚至死刑）。这种情况下，法庭专家必须应用其专业知识，来保证或促进这种刑罚的实现，但这却与法庭专家自身的医学属性（治病救人、悬壶济世等）背道而驰。

在日常司法实践中，有很多事实可以证明这种冲突明显存在着。法庭专家并不了解法庭辩论的技巧，所以在法庭辩论过程中常常会被辩护律师所误导。这时，他们会非常恼火，因而，有时候他们会摆出专家的架子，显得无理而专横，暂时丢弃了温文尔雅的学者风范。由于学科思维不同，法庭专家并不会像律师那样，把案件本身视为至关重要的事情。有时候，他们甚至会先关注完当天的日程后，再来思考案件事实；有时候，法庭专家在法庭辩论过程中，会迫于被鉴定人的压力，而重新审视自己的结论；有时候，有些人甚至会游离出法庭专家的神圣角色，做出与事实相悖的伪证。法庭专家的特殊社会角色与司法审判系统不断地发生着冲突，他们既有自然科学学者温文尔雅的特性，又有法律事实意义上的个人权力。

事实上，如果我们无视职业伦理与法律之间的差异，法庭专家将被视为"雇佣枪手"（hired guns）。这个词汇可理解为，法庭专家将自己待价而沽，他们会将自己的专业知识出售给那些出价更高的人。经过一番严谨的考证之后，一名司法精神病学学者将"雇佣枪手"现象形容为最大的道德灾难。据我们所知，很多司法精神病学者一直在致力于解决这方面的问题。

在充满对抗和敌意的法庭辩论气氛中，控辩双方一般都会直接将法庭专家视为"雇佣枪手"，但这种假想往往是错误的。实际上，科学的、严谨的法庭科学结论将忠实地履行其证明事实的作用。这种情况也许与激进疗法治疗儿童抑郁症、侵袭性疗法治疗癌症或某些保守治疗一样，存在着永不停歇的争议，但其作用却毋庸置疑。

法庭专家之间的论战可以引起诸多法律上的争执。这些争执可能来源于各执一词、视角差异或由来已久的敌意，这些争执还可能在实际的诉讼过程中被不断激化，比如由于程序不合法等问题，法庭专家也会对有些鉴定依据没有被采信而感到十分恼火。

法庭专家证言证词中的伦理学问题是多元化的。它不仅来源于法庭专家声望和专业间的抗争，也来源于得体或粗鲁的庭辩态度。得体的庭辩态度——如理性地提出自我观点；粗鲁的庭辩态度，如不负责任地夸张、否定于己不利的意见或误导陪审团等。

那么，什么才是伦理证言的平衡点呢？什么样的理论体系既适合法庭专家的专业特点，又适应司法实践呢？所谓的伦理学冲突又是如何影响法庭专家们的？一种后来经证实了的犯罪行为是否会影响法庭专家的原有的鉴定或改变他们的证词呢？作为少数人群的法庭专家又是如何影响司法实践的呢？本书将逐一探讨上述问题。

我们开始讨论最简单的问题："仅仅建议如何解决争议"。以此为标准，只要它没有违反法律的基本规定，任何行为都可以被认为是符合伦理道德的。任何法律条文的基本原则都是惩戒那些违反法律而应该被处罚的人。

在本书的开始阶段，我们将尽量以中立、客观的态度来讨论这些问题：我们仅仅建议如何解决问题。以此为基调，任何行为只要没有被社会普遍约束，我们都暂且认为是符合伦理道德的；除了那些真正有悖人性的刑罚措施外，所有的法律条文也都将被认为是合理的。

关于对司法实践的理解，由于法律可能不支持或并不认可伦理学专家的意见，因此了解伦理学及如何做好法庭顾问等问题显得特别关键。因为法律总是具有强制执行性，法庭专家必须理解他们所要面对的司法伦理道德规范。

我们希望法庭专家能够超越自我专业范围，摒弃一些狭隘的伦理窠臼，我们赞成将这样的态度称之为"理想伦理"（aspirational ethics）。它要求严谨的职业道德和正直人格，这些也是本书将要展示的一种更为理想和完备的专家证人工作。作为一种伦理规范，它将可以应用于法庭辩论，超越那些无休止的法庭争论或非道德的证言证词，整合法庭专家的专业优势和司法实践，整合职业操守和个人道德，促进产生美好、正直的行为。

首先，为了更好地理解法庭伦理学，我们将展示有关研究的演进过程。我们的目的在于重新审视法庭专家的历史影响，并尽量通俗地以伦理学视角解读法庭专家的工作。最终，我们将建立起一种能够处理复杂案件的伦理学架构。

有关职业特殊性的思考、复杂多变的道德体制以及如何真正认识伦理冲突的核心，这些问题都需要对法庭科学的司法实践有一个明确的理解。从司法实践角度思考，也许司法审判系统暂时还认识不到法庭专家会给司法实践带来多么大的促进作用，但他们必须要意识到法庭专家的独特性和重要性；作为法庭专家，由于法律可能会限制他们的自然科学属性，他们就必须时时明确自身的职业操守和司法辅助职能。

关键的证据具有一面性（one-sided），即它往往只有助于起诉或抗诉，但完美的专家证言，至少在伦理学范畴内，可促进这两方面达到平衡。在现今的司法实践中，法院要求法庭专家不但能提供一份能够证明的事实，而且还要提供有待证明事实的详细清单。但是，这种方法并不能够完全阻止那些自愿成为"雇佣枪手"的法庭专家的枉法行为。我们需要一种更为完善的法庭专家伦理道德行为规范。因此我们将细致地讨论一些伦理学学者的观点和理论，这样我们也许能够更为深入地发展法庭伦理学理论，并使之涵盖更为广泛的司法实践领域。

法庭科学的历史沿袭

法庭专家历史悠久。例如，在古巴比伦，助产士除了帮助分娩外，还会从事确认怀孕、贞操鉴定和是否具有生育能力鉴定等工作；

同样的，古罗马也将助产士、书记员和土地勘测人员视为在相关领域内具有专业特长的"专家证人"。

在早期的法典中，更为重视的不是犯罪意图，而是犯罪事实。但是，在以"以眼还眼"（an eye for an eye）而闻名的"巴比伦汉谟拉比法典"（Babylonian Code of Hammurabi）中，却已经认识到了犯罪动机的重要性，现今的法学家们均认为这一点恰恰是汉谟拉比法典的闪光之处；在申命记①（Deuteronomy）中也同样突出了犯意的重要性，据其记载，在避难城市中，由于形势所迫而过失杀人的行为，由于不具有犯罪意图将不被惩罚。

在古代，社会冲突的解决往往更为依赖陪审团的心证，医学方面的专家远远不像今天一样因司法实践中的专业问题而被频繁地咨询。即使这样，在古希腊，虽然很少将专家证人引入到司法实践中，但具有医学专业知识的人还是会在奴隶贸易中检验奴隶是否具有某些生理方面的缺陷。

即使到了公元前6世纪雅典的梭伦时代，判决罪行仍然多依赖于心证。大约3个世纪后，直到亚里士多德首次著书立说，确认冲动和无意识的犯罪可酌情减轻刑罚，才削弱了心证的力量，使审判逐渐倾向于确实的物证。

希波克拉底②及他的学派思想（公元前3世纪～公元前4世纪）也极大地影响了现代的医学思维。现代舆论界的某些观点就是建立在这位古代希腊医生的临床医学和法庭科学著作的基础之上，他们

---

① 申命记：《圣经·旧约全书》中的一卷。据说由摩西记载，是重申上帝的律法和诫命之重要，也就是说遵行诫命的必蒙福音，违背诫命的必受咒诅和不遵守诫命悖逆的后果。——译者注

② 希波克拉底（约公元前460年～公元前377年）：被西方尊为"医学之父"的古希腊著名医生，欧洲医学奠基人，古希腊医师，西方医学奠基人。作为西方医学之父，希波克拉底的贡献不仅是首先制定了医生必须遵守的道德规范，而且在医学观点和医疗实践方面，都对以后西方医学的发展有巨大影响。——译者注

把希波克拉底的伦理学理论归纳总结为"趋利避害"或"善待彼此"。

但是，这些思想有可能并不完全来源于希波克拉底，由于医学的初始理念"仁慈之心"多出现在希波克拉底的著作中，所以这些思想往往也被曲解为是医学誓言的一部分。但实际上，医学誓言并没有有关"趋利避害"的解释，而"善待彼此"是集众多古拉丁学者理论思想于一身的理论产物。即使这样，医学誓言也因曾被认为标榜了种族主义，而被排除在希腊医学的主流思想之外（但也可能与希波克拉底无关）。

这个甚至禁止手术的"誓言"，曾令人吃惊的被游离于它所处的时代和思想之外。但由于它"反对堕胎、反对自杀"等思想内核与基督教基本教义相一致，因而被后来的基督教会所推崇。但是，它的核心价值与古希腊的价值观相悖。由于"希波克拉底誓言"（Hippocratic Oath）多反映了温和的干涉主义和天主教的自我救赎思想，所以它很可能起源于中世纪欧洲。但医学誓言所体现的思想与许多希波克拉底著作中所体现的思想是相互冲突的。

我们应当意识到，对那些古老的思想标准不能期望过多。希波克拉底誓言也许并没有正确诠释法庭科学的伦理学内涵，但它的基本思想"针对医生这一特殊群体，确立一种医疗职业的义务和责任"以及"善待彼此"等理念仍然是被公众所认可的医学道德规范。只不过，它是否可作为法庭专家的伦理学理论基础，仍然有待探讨。

现代法医学的起源可追溯到欧洲中世纪。有关现代法医学的记述，最早出现在16世纪初期的一些论著中。1507年，查尔斯五世时期的首席大法官班伯加在编写刑法法典时，就要求在所有诸如人身伤害、谋杀或流产案件审判中，必须出具专业的医学证明，专家证言因而被认为具有辅助审判或有助于案件调查的作用。因此，"法庭专家"也就成为查尔斯神圣罗马帝国①（Charles's Holy Rome Empire）法典的内容之一。

另外一个有关法庭专家的记述出现在 1511 年的法国巴黎，当时的国王菲力曾写道，他的一名深受尊敬的外科医生，以法庭专家的身份在巴黎的法庭宣誓作证。

1664 年，英国开始出现法庭专家。托马斯·布朗，因在一个有关巫术的案件中作证，而可能成为英国历史上第一个有据可查的法庭专家。他后来被授予爵士爵位。在一个有关灵媒通灵致人癫痫的案件中，他证明了当事人看到同样穿着的其他人时，也会引起癫痫发作，说明癫痫不仅可发生在灵媒的通灵过程中，也可出现于其他情况，证明灵媒的通灵行为不是引发癫痫的唯一原因，从而证明了癫痫发作与灵媒的通灵行为并无直接关联。但囿于当时的医学水平所限，这位令人尊敬的内科医生并没有认识到癫痫是一种自身疾病，而遗憾的将其解释为巫术由一个人转移至另一个人身上的结果。不过即便如此，他的证言仍然改变了法庭的最终判决，为那位灵媒最终洗脱了罪名。

然而在美国，情况又是另一个样子了。在美国的司法程序中，医生的作用会被尽量弱化，美国尽力将医学与法律区别开来。直至 19 世纪早期，在托马斯·珀西瓦尔，一位从事公共健康事业的医学哲学学者的工作基础上，美国才第一次建立起了它自己的医学伦理学理论。大概在 1790 年左右，珀西瓦尔完成了有关医学伦理学的著作，这本著作关于医学职业行为规范的基本框架与希波克拉底誓言有许多共同之处。但就在不久之后的 1789 年，英国曼彻斯特爆发了

---

① 神圣罗马帝国：全称为德意志民族神圣罗马帝国或日耳曼民族神圣罗马帝国，962 年至 1806 年，在西欧和中欧的封建帝国。早期为统一的国家，中世纪后演变为一些承认皇帝最高权威的公国、侯国、伯国、宗教贵族领地和自由市的政治联合体。其历史可追溯至罗马帝国。——译者注

大规模的流行性传染病，许多医生不但没有坚守岗位、治病救人，反而纷纷逃离，因而为社会所诟病。珀西瓦尔的著作并不是只局限于法庭专家领域，而是主要包括三方面内容：首先，法律要正式规定，医生，出于荣誉，必须要把维护病人的健康作为首要要务；其次，既然法律与医学的天然学科属性不同，那么法律和医学就要有各自独立的理论体系；最后，医生应独立行使治疗权，并应有豁免权。

虽然从未被那些由英格兰移民而来的主流社会所接受，但珀西瓦尔守则仍然成为了美国的伦理学准则。1847 年，在美国几所医科学校之间展开了有关医生道德的激烈争论。这次争论的直接结果导致了美国医学会的诞生，而美国医学会所遵循的基本原则及思想则皆来源于珀西瓦尔。

至于英国，众所周知，作为一个推崇绅士风度的国家，它尊重传统更甚于尊重法律条款。因此，医生们常以荣誉感约束自己，而不是专门的道德条款。英国的律师希望给予专家证人以自愿权，尤其是某些涉及个人隐私案件的时候，由专家证人自己决定是否出庭而不是被迫作证。时至今日，英国依然没有强制专家证人出庭的法律，而是依历史传统采取专家证人自愿出庭制。美国和英国的专家证人是很好的例子，说明了专家证人与法律的关系——"强制性或保有自我权"。

1900 年以后，美国仍然没有对司法精神病学鉴定人的作用达成一致意见。1909 年，宾夕法尼亚州的法学教授艾德文·凯蒂主持了一个防治精神疾病的专业委员会，该委员会的成员包括了当时的知名律师、法官和精神病学专家，但他们仍不能确定精神病学专家在法庭上到底能发挥什么样的作用。但凯蒂相信，医学专家至少会向陪审团提供有关被鉴定人精神状态方面的专业意见。20 世纪 20 年代，杰出的精神科医生阿尔托夫·梅耶和威廉·怀特，成功地应用自己的专业结论改变了陪审团的意见，他们建议应该将医学和法学观念一同整合到有关涉及精神疾病的司法审判中。

随着时间的推移，有关提高精神病学专家诉讼地位的呼声日益高涨。知名的精神病学专家卡尔·孟宁格同意威廉·怀特的观点并进一步提出，过度的刑罚代表着一种报复，是不人道的，应由专业人士去判断精神状态异常的犯罪行为，但这并不意味精神病专家拥有审判权。例如怀特就曾表示，如果不涉及死刑判决，那么他愿意协助原告进行有关诉讼。

大概在 1950 年左右，开始出现为精神状态异常罪犯免责的呼声，这一呼吁得到了心理分析学界的广泛认同。从那时起，伯克利分校伯纳·唐纳德教授开始辅助法庭对犯罪行为进行综合的心理学分析。心理分析师（弗洛伊德毕生所从事的工作）从心理学角度开启了许多解释人类行为的窗口，他们将诸如童年经历、家庭环境等因素整合到社会整体这一角度来综合分析人类的行为。随着唐纳德的参与，加利福尼亚最高法院将是否为精神病犯罪减刑正式列入法庭审判所需考虑的事项中，这既拓展了审判空间，也使精神病学专家证人成功地进入了司法审判领域。

但是在八十年代，美国公众决定变革"能力乏弱"（Diminished capacity）制度。这一变革的起因来自丹·怀特，他在办公室内残忍地杀害了深受民众爱戴的洛杉矶市市长乔治·莫斯科尼和同性恋权益倡导者哈维·米尔克。后经证实，丹·怀特是一名精神病患者，当法庭以"精神病免责"原则对其减刑时，引起了洛杉矶市民广泛而强烈的抗议。我们可能会回忆起当时的情景，一块抗议标语牌上写着"甜点抗辩（Twinkie defense）①"，借以讽刺"精神病免责"原则。人们认为在这一案件中，"精神病免责"的原则不应该适用于罪大恶极的犯罪，这个原则只会减免这类罪犯的罪行而使正义得不到声张，他们形容这种情况为"营养过剩的快餐"（a diet rich in fast food）。公众、媒体和社会团体清醒地认识到"精神病免责"原则被误用了，因而必须对其进行调整。

---

① 甜点抗辩：1977 年，曾任职警员及消防员的丹·怀特出任美国旧金山市政委员，于短短一年后，他因为个人财政问题而被迫辞职。但在宣布辞职几天后，他改变主意，要求当时的市长乔治·莫斯科尼再次委任他，但由于市长已决定另派他人补上，故此拒绝了丹·怀特的要求。1978 年 11 月 27 日，丹·怀特持枪从地下层的窗口潜入政务大楼，先闯入市长莫斯科尼的办公室将市长射杀，而后于另一位置将另一市政委员、知名同性恋权益倡导者、运动者哈维·米尔克射杀。丹·怀特事后被抓获。在法庭审诉中，丹·怀特的辩护律师，聘请精神病学专家马汀·布蓝德为其辩护。马汀·布蓝德指出，丹·怀特于作案前曾进食大量高糖分零食 Twinkie 及饮用可口可乐，这些高糖分的零食，使脑部化学物质失衡，令丹·怀特陷入抑郁，降低了他控制自己的能力。而丹·怀特是一名前运动员，他清楚知道这些零食对自己身体有害，可能导致他的抑郁症状。精神病学专家马汀·布蓝德这段触目的供词，被媒体称之为"甜点抗辩"。然而，这个典故事实上纯属媒体的误报，马汀·布蓝德只是想证明丹·怀特精神失常，并将他作案前曾暴食大量零食这件事，引用作为他精神失常的事证，而并非是指他因暴食大量甜点导致精神失常。无论如何，与大家预期所不同的是，陪审团最后接受了辩方的供词，将原本控告丹·怀特的有预谋蓄杀罪改为罪名较轻的蓄意误杀罪，法官则判监禁刑期 7 年 8 个月。丹·怀特事前将枪上了致命的实弹弹药，又懂得从地下层窗口潜入，以逃避金属探测器，并成功的避过了保安，将市长莫斯孔尼射杀，事后又能够于大楼内找出米尔克并将其杀害。陪审团的判决令大众哗然。骚乱受害人之一米尔克是一名同性恋者，生前极力为同性恋社群争取权益，受到同性恋社群的爱戴。米尔克公开的同性恋者身份，也曾使他生前收到不少的匿名威胁及死亡恐吓，而法庭对米尔克被杀案的判决，触怒了同性恋社群。1979 年 5 月 21 日，一群同性恋者发起了抗议行动，他们在市政大楼附近的卡斯特罗街外聚集，初时只是展示标语及举拳呼喊。人群由卡斯特罗街游行至市政大楼，在途中人数不断增加，最后突破了 1000 人。游行最后演变成一场骚乱，大会堂被破坏，窗门损毁，杂物散落在街上，多部警车被破坏焚烧，多人受伤送院。1982 年 6 月，加州州议会投票通过第八议案，也就是知名的"受害人权利法案"，明确废除以"能力乏弱"（Diminished capacity）为抗辩理由，并以"事实乏弱"（Diminished actuality）取代，所针对是辩方当时是否确实有犯罪意图（事实乏弱），而不再是针对辩方当时是否有能力作出犯罪意图（能力乏弱）。第八议案企图禁止精神病学家为有关罪行作证。此外，加州刑事法中所定义的"预谋杀人"及构成谋杀须有的恶意被废除，回归到普通法的定义上。而甜点抗辩虽然纯系媒体误报所致，但因以讹传讹，已成为美国众多都市传说中的一条常为人谈论的故事。——译者注

20世纪60年代，作为"能力乏弱"争论的结果之一，很多以"治疗性法理学"（Therapeutic jurisprudence）为研究对象的复合型学会建立了起来，它们应用法学理论研究医学的诊疗常规。这也许是那些偏好提供枯燥理论数据和主张自己法律伦理地位专家之间的妥协产物。

"管理式医疗"的兴起广泛地限制了病人的诊疗权力，他们不得不在医疗保险的框架内严格选择自己的诊疗行为。针对"管理式医疗"，极富影响力的美国医学会伦理委员会及其法事委员会（负责解释美国医学会各项条例）要求全美的医生在诊疗过程中不应囿于保险条款，而应把病人的利益放在首位。到了20世纪末，诸如科学研究和管理医学等领域也开始要求医生明确其医学价值，它更为强调医生的人性本质属性。如果某些价值是有害的或会置医生于危险境地的，那么这些所谓的价值就应被摒弃。

今天，我们以一种专业的视角来审视法庭专家：他们是自身专业和司法结合的产物，或者换另一种说法，法庭专家是诉讼冲突的平衡者或调节者。对法庭专家历史的简要回顾说明，法庭专家将永远处于专业和非专业领域间的冲突之中。本书中，我们将自始至终地讨论法庭专家所应遵循的，在社会、历史及专业影响下的法庭伦理学。

引 子

有关伦理学的任何讨论都应首先有个明确的定义，这决定了整个伦理学理论框架的成败，任何一丝定义上的瑕疵都会误导此后的所有研究。

美国司法精神病学奠基人、美国司法精神病学泰斗、南加州大学西蒙·波拉克教授将司法精神病学定义为：司法精神病学是应司法实践需求而进行的精神病学鉴定活动。司法精神病学鉴定及咨询都直接服务于司法实践，"公平正义"将取代医学伦理观念中的"治病救人"而成为司法精神病学的最终目的。

但是，美国精神病法学会将司法精神病学更广泛地定义为：司法精神病学是精神病学的分支，它应为民法、刑法、司法和立法领域内，尤其是为那些高危犯罪领域内的法律问题提供精神病学专业意见。

从波拉克到美国精神病法学会对司法精神病学的定义意味着一个重要的伦理学演变。波拉克将司法精神病学从广义的精神病学中分离出来，广义精神病学更重视普遍的精神病学理论、概念、准则和规范。在他看来，尽管普遍意义上的精神病学也涉及一些法律问题，但广义精神病学还应包括司法精神病学和普通意义上的精神病学，这两者之间的本质差别在于精神病学以治疗精神方面的病症为目的，而司法精神病学以服务司法为最终目的。

而美国精神病法学会则从精神病学与法律交错的关系方面定义司法精神病学。就美国精神病法学会而言，它更为重视司法精神病学与法律的关系，而在传统意义上的精神病学和法律之间并不存在绝对的差别。以此定义为指导，美国精神病法学会更为赞同司法精神病学调节个人和社会之间关系的法律作用。事实上，2005年美国精神病法学会明确宣布，精神病学应包含有司法伦理学方面的内容。

我们有关司法精神病学定义的争论并不仅仅是为了定义某个名词。司法精神病学和普通意义上的精神病学法律问题之间存在极其微小的差异。纽约大学法律和精神病学研究计划项目主持人理查德·罗斯纳支持波拉克的观点，他认为司法精神病学鉴定人应游离于其专业领域之外，只有为整个司法体系服务而不是仅仅是为被鉴定人服务，才是符合法庭伦理学的正确行为。

理查德·罗斯纳将担任法庭专家的司法精神病学鉴定人与诉讼比喻为消费者与汽车推销员之间的关系。实际生活中，消费者关心的只是汽车的质量和价格，而不会关心汽车销售员在交易中是否获得利益。也就是说，司法精神病学鉴定人应关心的是公平正义，而不是原告、被鉴定人等诉讼参与人。

但是哲学学者对此持有异议，他们认为作为法庭专家的司法精神病学鉴定人的专业角色无法脱离其精神病学的医学背景，他们毕竟是应用精神病学的理论和方法得出相关鉴定意见的。因此，他强调司法精神病学鉴定人仍然具有其专业属性。许多近现代学者都支持这种观点，他们认为司法精神病学必须基于临床医学和医学伦理学才能更好的发展。

最近，坎德利斯等学者赞同这一观点，他们指出大众希望法庭专家能够保持其医学属性。也许这种对专业道德的期望由来已久，但它至少是对那些正在或将要抛弃其自身专业属性的法庭专家的提醒。与波拉克同时代的学者戴尔蒙德曾这样提醒司法精神病学鉴定人，"当他们盲目地以司法责任为自己的终极目标时，他们弥足珍贵的医学专业价值也将随风而逝"。

美国精神病法学会对司法精神病学的定义涵盖了司法精神病学鉴定人的多重属性和功能，它将精神病学工作融入广泛的司法实践中，但并没有剖析司法精神病学和普通精神病学之间的差异。实际上，司法精神病学既包含了所有精神病学与法学的交叉领域，又包含了精神病学实践中涉及的法学问题。司法精神病学从对如何正确治疗精神病人的范围里脱离出来，转移到如何能更好地帮助法庭审判有关精神病学案件的范畴之内。

就像美国医学会和美国精神病法学会认为的那样，伦理道德行为准则必须与专业行为相伴行。法庭可以决定什么是合法的，但它只能间接地影响什么是符合专业操守的。实际上，专业化的伦理学准则往往会高于法律要求。虽然伦理道德的准绳高于法律要求，但法庭专家如果有违反伦理准则的行为，也会受到法律的制裁。

任何定义都有其局限性。定义往往代表了一种强烈的限制或憧憬的理想，它也许只可能引起小范围的波澜，但也可能引起极为广泛的关注。

但调查数据表明，传统医学伦理学与司法精神病学确实有所关联。实际上，美国精神病法学会曾要求美国精神病学学会这一特殊医学机构督促其分支机构制定伦理学规范。美国精神病法学会给美国精神病学学会和美国医学会提供了伦理学方面的补充规范。另外，作为美国精神病学学会分支机构的司法精神病学、美国精神病学和神经病学委员会，也按照医学伦理学的相关规范进行了整合。

有关定义和历史叙述是讨论法庭专家伦理道德的重要组成部分，作为法庭伦理学探讨的一个重要起点，美国精神病法学会对司法精神病学的定义融合了相关的历史背景，具有重要的理论价值。我们将通过戴尔蒙德和波拉克这两位令人尊重的学者对法庭伦理学的不同见解之间的争论，进一步向大家展示法庭专家的历史。

戴尔蒙德和波拉克之辩

伯纳德·戴尔蒙德和西蒙·波拉克一致认为，司法精神病学是出于法律目的，通过应用精神病学理论和方法解决司法实践问题的科学。波拉克推崇维护法律为司法精神病学终极目的的观点，他坚持公平正义应该是法律的最终目标。其支持者认为，法律应明确地限定司法精神病学鉴定人的角色定位而无需考虑司法精神病学关于医学伦理方面的问题。

戴尔蒙德认为司法精神病学鉴定人应为改进司法实践做出贡献，他赞同司法精神病学鉴定人在为法律服务的同时保持自我的医学属性，他们应努力帮助司法审判系统向更多人性化、更少惩戒化方向发展。这种观点，正如我们现在所看到的，不仅存在于司法精神病学界，也同样发展于法理学领域。法理学界认为，在涉及精神病人犯罪的案件中，各州的法律体制应服务于诊疗目的，从法律角度出发，规范精神病人的个人行为，使之符合法律规范，并最终改变其行为，帮助被鉴定人或罪犯悔过自新，有益社会。

尽管波拉克曾经拥护过纯粹的以公平正义为目标的司法鉴定人制度，但在有关瑟翰案（Sirhan case）① 的死刑判决生效后，他改变了原有想法。有人认为他的专家证言直接导致了罗伯特·肯尼迪暗杀案中的被鉴定人被执行死刑（后被改判）。虽然一直尽力保持"非杀"的道德底线，但他最后认识到，在这样重大案件的判决过程中没有人可以抗拒死刑判决，最终他再没有以专家证人的身份出庭作证。

波拉克的选择也是本书所讨论的中心主题。一方面是公平正义

---

① 瑟翰案：广受爱戴的美国总统约瑟夫·肯尼迪被刺杀后，他的弟弟，参议员罗伯特·肯尼迪成为了拥护者的焦点。与哥哥相同，罗伯特也充满了个人魅力，俨然一颗政治舞台的新星，甚至被认为是约瑟夫·肯尼迪的继承人，不仅成为了党内的希望，也成为了全国人民的希望。一时间，人们从约瑟夫·肯尼迪被暗杀的悲痛中走出来，转而支持罗伯特·肯尼迪。不料，暗杀的诅咒并未远离，很快，就再一次的袭击了肯尼迪家族。1968年6月5日，在洛杉矶的大使饭店，当罗伯特·肯尼迪结束对支持者的演讲返回时，几声枪响从人群中传来，罗伯特·肯尼迪倒在血泊中。大约26小时以后，另一个优秀的肯尼迪从世界上消失了。刺杀者被当场抓获，他就是瑟翰（Sirhan）。瑟翰为巴勒斯坦人，出生于耶路撒冷，12岁举家迁往美国，从纽约到加州，毕业后在马场做了马夫。被捕后，瑟翰被判处死刑，行刑方法是毒气室。因加州废除1972年之前的所有死刑判决，瑟翰侥幸被改判终身监禁。瑟翰一生中多次改变宗教信仰，从马龙派教徒到浸信会教徒再到华安联合会教徒。因肯尼迪在1967年的六日战争中支持以色列，瑟翰感到被出卖和背叛。这就是他行刺的动机，他甚至在日记里面写下"RFK must die"的字样。——译者注

的惩戒，一方面是内心对死刑的抵触。虽然波拉克最终倾向于排斥死刑，但并不妨碍我们对人性价值的讨论。最重要的是，要结合法庭伦理学来讨论人性。

戴尔蒙德赞同波拉克由于内心对法律某些严厉惩戒方面的抵触而拒绝出庭作证的做法。实际上，戴尔蒙德也相信，他无法兼顾到诉讼中所有利益方的利益。对他自身而言，他并不愿意为起诉方服务。他认为，作为一名医生，其职责是解除病痛。因此，他觉得自己应该只为被鉴定人一方服务。他推测，某些时候，法官在主动的或故意的怂恿司法精神病学鉴定人为起诉方服务，因为起诉方可能具有相当的政治背景，为他们服务将有助于法官的政治生涯。

由于案件事实并不能支持被鉴定人，或因为辩护律师运用法律手段使有些相关资料不被采信等原因，戴尔蒙德拒绝了大部分的担任法庭专家的邀请。戴尔蒙德也曾经与辩护律师进行过良好的沟通，目的在于在法律允许的范围内交流诉讼经验，以利于一致合作。他对被鉴定人的支持既基于严谨、忠诚的科学态度，也基于对整个案件事实的充分了解和把握。戴尔蒙德赞成被鉴定人或律师拥有沉默权，而且他坚持"从轻处罚"原则，即便在实际的庭辩过程中，他也丝毫不掩饰自己的观点，他始终认为挽救躯体和灵魂应是惩罚的精髓所在，如果为了惩罚而惩罚，那将是非人道的，他已经在进行诉讼活动的过程中，不知不觉地把医学价值观植入到司法实践中。

戴尔蒙德呼吁社会关注医学与法学的价值冲突。在一个精神病人当庭否认他的精神疾病状态的同时，他也在拒绝法律对他的保护；同样的，当一个正常人声称自己有精神病时，他也是在刻意的利用这种保护。所以，医学与法律的冲突无处不在。如果法庭专家没有认识到这种冲突的现实性，那么他有可能会促成对真正的精神病人的过分惩戒，或使"诈病"的真正罪犯逃脱于法律的制裁。

戴尔蒙德用"信托责任"（Fiduciary responsibility）这个概念来解释法庭专家的责任。"信托责任"指一种双方之间的信任关系，这种关系也体现在医学和法学之间，并且以前也曾试图被用来整合医学和法学这两门学科。在戴尔蒙德看来，司法精神病学鉴定人有责任在平衡法律制裁和维护被鉴定人权益过程中尽量地维护被鉴定人的利益。这种观点分享了"治疗性法理学"的理念，促使司法审判更为人性化。

戴尔蒙德认为，司法精神病学鉴定人应对其行为负有法律责任。在他的一本著作里写道：

> "司法精神病学鉴定人不是法庭的雇员，而是遵照法律要求，代表着科学与技术的鉴定人。因此，司法精神病学鉴定人的责任在履行专家证言的职能后并没有终止，而是在此后的事件发展中持续存在。"

波拉克也认识到，医学与法律之间的确会相互影响，他预感到了这两者间角色互换或角色偏移的危险。他说："司法精神病学鉴定人为社会公益服务，他们的所有行为都与社会道德价值相关。有时候，司法精神病学的论断是主观的、可调整的或可被社会因素影响的，因此，司法精神病学结论不可避免地掺杂有来自其他领域的价值观。"

我们可以同时从专业角度分析或从法律层面解读司法精神病学的鉴定意见，但认识到二者之间的差别是非常重要的。专业角度的鉴定意见并不一定能满足司法实践方面的需求，对于纯粹的精神病学结论而言，可能因司法实践需求的不同，而有不同的解读方式。举例来说，在不同的案件类型中，判断是否具有刑事行为责任能力的标准往往是不同的，更何况就法律本身来讲，很多概念本来就没有界定清楚。最终的判决在很多情况下极易受到某些权威专家的意见或法官臆断的左右。尽管法庭专家经常徘徊于医学与法学领域之间，但他们必须认识到，他们不应该超越自己的专业范畴去干涉法律实体事物。实际上，司法精神病学鉴定人必须正确看待司法精神病学鉴定人和司法辅助人角色，即利用专业知识维护法律之完美。如戴尔蒙德所言，我们都是社会伦理框架下的不同执业者。

但是并非所有的法庭专家都认同波拉克和戴尔蒙德的观点。这其中有些人成为了"雇佣枪手"，他们并不审慎地履行专家义务，更不会在司法辅助中展示专家价值，因而不具有任何道德力量。研究数据表明，的确有些法庭专家认同"雇佣枪手"现象，他们觉得自己的义务就是等价服务，只要为雇用方尽义务，就不应该受到道德谴责。值得庆幸的是，这样的专家证人只是少数。

我们不得不再次提醒"雇佣枪手"的危害性，他们只为聘请自己的一方提供服务，一旦被诉讼双方的任何一方雇用，他们将特意隐藏对己方不利的证词。

律师与法庭专家不同，他们可以或就应该成为"雇佣枪手"。律师的职责就是在充满敌意的诉讼中维护雇用自己的一方的最大利益。而法庭专家的职责是"说出事实，整个事实，而且只有事实"，尽管司法程序中并没对法庭专家作过多要求，但他们仍然要避免成为控辩双方中任何一方的利益维护者。

正如戴尔蒙德和波拉克一样，法庭专家应该明确其专业背景和伦理道德之间的冲突，并在二者之间做出平衡，否则专家证人的自我定位就可能出现偏差，并且做出一些经不起实践检验的鉴定意见，甚至导致伦理道德的沦丧。我们认为在特定的行为指南下，法庭专家作为公平正义的维护者应该得到最为广泛的尊重。

法庭专家角色及其伦理学行为

如我们所知，波拉克综合考虑了司法压力、自身角色和专业背景后，做出了不再出庭作证的选择，而戴尔蒙德则升华并强调了司法精神病学鉴定人的内涵，即医学属性和价值，而且在最近两个世纪的调查研究中也屡屡出现有关这方面的报道。法庭专家的日常工作行为决定了他们执业的伦理道德标准。温斯托克的调查显示，很多法庭专家支持戴尔蒙德有关法庭专家内涵的观点，他们赞同医学价值观在司法实践中具有不可取代的位置。

也有其他证据支持戴尔蒙德的观点。据美国法医学会 1988 年对司法精神病学鉴定人的调查结果显示，大约 91% 的人认为违反医学和精神病学伦理价值的行为是一种严重的伦理学问题，只有大约不到 5% 的人对此持不同观点；在 1986 年的城市调查中，大部分的受调查者认为"雇佣枪手"现象是司法鉴定领域应该面对的重大伦理学挑战。

1991 年，美国精神病法学会的精神病学专家们明确指出，他们非常关心作为医学伦理学一部分的法庭伦理学的发展情况。另一项调查显示，在司法鉴定和医学实践中，在诉讼相关机构之间都存在有伦理学冲突。当被问及是否应该起草有关法庭专家伦理学规范时，绝大部分受访者表示"应该"或"赞同"。

如果我们忽视法庭专家的法律价值，将会造成法庭专家角色的混淆。非专业人士并不会也不具备辨别谁是"雇佣枪手"的能力，即使法庭专家真的为控辩一方所"雇佣"，陪审员也不会觉察，反而会继续认可他的中立角色。更何况很多法庭专家会经常使用那些枯涩、不易理解的专业医学词汇解释他们的观点，甚至有时候还会在论据不足的时候，强行修饰或掩饰后，武断的得出鉴定意见。

医学和法律角色的重叠，造成了法庭伦理学的困惑。美国精神病法学会已经注意到法庭专家的角色特殊性：

"尽管已经不断地提醒法庭专家注意，但我们还是要再一次强调，法庭专家的责任是一种持续而永久的责任，在承担责任的同时也应不断发展、完善法庭专家伦理学方面的鉴定体系。"

这种重叠局面同样给司法精神病学带来了困惑。司法精神病学鉴定人行为指导中，就包含这种双重角色问题：

"司法精神病学鉴定人认识到了诉讼过程中，他们将面对潜在的双重角色之间的冲突，而且他们一直在努力减小这种冲突所带来的影响……也许我们开始需要一种应对司法鉴定伦理困境的理论体系了，这种体系应该能够消除双重角色的冲突，减轻负面影响，保证司法精神病学鉴定人的权益。"

波拉克通过走访法官及相关立法人士后，发现当有些法律概念本身就模糊不清时，法庭专家双重角色重叠所带来的后果就更具复杂性。但是波拉克在充分思考了法律政策取向后明确了法庭专家角色定位，并详细地解释了他这么做的原因。在诉讼过程中以及遵循伦理学规范时，法庭专家就必须详细地向法官和陪审团陈述其推理过程，使他们明白自己的主要目的，必要时还要接受质询。这种"透明性"证言是法庭伦理学重要的历史传统之一，它的沿袭决定了法庭专家的角色定位。

波拉克非常小心地保持着自己的中立地位，只有在案件处理的确不公时，他才会试图修正法庭的判决，而且他经常提醒自己，在诉讼过程中要抵制作为一名精神学医生为病人服务的本能，尽量做好角色转变，为法庭服务。因此他进行了更多法庭伦理学实践活动，他一直努力为司法裁判提供公正、客观的专家证言，而且当发觉自己在某些案件中无法保持中立时，他会主动申请回避。

戴尔蒙德也认为法庭专家应该当庭诠释他们的推理过程，他也尝试了这样的做法。除了这些，他认为法庭专家还应该解释鉴定意见的法律基础，但戴尔蒙德是以医学价值角度来审视法律问题的，同时他又认为政治社会因素也是法庭专家角色的重要组成部分。

戴尔蒙德相信，医学价值应当高于法律。和波拉克一样，他是"正直"的忠诚维护者，强调保护被鉴定人的权益（虽然只限于有确凿证据支持的情况下）。他同样反对在庭审过程中应用过于专业的医学术语。他对法庭伦理学的另一个贡献是提出了"非中立"论断，他认为所有的法庭专家都不可能是完全中立的，绝对的中立是不可能的，作为一名法庭专家，独立自主、竭其所能地、忠实地还原事实本原，就是法庭伦理学价值观的正确体现。

波拉克和戴尔蒙德的不同在于他们对精神失常理解的不同。从1978年到1982年，麦克·纳顿规则（M'Naghten rule）① 一直是加利福尼亚州精神病的判断标准，而且这个准则至今仍在美国主要州应

---

① 麦克·纳顿规则：专门针对精神障碍者刑事责任能力问题的法律规定，它对英美法系和大陆法系国家的相关立法都产生了巨大而深远的影响。麦克·纳顿规则自1843年确立以来，在英国一直单独适用至20世纪60年代。在19世纪，除新罕布什尔州外，美国各州都普遍采用麦克·纳顿规则，美国最近20多年处理违法精神病人的法律改革对现代诸国的司法精神病学完善具有相当大的影响力。其主要内容是："应该假设每名被告是心智正常的，并具有足够的理由认定他应对其罪行负有责任，除非证明了是相反的情况。如果被告以精神错乱为理由进行辩护时，那么必须能清楚地证明他在进行危害行为的当时，由于精神疾病而处于精神错乱状态，例如他不了解自己行为的性质，或者他虽然了解但不知道自己的作为是错误的或违法的。"——译者注

用。这个准则源于英国历史上一桩著名的案件①，它将精神病被鉴定人定义为"不能认知自己行为"和"不能认知行为结果的错误性"。

但是，波拉克和戴尔蒙德在何为行为认知能力上各执一词。波拉克对"认知"的理解更有利于控方，而戴尔蒙德的则更有利于辩方。在社会因素和已有的判例基础上，波拉克将"认知"限定在嫌疑人实施犯罪行为时的精神状态，而没有全面考虑被鉴定人的整个生存状态。后经证实，波拉克观点扩大了定罪范围，将可能使被鉴定人面临更多的制裁。

戴尔蒙德的观点与之相反，他将"认知"解释为嫌疑人全部的鉴别力、理解力或认识全部事实本质的能力，这种标准缩小了被鉴定人被定罪的范围，将使更多的被鉴定人因为精神状态异常而免于起诉。这种观点打破了已有的惯例，提高了审判的门槛。

戴尔蒙德认为要判断精神状态异常，首先就要确认嫌疑人是否具有形成犯罪意图的能力，或者完成整个犯罪行为的能力。这种判别标准并不像临床诊断那样要求严格，它更为接近心理学中的某些判断标准。

戴尔蒙德这样解释道，"就每一名被鉴定人而言，无论他们的精神状态多么不正常，无论他们的精神疾病多么严重，他们仍然知道字面意义上的对与错"。他认为，如果法庭采用如波拉克标准那样的判定标准，那么每一名被鉴定人都会受到最重的惩罚。这样的话，司法精神病学鉴定人将会变为刽子手或帮凶。戴尔蒙德的观点也许会导致伪证，但至少它会防止医生成为法律的傀儡，限制了医生以

----

① 1843年，苏格兰人麦克·纳顿受妄想的支配，企图杀死当时的英国首相皮尔，但他不认识皮尔，结果杀死了皮尔的秘书。舆论一片哗然。在维多利亚女王的关注下，召开了特别会议。审理中，律师称麦克·纳顿患有精神病，不知道对与错的区别，不知道他的行为的性质和后果。陪审团最终被说服，法庭判决麦克·纳顿因精神错乱而无罪。这一判例促成了麦克·纳顿规则。我国法律关于精神病人刑事责任的规定参照了该规则。——译者注

法律为借口纵容社会原始的报复欲望。要知道，这样的情况将会导致医生犯下残忍而悲惨的错误。

作为其信念的表现，戴尔蒙德不认可绝对公正、客观的观点，而是尽力应用公正的伦理学观点界定精神异常状态。实际上，任何自认公正的法庭专家都无法做到绝对的公正和客观。他还认识到，即使努力地做到公正也会存在瑕疵。例如，当我们面对有关死刑审判时，就难免掺杂个人情感因素，这是人性使然。即便法庭专家能够做到真正意义上的公正无私，他们也极易因为赢得官司的需要而改变立场。虽然有些悲观，但戴尔蒙德一直以一种开放的心态开诚布公地讨论法庭专家应有的道德伦理观。

精神病学家和耶鲁大学法学会的教授杰伊·卡茨也认为，绝对的公平客观是不可能的，与戴尔蒙德相一致，他认为"有条件的客观"才是真正客观的态度，只有这样的态度，才能真正在一个开放的心态下讨论司法精神病学鉴定问题，才能更好地维持公平正义。

即便精神病学是一门科学，也难免掺杂有主观判断。病人和医生的主观臆断都会影响疾病状态、失能状态等判断。就司法审判来说，没有法学背景的法庭专家将用主观判断的医学术语解释法律相关问题。主观判断的多少，取决于他们的学识水平或社会经历的多少。只有严谨、客观的认识这些含有主观判断的证言，我们才能真正区别谁是正直的专家，谁才是单方面利益代表的"雇佣枪手"。

现在，一些机构已经正式以"力求客观"（striving for objectivity）的表述取代"客观"（objectivity）。在1991年美国精神病法学会修订伦理学纲要时正式指出，没有人能够真正做到完全的客观，因此需要我们做的是诚实和力求客观。"力求客观"这一说法是解决主观和客观矛盾的正确态度，同时也被其他行业所应用，如美国法医学会就推崇这种观点。如果我们不能做到绝对客观，那么我们至少能做到尽心尽力地追求客观，即"力求客观"。

"力求客观"体现在经常自省、换位思考及尽力查清案件事实等。从伦理学角度讲，就是要敢于证明那些与其他专家或律师不一致的假设。一份最终为各方所接受的报告或证言就应被视为是客观的。

"力求客观"不仅帮助法庭专家提供一个公平的法律结果，而且也保护了他们自己。源于"公平正义"的努力、行为或技巧都是有价值的，它们会防止产生盲点和未知偏见。在法庭上，法庭专家可能会因此而免于双方诘问，因为他们考虑到了有关案件的所有假设，并且做到了尽心、尽力、尽责任。

即使清晰明确的鉴定意见也有可能遭到法庭非正式的否决，或者法庭更倾向于初审判决。但与波拉克不一样，戴尔蒙德改变了这一现状，他的特点在于提供全面、缜密的逻辑分析，因而会帮助法庭做出公正的判决。实际上，加利福尼亚最高法院就非常推崇他，并总是会认真考虑他的某些建议。

但波拉克和戴尔蒙德有一个共同的做法是他们会为自己的角色设立一个道德界限，并在这个界限内探讨法律问题。早期的精神病学家质疑他们的这种做法，认为这样会限制法庭专家们的思路。同时，这一问题也引起了许多其他领域法庭专家的争议。

舆论界对司法精神病学鉴定人介入司法审判这一他们不熟悉的领域持有异议，但司法精神病学鉴定人却不认可这一观点，他们认为司法审判领域应该有精神病学因素的参与。实际上，司法精神病学鉴定人或多或少都经历过法学的基础教育。

当医学与法律相交汇于诉讼时，法庭专家就应发挥其作用了。他们要用医学知识来正确地判定诸如精神异常、失能、行为异常等与法律相关的问题。就如在民事诉讼听证时，大部分陪审团成员都会要求司法精神病学鉴定人能从法律角度来解释严重的行为能力异常的概念。

当医学与法律相去甚远时，法庭专家最好不要介入其中。在一些特殊案件中，如有罪无罪判定，法庭专家最好不要发表任何意见。法医病理学专家不会判定谁是凶手，就如同法医毒理学专家一样，他们只会判断某个人是否是因中毒致死，而不会去判定投毒他杀还是服毒自杀。同样的，那些没有法医学知识的普通证人也不应就纯粹的法律问题做出判断。要知道，法庭专家并不是法律专家。这种看似"置之事外"、"独善其身"的做法其实给法庭专家提供了另一种形式的保护，防止其做出超出角色范围的行为。

波拉克和戴尔蒙德虽然对法庭专家的角色有着不同的理解，但他们的道德水准都是非常高尚的。

波拉克试图以判例法来解释法律问题，而戴尔蒙德则扩大了波拉克解决法律问题的方法，他更倾向于以客观的医学数据证明案件事实。这两种方式均源于他们不同的法庭角色和观点，但它们都是健全的伦理学原则、技巧和规范。

律师的原则与之相反，它们要为被鉴定人寻求最大利益。但是我们由衷地赞同波拉克和戴尔蒙德的观点：法庭专家不能不顾事实而只为利益攸关方服务，因为法庭专家不是"雇佣枪手"。

回顾波拉克和戴尔蒙德的著作，我们不难发现，"正直和透明化"是其最重要的原则。正直原则要求专家证人直面辩护律师，尤其是案件对他们不利时；透明原则要求专家证人解释他们是如何得出鉴定意见的，还要求他们详细地列举出鉴定意见中不甚明确的部分。这种原则允许辩护律师对专家证人提出回避，也允许陪审团提出相反的意见，同时它所秉承的核心是科学和法律。

伦理学强调的是自我内心信仰，尤其是那些至关重要的行为原则。忽视了专家证人角色定位和传统的伦理学规范的行为将是十分危险的。司法实践中，需要专家证人不断更新专业知识，同时持续面对控辩律师给予的庭辩压力。波拉克和戴尔蒙德所带给我们的是一种正直公平的专家态度，让我们认识到法庭专家所应有的角色定位、健康的伦理学心态和行为。

法庭专家的组织机构和职责

尽管波拉克和戴尔蒙德为法庭伦理学的发展做出了巨大贡献，但仍有人质疑法庭专家的角色问题。法庭专家效忠于何人？他们代表谁的利益？对于临床医学来说，由于医患关系经历了长期发展历程，早已形成自身特定的传统，因而不像法庭专家这样备受质疑。精神病学家、哈佛大学法学教授及美国精神病学学会前任主席阿兰·斯通认为，如果离开了医学背景，司法精神病学将陷入伦理学的泥沼。虽然他的初衷是反对医学参与司法审判活动，但在他看来，排除一些只为单边诉讼服务的司法精神病学鉴定人，大部分司法精神病学鉴定人仍然是在遵循医学伦理学原则的情况下参与司法实践。

阿兰·斯通对美国精神病法学会提出挑战，他认为精神病学医生一旦脱离"治病救人"等医学道德范畴，他们的伦理职责和界限就会变得模糊。他提出了一些争议焦点：（1）精神病学有助于司法审判吗？（2）精神病学医生需要用"公平正义"的法律条款来诊治病人吗？（3）精神病学专家出于服务司法审判的需要，可以对病人进行欺骗吗？（4）法庭专家证言对其不利的一方，是否可以通过贬低精神病学医生这种极不尊重的行为来削弱其威信？

阿兰·斯通对精神病学是否有助于司法审判的疑问并不是毫无道理的。这个疑问来自法律和医学的基本哲学区别。什么样的"自由意愿"也许是精神病学与法律冲突的根本原因，精神病学基于诸如童年经历、大脑的化学活动和环境因素影响等来解释一个人的行为，但是法律则首先假定了一个人所有的行为基础是"健全、可控制自我行为的人"，这就是精神病与法律的冲突所在。

阿兰·斯通的疑问引发了医学与法学的思辨。法学教授马克·摩尔认为这是美国精神病学界的"头脑风暴"，而且至少对19世纪的法学家艾萨克·雷产生了相当大的影响。艾萨克·雷认为精神疾病是客观的，由于精神疾病的存在，人格属性随之丧失。因此，精神病人不具备刑事行为能力，也就不必承担法律责任。但是在摩尔看来，并不是所有精神疾病都可免责，只有当一个人处于极端的精神障碍时，才可以考虑免责与否。这样看来，摩尔对精神状态的鉴定只需通过人们的普通常识就可以了，而并不需要什么专业的精神病学医生。

阿兰·斯通曾正告司法精神病学鉴定人，当他们真正步入法庭，并承担法庭专家职责时，他们将会面对很多迷惘。他们可能会过多地宣讲正义、科学进展，甚至是大政方针，而忽视了帮助精神病嫌疑人免于处罚的基本责任。同样的，他们还可能陷于过多地帮助被鉴定人而忽视了维护公平正义的基本原则。总之，司法精神病学鉴定人的基本职能不是调节控辩双方，而是维护和昭示事实。

阿兰·斯通也提醒陪审团，不能过多地倚重法庭专家。如果司法精神病学鉴定人已经为一方所雇佣，那么他的证词一定会偏向委托方一方，这时陪审团是无法得到事实真相的。斯通强调，如果没有真正认清庭辩时各方立场和关系，就无法避免某些法庭专家所带来的阴霾。

阿兰·斯通特别指出，他反对以"交叉询问"（cross-examination）的方式来质询法庭专家。交叉询问并不能解决法庭专家的伦理学问题，人们不可能做到彻底的交叉询问，交叉询问往往是审判前的热身活动，它一直都是非正式或不甚完备的。如波拉克和戴尔蒙德，斯通建议法庭专家在法庭上展示他们所有的发现或结论，而摩尔进一步建议，法庭专家应同律师一样，无需发誓对所承诺陈述事实负责。

美国精神病法学会和美国精神病学学会前主席、第一个提出司法精神病学综合伦理学理论的学者保罗·阿佩尔鲍姆认为，司法精神病学鉴定人应该暂时放弃"仁术"等医学伦理学思想，直面庄重的审判，把"公平正义"和"以事实为第一要务"放在首要位置。

阿佩尔鲍姆认为法庭专家应首先有助于司法审判，更确切点说，他和斯通一致认为，法庭专家可以有助于而不是必须有助于司法审判。实际上，他们更倾向于法庭专家只在法庭需要的时刻出现。

阿佩尔鲍姆曾提出这样的疑惑，是否只有对被鉴定人不利的证词才能体现法庭专家的意义呢？是否当所有的事实都对被鉴定人有利时，法庭专家就丧失其意义了呢？这的确值得探讨，当只以诊断为目的时，正确地判定被鉴定人的精神状态是必须的，同时也会得到道德层面上的褒奖，但这似乎不是法庭专家法庭职责的全部。

阿佩尔鲍姆和斯通一样赞同当司法精神病学鉴定人进入司法实践领域时，尽管不可避免地会遇到伦理思想的冲突，但是还是应转变他们原有的医学伦理学理念，由为病人服务的原则转变为事实服务的原则。司法精神病学鉴定人应向法庭提供他们所掌握的任何客观资料和主观结论，尽心解释鉴定意见的由来，昭示客观事实。实际上，事实来源于司法精神病学鉴定人的专业素养以及艰苦的求证过程。

阿佩尔鲍姆对医学伦理推崇备至。作为医生必须要为病人解除病痛，在普通人看来，这只是个不可能完全达到的理想，但对于医生来讲，这是他们信奉一生的法则。专业伦理由前人的实践转化为今人的目标，这并不是什么复杂或难于理解的过程，只不过是职业背景使然，作为医生就应该助健康之完美。

医学与社会有一个契约，社会给予医学社会地位和特权，同时也要求医学承担相应的社会责任，要求它在必要的时候转换伦理观念。

既然如此，那么医学伦理道德观的转换就不是自然发生的，也不是被胁迫的，而是应社会要求而必然发生的。

但司法精神病学鉴定人的角色却十分尴尬，一方面，他们代表着医学伦理价值观，履行着"救治"义务；另一方面，正因为他们的医学伦理背景，会使被鉴定人认为，他们就是来救自己的，因此会和盘托出所有事实，但这些事实往往是对其不利的。司法精神病学鉴定人该何去何从呢，这样的取证是否意味着欺骗或残忍，是否符合伦理道德呢？

这种欺骗也许是双向的，尤其是法庭专家没有意识到这种伦理问题时。但在实际情况下，大部分被鉴定人是不会欺骗法庭专家的。这时候，欺骗便成为了单向的，而且对被鉴定人不利，从而对其造成伤害。

从历史角度来看，就算斯通一直坚持法庭专家应该以"为事实服务"的态度介入司法实践领域，但实际上法庭专家也一直无法摆脱其医学伦理背景，而可以真正地以冷酷的证据意识对待被鉴定人。

美国精神病学和法学学会对这种变化的反应迅捷而灵敏，当这种现象发生伊始，他们便在美国精神病法学会的伦理学纲要中指出："在司法鉴定之初，务必向被鉴定人明确司法精神病学鉴定人不是精神病学医生。虽然司法精神病学鉴定人一再提醒，但被鉴定人仍然会保存有传统的医患观念，因此司法精神病学鉴定人必须对此时刻保持警醒。"

阿佩尔鲍姆和美国精神病法学会因此认为对人的尊重是最起码的道德底线，必须在一定的伦理学架构内追求公平正义，司法审判即将这种基本伦理道德融合于公平正义的追求之中。举例来说，在西方民主体系内，决不允许刑讯逼供；而且在美国，寻求事实的一切手段必须尊重公民权利，并要求司法精神病学鉴定人必须保护被鉴定人的隐私。这种基本伦理道德意味着法庭专家不能将个人好恶凌驾于伦理道德之上。

如果以上述的观点来看待司法鉴定，被鉴定人也许就能够理解司法精神病学鉴定人的苦衷了，他们在追求公平正义的道路上扮演的是司法而不是医生角色，这也向社会明确地诠释了法庭专家与医生之间的区别。就此看来，阿佩尔鲍姆的看法也许是有失偏颇的，他没有将法庭专家的角色视为唯一，而是在法庭专家行为中混淆了医学伦理，这样会造成被鉴定人的混乱，令他们感到被欺骗和羞辱，甚至会令其崩溃乃至轻生。

作为社会个体的司法精神病学鉴定人虽然有时不得不维护严酷的公平正义，但做人的基本原则仍然是伦理道德基础。

当代司法实践需求赋予法庭专家诸多责任。具体来说，如果没有普遍的证据保护，那么证据规则将被打破，结果是产生不可避免的徇私舞弊或种族歧视，个人主义将凌驾公平正义之上而成为道德主流；提前羁押现象（在被鉴定人获得法律保护之前）需要法庭专家的关注，如关塔那摩监狱（游离于国际法监督之外）；死刑判决（刑事行为能力判断），也将引起法庭专家有关法律价值的讨论。

尽管斯通和阿佩尔鲍姆在司法伦理学实践方面做了颇多有益的工作，但法庭专家仍然不甚明了他们的职责。是否应该将职业或个人价值观注入司法鉴定活动中？如果不是，那么又将如何避免这种现象？区分法庭专家的司法和医生角色，是否是解决当今司法伦理学困惑的唯一方法？也许法庭专家的专业学会可以在这些方面给予有益的建议。

专业学会的伦理学指导

作为某种职业集合的学会，在其成立之初就要确立自己的职能和纲领，这些职能和纲领可被视为这个学会和社会的契约，向社会宣示着自己的价值。其中，自我约束、自我监督的条款可认为是这些学会的伦理学标准。

美国医学会（全美医生的职业学会）在它的医学伦理学序言中提到"作为一名医生，必须把对病人、对社会的责任至于首位，这种责任在其他涉及公众健康的职业团体中以及在本组织机构中，都是最重要的"，这种宣示代表着这个学会与社会之间的道德契约。

美国医学会极其强调对病人的关怀。在2001年的伦理标准修订本中，美国医学会增加了两条新原则，其中一条就重新强调了医生的责任："作为一名医生，当他在进行医疗活动时，对病人的责任将是极为重要的。""当他进行医疗活动时"这句话限定了医生的角色范围，即进行医疗活动时。如果医生在进行其他活动时，例如医疗采购等，他的角色就会发生改变，他所承担的责任和义务也将随之改变。尽管没有对医生从事法庭事物的职责进行具体说明，但法律保护人权的原则似乎与医学的"关怀病人"不谋而合，因此，人们认为医学和法律在价值观上是一致的。但具体实践中，如伯纳德·戴尔蒙德和其他人所提到的："病人的利益与司法利益互不融合，医生在司法实践活动中的职责发生了改变"。

美国医学会的法律机构对上述问题进行了明确说明。美国医学会道德和法律委员会指出，美国医学会支持在鉴定报告书中将被鉴定人的利益放在第一位；除非有个人授权或应法官要求，法庭专家不得泄漏被鉴定人的个人信息。此外，美国医学会也为法庭专家的证言证词做了相关规定。如果一名法庭专家需要与另一名法庭专家进行当庭辩论，那么，他必须与另一名专家有相同的教育背景，受过相似的职业训练，并在同样的工作领域有相应的工作经验，他还必须精通相关学科知识，或在上述领域有至少五年的教学经验。

用职业医疗标准规范法庭专家的证言证词后，将有许多法庭专家受到美国医学会伦理和法律委员会的监督，同时美国医学会认为法庭证言应接受同行评议，法庭专家证言证词因此也被视为医疗实践的一部分。美国医学会表示，它将协助有关医学团体防止法庭专家作伪证，美国医学会还会定期向医生执业证审批机构发送调查报告。美国医学会将医学价值整合到司法审判中，并且明确地表示了自己的伦理学取向。

但是，依我们的经验来看，法庭专家并不认可其证言证词是医学实践的一部分，毕竟它们两者的目的是不同的。就如美国医学会在有关医生伦理要求的条款中明确写道的，只有在进行医疗活动时医生才要遵照医学伦理学行事。这种反差造成了伦理学上的困惑，没有一个清晰、明确的伦理学界定，法庭专家就没有可供遵从的伦理学规范。

美国精神病学学会在美国医学会的原则基础上制定了相应的伦理学"注解"。美国精神病学学会也提供了有关美国医学会的医学伦理原则和本学会道德委员会有关伦理学原则的说明。这些说明的很多方面都涉及法庭专家的司法实践活动。

相关的解释即说明摘录如下：

1. 泄漏被鉴定人的隐私或从事法庭专家职责范围之外的工作是不道德的。

2. 在司法鉴定中，必须告知被鉴定人司法鉴定的目的及本质。

3. 除非出于医疗目的，否则不应在司法程序启动之前进行司法鉴定。

4. 即便在法官允许的情况下，司法精神病学鉴定人也只能展示与本案有关的事实或信息。

5. 将自己的意见强加于人是不道德的。

6. 司法精神病学为自己的家人或亲属提供客观、公正的鉴定服务或提供公正的法庭证言，是很困难的。

7. 法庭专家应向法庭提供从轻量刑或从重量刑的事实证据，或对被鉴定人是否具有刑事行为能力做出判断。

这些专业化的指导提供了重要的、跨学科的基本伦理学指南，没有行动方向、不能认识自身的核心价值、缺乏成就感，将使法庭专家彷徨而徘徊。对于法庭专家的忠诚、信任和正义，已经引起了广泛的关注。

虽然美国精神病学学会有关伦理学原则的解释不是法律，但它却是一种重要的行业守则。美国精神病学学会要求精神病学医生熟知自身的工作领域，其分支机构将监督精神病学医生的日常工作，调查某些违规行为并对这些违规行为举行听证，必要时会对违规人员进行处罚，这些处罚包括：警告、训诫、中止工作及取消执业资格等。

同样的，美国精神病学学会认为精神病学医生对职业、社会和病人负有责任。实际上，自从1990年9月开始，美国精神病学学会就已经将那些已被除名或正接受审查的精神病学医生的资料上报给联邦医生数据库，并对外公布。那些受到处罚、中止、注销行医资格或被起诉的医疗人员、精神病学医生及牙科医师等将在这个数据库中登记备案，以供查询。伦理学委员会及其分支机构也将向国家认可委员会报告其成员的违规行为。即便该违规人员已经辞职，对他的调查也将继续进行下去，调查结果对公众公开。以上这些提供了良好的监督机制，职业自律、社会及公众的监督将规范医疗执业者的职业行为。

不幸的是，法庭专家的伦理学规范可能会成为其他组织的附属品，而丧失自身特色。现今的绝大部分伦理学规范都源于美国精神病学学会的伦理学体系，但由于司法精神病学的特殊性，美国精神病法学会另行制定了本领域的伦理学规范。但具有讽刺意味的是，美国精神病法学会行为规范的作用也许会大打折扣。由于司法精神病学法庭专家游离于美国精神病学学会组织体系之外，而美国精神病学学会只会惩戒其内部的违规行为，因此司法精神病学法庭专家的行为可能无人监管，其违规行为也将无从处罚。

要避免这种监管真空，需要具有崇高的个人职业道德以及各相关组织之间的协同互助，这将是相关行业、组织机构、社会团体之间复杂作用的结果。

医学和法学价值的交融是美国精神病法学会伦理学规范的核心所在，在其序言中有如下表述：

"司法精神病学鉴定人在医学和法学融合的领域内开展工作，医学和法学都具有其独立的体系、观念、思想和专业术语，因此，司法精神病学鉴定人的司法实践必将伴随有这两门学科之间存在的差异和冲突。"

除了差异和冲突，医学和法学在司法精神病学领域同样存在着交集，如诚实、保护隐私和力求客观等。美国精神病学学会的相关条款要求司法精神病学鉴定人应努力做到诚实和客观，鼓励学术自由，并为自己的证言证词负责。在其伦理学规范的"诚实和力求客观"章节里提到了相关内容。

"当司法精神病学鉴定人进行司法鉴定时，他们应保证诚实和力求客观，尽管他们在有关民事或刑事的某些案件中可以有保留意见，但在鉴定、解释鉴定依据及鉴定意见过程中，务必遵循这一原则。"

这种"诚实和透明"的行为指南与先前讨论过的波拉克、戴尔蒙德和阿佩尔鲍姆的观点一致，它鼓励探讨相矛盾的证据、鼓励坚持自己意见，而且要求司法精神病学鉴定人直面控辩双方的压力。

美国精神病学学会的相关解释如下：

"……如果应用常规方法，不能直接得出明确的鉴定意见，司法精神病学鉴定人可依据其他相关信息得出推论，但在这种情况下，他们有责任尽最大的努力保证结论、观点及证词的公正和客观，并且必须严正声明，这是一种个人推论，而且这种推论具有一定的局限性。"

美国精神病学学会和美国医学会一样，明确地解释了何谓法庭专家的司法实践活动：

"当精神病学专家以专家证人身份参与司法实践活动时，他们应告知自己的职业背景、所受过的专业培训及执业经历……当提供专家意见、报告及证词时，法庭专家应及时出示执业证明，并明确在自身专业范围内对特定领域应司法要求进行有关工作，如对儿童、外国人或犯人等特殊人群的鉴定。"

美国精神病法学会为了与美国医学会和美国精神病学学会相关条款一致，修订了其自身的某些伦理学条款。这些修订包括调整某些伦理学理论冲突，进一步明确临床医学与司法实践的区别等。

"当司法精神病学鉴定人履行法庭证人职责时，他自身角色将发生改变，即由为病人服务转至为司法服务，他们需要亲自收集案件相关信息或资源，并对公众公开，以供监督，或者采取对嫌疑人有潜在危险的方法或手段进行取证。"由此可见，法庭专家是在医学与法律的矛盾冲突地带履行职责，一名合格的法庭专家应保持中立及避免成为控辩双方任何一方的专家。

合格的精神病学法庭专家，作为事实证人，不应暴露与案件无关的被鉴定人隐私，在医学和法律双重背景下，在有关伤害赔偿、刑事行为能力、民事权利、监护权归属等鉴定中均应保护被鉴定人隐私，正确处理医学和法律间的冲突。只要相关领域的医生履行法庭专家职责，他们就必须面对这种双重角色。

伦理学规范的重要性源于法庭科学的多重学科交叉性。美国心理学学会在 2002 年公布了自己的伦理学指南，同时也公布了有关审判心理学的伦理学指南。与美国精神病学学会伦理学一样，审判心理学伦理学指南也强调了保护被鉴定人隐私的重要性，它对法庭专家的概念也做了限定，并且支持法庭专家以个人身份参与司法实践。审判心理学专家将以特殊的方式解决诉讼相关事件，如提供心理咨询、独立审查和直接与律师沟通等，这些与波拉克和戴尔蒙德有关的法庭伦理学理念不谋而合。此外，完美的证词证言将具有正义的力量，不应存在有"盲目的误解或扭曲"，审判心理学专家与司法精神病学鉴定人一样，也应在法律允许范围内行使法庭专家职责。

美国法医学会也有相似规定，来自不同领域（弹道学、DNA 鉴定、犯罪现场调查、毒理学、牙科学）的法庭专家也制定了进行司法鉴定的相关规范。这个规范首先排斥那些与美国法医学会宗旨相悖的行为，而且主要防止出现不实的资料或证明，如提供虚假教育背景、培训经历或个人履历等。同时，这类提供虚假资料的鉴定人所得出的鉴定意见也将不被承认。

美国法医学会在司法实践方面也为法庭专家进一步提供了伦理学方面的前瞻性准则。该准则有意超越已有规定的最低标准。不同的是，它并不要求全部强制执行，也没有被全部成员所接受。准则中明确指出"本准则意在细化优秀法庭专家的行为"，这意味着它主要为那些热衷于司法鉴定工作并有意成为道德楷模的法庭专家提供伦理学指南。

这个准则与其他领域的伦理学准则有相似之处：

1. 诚实和务求法庭专家能够"力所能及地获得所有案件资料，甄别貌似合理的各种可能性"；

2. 法庭专家应只提供与研究领域相关的建议或鉴定意见，并要保持职业操守；

3. 他们应该对司法鉴定和司法辅助工作倾注热情，尽量提供最好服务，他们还应熟知相关的法律法规；

4. 他们应时刻保持中立，并保证鉴定意见的客观；

5. 法庭专家应以通俗易懂的语言表述鉴定意见，"明确无误"是对其表述的要求；

6. 法庭专家应该保护被鉴定人隐私；

7. 与律师不同，法庭专家并不代表控辩任何一方，他们应宣誓为事实服务，并尽一切努力履行誓言。

美国社会工作者学会（1999）为儿童、个人和家庭推荐法庭专家或监护人，并依据核心价值体系制定了伦理学规范，它包括社会服务、社会正义、人与人之间的尊重和忠诚等方面。制定这样的规范，并不是为了平衡或分化伦理价值理念。它没有强制指出哪些伦理价值规范是最重要的或必须遵守的，而是由成员自己自由选择。

尽管如此，像其他组织一样，美国社会工作者学会依然将信守承诺、保护隐私、工作能力及委托方的信任置于伦理要求的首位。这些原则广泛应用在委托方、相同行业和社会范围内，它尽力避免和被鉴定人之间双重或多重的关系，而致力于调节社会和专业领域之间的协同性。学会认为，在司法实践中，专家证人保护被鉴定人隐私的行为可视为其法律义务的延伸。

美国社会工作者学会的分支机构——法医社会工作联盟对法庭专家的培训业务量逐年增加。它针对自身机构、成员、同行、委托方及社会责任不断细化伦理学规范，鼓励执业者在维护自身尊严的同时也尊重别人，要求执业者在司法实践中及时清晰地表明身份并尊重个人隐私，尽力避免卷入个人、家庭和职业责任之间的利益冲突之中。

社会、法庭专家及法医学者在服务司法过程中，"应努力明确法律、法规、政策和终极目标间的潜在冲突……"，并且依据相关法律履行法庭专家的职责。所有上述组织机构的伦理学理念都是殊途同归，"真实的还原事物本质"的原则贯穿始终，并成为法庭专家履行司法职能的座右铭。与此同时，这种理念由社会和司法需求所支持，并自始至终地强调保护隐私、独立鉴定及务求客观，这是一种多元化的职责。

但是各个组织机构的伦理学规范之间仍有模糊甚至矛盾的地方。如美国法医学会的前瞻性伦理学准则提出了更高的伦理学标准，因此会含有更多的惩戒意味。而实际上，正如我们看到的，前瞻性准则将把伦理学推向一个更高的标准。违反伦理学最低标准的行为将受到社会的、法律的多方面制裁。但正因为前瞻性标准的高要求，某种程度的违反并不会受到什么惩戒。就如前瞻性规范和最低规范对惩罚标准存在不同，各种法庭科学伦理学规范之间也存在着颇多急待完善的地方。迄今仍没有一种很好的方法融合或消除它们之间的矛盾之处。

如美国精神病理学会的伦理学等条款，伦理学规范似乎总是制定得过晚。"毫无疑问，它源于其专业背景，因此总不能以宏观角度，及时地系统规划和细化它的条款"。这种情况不仅存在于美国精神病理学会，也同样存在于其他社会组织。它们发现，伦理学规范的更新总是在被动面对已发生的伦理学危机。而从来没有良好的社会预判功能，因此导致了两种结果：一种是很多组织机构不得不缩小伦理学规范范围，声明它们的伦理学规范仅适用于本学科领域；第二种是有些规范不得不制定得过于宽泛，以求得到更为广阔的应用范围。

　　每一个组织都有其独特的伦理学理念，这些伦理学理念因这个组织的发展而不断完善。所有伦理学理论的改进都针对着这些组织正在或将要面对的问题，它们可能具有某种前瞻性，也可能具有局限性，不过它们始终是这个组织历史发展的产物，代表着这个组织的历史使命。也许越是具备深厚历史积淀的组织机构越可能拥有完善的伦理学规范。

　　举例来说，如美国精神病理学会，它的伦理学规范随着学会的发展而日臻完善。它密切地关注司法实践中法庭专家双重角色问题，注意到了法庭专家作为个人与社会职责之间的冲突，而且它还尽早地规范了法庭专家应有的庭辩语言、技巧和行为，它的伦理学规范在法庭专家自我保护、执业领域、角色分离、案件调查和补充鉴定等方面做出了明确的指导。

　　个人伦理行为对法庭伦理学的发展同样重要。戴尔蒙德曾指出，组织机构和个人的伦理学行为总是交织在一起的。个人的自我约束应该比组织机构的伦理约束更为严格，而且可能得到比组织机构伦理学规范更为广泛的认同。也许它不是一种强制性约束，但因更加具备心理力量，因此也会影响组织机构的伦理学规范。这种高于文字条款的、具有心灵震撼的行为，将约束那些未被规范的伦理学领域。

　　因此，具有专业背景的伦理学规范永远是伦理体系中的一部分，没有任何一种专业伦理学规范可以解决所有伦理学问题，每一个组织机构的伦理学规范都不可能完全的解决伦理学冲突。实际上，它是特定时期、特定环境下，社会哲学和多重矛盾相调和的产物。因而，法庭专家必须完善其特有的伦理学理论，多角度分析伦理学冲突，并以合适的语言解读自己的伦理学取向。

平衡冲突的职能

　　法庭专家应该如何解读这些伦理学声明或方法呢？正如我们所见，法庭专家的科学背景及鉴定价值总是处于医学和法律的伦理学较力之中，这种情况下，法庭专家将何去何从？什么才是可遵循的工作原则？法庭专家在广泛的社会资源中寻找自己的伦理学规范，社会角色、学科历史沿袭、本专业和法律的伦理学指南都为他们提供了方向。时至今日，法庭专家基本上找到了适合自身的伦理学规范，明确了自我职能角色，可以辨别正确的伦理学行为，而且明确了对非伦理学行为的惩戒方式。

　　社会已经部分地建立了解决这些冲突的机制，法庭专家所面对的伦理学问题并不仅仅局限于司法实践中，而是存在于整个社会之间。举例来说，医生与患者会发生经济利益方面的冲突。媒体曾经报道，某些医生为了经济利益，给病人做过多的、不必要的检查，那么解决这个冲突的途径绝不仅仅来源于医患双方，而需要社会的、政治的、法律和学术界等方面的共同努力。

　　同样的，当临床治疗和医学研究之间发生矛盾时，国家的行政法规便开始行使调节功能，平衡患者利益和医学研究之间的冲突。正如我们所看到的，医生往往在科学研究和社会道德要求之间左右为难，当他从事如虐婴或虐待老人的研究时，他无法决断是应该更注重研究数据，还是应更注重患者的感受？因此，法律和社会应为这种矛盾冲突提供一个可供参考的伦理学框架。

　　这种职业间的矛盾冲突体现在社会的方方面面：公民对社会负责，医生对患者负责，法官对公平正义负责。因此，法庭专家面对多重伦理学冲突并不奇怪。在下面的章节中，我们将讨论如何整合法庭专家所面对的这些矛盾：对法庭、社会、律师及被鉴定人的责任。我们已经从历史、专业、组织机构、法律法规等多方面探讨了法庭专家的伦理学规范，而事实是，我们并没有很好地解决这一问题。

法医学界或多或少地考虑过法庭专家的平衡冲突职能，而这些必然会破坏原有的医患关系，其中一些法庭专家仍将医学伦理学原则等同于法律标准，而其他人则完全地遵从法律标准。但所有的法官可能都会遇到这样一种情况，当由法庭专家出具专业的、科学的鉴定意见时，往往会缓和控辩双方的矛盾。

温斯托克和其他一些人鉴于这些伦理学方面的冲突提出了一种"平衡"理论。他们认为，尤其对于医生而言，在医学和法律的伦理学冲突中应保持传统的医学伦理观，或至少与法学伦理观保持等同地位。他们的观点得到了教育家和伦理学家爱华德·亨德特的支持，亨德特在生物伦理学和哲学方面卓有建树，他认为，应在权衡结果、风险、利益等因素的基础上做出"平衡"。

阿佩尔鲍姆认为所有的可选择的"平衡"方法都应将法律价值置于首位，公平正义应主导法庭专家的伦理学行为。虽然"专一"不仅是解决医学和法律纠葛的原则，也是做人的基本原则，但是解决医学和法律之间的伦理学冲突确实需要某种"平衡"。量刑的轻与重、社会影响的大与小，都是平衡的结果。

法庭专家的平衡职能体现在具体案件中，在死刑案件判决时，法庭专家将平衡生命与刑罚之间的矛盾。出于尊重生命的考虑，可能建议不执行死刑，但在诸如经济犯罪这一类的案件之中，法庭专家则可能更为侧重惩戒而不是剥夺生命。

但是在决定是否需要"平衡"之前，法庭专家必须确定什么才是最重要的：是医学还是法律，或者是否需要用极刑作为终极惩戒手段。

　　在一些早期的死刑判决中，法庭专家已经开始应用了"平衡"理论。哈佛大学医学会的医生就确定了由刑前关怀到证明死亡的六个阶段，作为平衡医学和法律伦理价值观的产物。他们认为刑前关怀十分重要，刑前关怀体现了医学的伦理价值观。既然作为惩罚罪行的死刑不可避免，那么刑前关怀就彰显了人性，而且并不影响公平正义。至于其他五个阶段，医生更多的是保证死刑的顺利执行，这虽与医学伦理价值观相悖，但却是法律价值观的要求。

历史溯源

　　1998 年，非美裔精神病学专家伊斯拉·格里菲斯强调了种族文化背景对法庭专家的影响，除了犯罪行为本身之外，当时社会的主流文化和政治力量是影响法庭专家鉴定的重要因素，尤其在种族主义盛行的年代，这种影响更为广泛。

　　作为接受主流文化教育的社会精英，法庭专家不可能排除文化背景的影响。文化背景因此也就成为造成司法不公的潜在隐患。

　　2001 年，坎德利斯和马丁内兹建议法庭专家参与司法活动时，应有统一的行为规范和伦理价值观，这一观点也得到了格里菲斯的赞同。

　　以历史的眼光审视法庭专家，我们发现他们应具有独特的价值观。与其他文化一样，作为职业产生、发展的产物，职业伦理价值观不可或缺。对于法庭专家来讲，他们特有的伦理价值理念将帮助他们抵御外来的、非正义的侵蚀。

　　法庭专家的伦理价值观与社会普遍的价值观相呼应，它代表了社会对身兼医学和法律双重使命法庭专家的需求。有关法庭专家历史的探讨方兴未艾。我们不能以狭隘的眼光看待他们,这将有碍他们辅助司法公正,而应给他们更为宽松的环境,允许多种伦理价值观相互冲突,促进医学和法律价值观的融合。我们反对将法庭专家从社会伦理价值观中隔离出来的做法。

为公平正义服务永远是法庭专家的工作指南,在这一原则下,我们构建了法庭专家的所有工作框架,但它并不能完全影响个人行为或动机,也不能解决全部的法庭专家所面临的复杂难题。回顾、总结历史,也许是解决问题的方式之一。我们知道,历史记录了多元的、社会的交叉文化,它有助于平衡个人、职业和法律之间的伦理学价值。

参考文献

Ackernecht, E. H. (1959). *A short history of psychiatry.* New York and London: Hafner Publishing Company.

American Academy of Forensic Science (2002). *Code of Ethics.* Colorado Springs, CO, 80904.

American Academy of Forensic Sciences Committee on Good ForensicPractice. (2000). Standards of good forensic practice. *Academy News*, *30* (1), 33.

American Academy of Psychiatry and the Law. (2005). *Ethics guidelines for the practice of forensic psychiatry.* Bloomfield, CT.

American Medical News. (2000, May 1). Employer health exams; relevance of Hippocratic Oath, *43* (17), 15, Chicago, IL.

Aristotle. (Trans. 1976). *Ethics.* London: Penguin Classics, Penguin.

American Psychiatric Association. (2001a). *The principles of medical ethics with annotations especially applicable to psychiatry.* Washington, DC.

American Psychiatric Association. (2001b). *Opinions of the ethics committee on the principles of medical ethics with annotations especially applicable to psychiatry.* Washington, DC.

American Psychological Association. (2002). Ethical principles of psychologists and code of conduct. *American Psychologist, 57,* 1060 – 1073.

Appelbaum, P S. (1984). Psychiatric ethics in the courtroom. *Bulletin of the American Academy of Psychiatry and the Law, 12,* 225 – 231.

Appelbaum, P S. (1990). The parable of the forensic psychiatrist: Ethics and the problem of doing harm. *International Journal of Law and Psychiatry, 13,* 249 – 259.

Appelbaum, P S. (1992). Forensic psychiatry: The need for self-regulation. *Bulletin of the American Academy of Psychiatry and the Law, 20,* 1553 – 162.

Appelbaum, P S. (1997). A theory of ethics for forensic psychiatry. *Journal of the American Academy of Psychiatry and the Law, 25,* 233 – 247.

Beauchamp, T. L. , & Childress, J. F. (2001). *Principles of biomedical ethics* (5thed). New York: Oxford University Press.

Bloche, M. G. (1993). Psychiatry, capital punishment and the purpose of medicine. *International Journal of Law and Psychiatry, 16,* 301 – 357.

Bordenn, W A. (1999). A history of justice: Origins of law and psychiatry. *American Academy of Psychiatry and the Law Newsletter*, *24* (2), 12 – 14.

Candilis, P J. , Martinez, R. , & Dording, C. (2001). Principles and narrative in forensic psychiatry: Toward a robust view of professional role. *Journal of the American Academy of Psychiatry and the Law*, *29*, 167 – 173.

Candilis, P J. , & Martinez, R. (2006). Commentary: The higher standards of aspirational ethics. *Journal of the American Academy of Psychiatry and the Law*, *34*, 242 – 244.

Council on Ethical and Judicial Affairs, American Medical Association, Opinions of, Section 8.13, 2002, retrieved from www. ama-assn. org

Council on Ethical and Judicial Affairs, American Medical Association, Opinions of, Section 9.07, June 2004, retrieved from www. ama-assn. org

Ciccone, J. R. , & Clements, C. (2001). Commentary: Forensic psychiatry and ethics—The voyage continues. *Journal of the American Academy of Psychiatry and the Law*, *29*, 174 – 179.

Committee on Ethical Guidelines for Forensic Psychologists. (1991). Specialty guidelines for forensic psychologists. *Law and Human Behavior*, *15* (6), 655 – 665.

Curran, W. L. , & Pollack, S. (1985). Mental health justice: Ethical issues of interdisciplinary cooperation. In W. J. Curran, A. L. McGarry & S. A. Shah (Eds.), *Forensic psychiatry and psychology: Perspectives and standards for interdisciplinary practice* (pp. 61 – 73). Philadelphia: R A. Davis Company.

Diamond, B. L. (1956). The simulation of sanity. *Journal of Social*

Therapy, *2*, 158 – 165.

Diamond, B. L. (1959). The fallacy of the impartial expert. *Archives of Criminal Psychodynamics*, *3*, 221 – 236.

Diamond, B. L. (1961). Criminal responsibility of the mentally ill. *Stanford Law Review*, *4*, 59 – 86.

Diamond, B. L. (1990). The psychiatrist expert witness: Honest advocate or "hired gun"? In R. Rosner&R. Weinstock (Eds.), *Ethical practice in psychiatry and the law* (pp. 75 – 84). New York: Plenum Press.

Diamond, B. L. (1992). The forensic psychiatrist: Consultant vs. activist in legal doctrine. *Bulletin of the American Academy of Psychiatry and the Law*, *20*, 119 – 132.

Dyer, A. R. (1988). *Ethics and psychiatry*. Washington, DC: American Psychiatric Press.

Edelstein, L. (1956). The professional ethics of the Greek physician, *Bulletin of the History of Medicine*, *30* (5), 391 – 419.

Foot, P. (1990). Ethics and the death penalty: Participation by forensic psychiatrists in capital trials. In R. Rosner & R. Weinstock (Eds.), *Ethical practice in psychiatry and the law* (pp. 207 – 217). New York: Plenum Press.

Gerber, S. R. (1961). Expert medical testimony and the medical expert. In O. Schroeder Jr. (Ed.), *Medical facts for legal truth* (pp. 195 – 212). Cincinnati: W. H. Anderson Co.

Griffith, E. E. H. (1998). Ethics in forensic psychiatry: A response to Stone and Appelbaum. *Journal of the American Academy of Psychiatry and the Law*, *26*, 171 – 184.

Griffith, E. E. H. (2005). Personal narrative and an African-American perspective on medical ethics. *Journal of the American Academy of Psychiatry and the Law*, *33*, 371 – 381.

Hundert, E. M. (1990). Competing medical and legal ethical values: Balancingproblems of the forensic psychiatrist. In R. Rosner & R. Weinstock (Eds.), *Ethical practice in psychiatry and the law* (pp. 53 – 72). New York: Plenum Press.

Jonsen, A. R. (1990). *The medicine of the old ethics.* Cambridge, MA: Harvard University Press.

Katz, J. (1992). "The fallacy of the impartial expert" revisited. *Bulletin of the American Academy of Psychiatry and the Law*, *20*, 141 – 152.

Martinez, R., & Candilis, P (2005). Commentary: Toward a unified theory of personal and professional ethics. *Journal of the American Academy of Psychiatry and the Law*, *33*, 382 – 385.

Moore, M. S. (1984). *Law and psychiatry: Rethinking the relationship.* New York: Cambridge University Press.

National Association of Social Workers, Code of Ethics, 1999

National Organization of Forensic Social Work, Code of Ethics, 1987

Pellegrino, E. D. (1993). Societal duty and moral complicity: The physician's dilemma of divided loyalty. *International Journal of Law and Psychiatry*, *16*, 371 – 391.

Pollack, S. (1974). *Forensic psychiatry in criminal law.* Los Angeles: Universityof Southern California Press.

Prioreschi, P. (1995). The hippocratic oath: A code for physicians, not a Pythagorean manifesto. *Medical Hypotheses*, *44* (6), 447 – 462.

Prosono, M. (1990). The professionalization of expertise in the case of forensic psychiatry: A study of emergence and quest for legitimacy (Doctoral dissertation, University of California, San Francisco, 1990). Available from U. M. I. Dissertation Services, Ann Arbor, Michigan.

Prosono, M. (1994). History of forensic psychiatry. In R. Rosner (Ed.), *Principles and practice of forensic psychiatry* (pp. 13 – 29). New York: Chapman & Hall.

Rosner, R. (1985). Legal regulation of psychiatry and forensic psychiatry: Clarifying categories for physicians. In R. Rosner (Ed.), *Critical issues in American psychiatry and the law* (Vol. 2, pp. 19 – 29). New York: Plenum Press.

Rosner, R. (1990). Forensic psychiatry: A subspecialty. In R. Rosner & R. Weinstock (Eds.), *Ethical practice in psychiatry and the law* (pp. 19 – 29). New York: PlenumPress.

Rosner, R. (1997). Foundations of ethical practice in the forensic sciences. *Journal of Forensic Sciences*, *42*, 1191 – 1194.

Rosner, R., & Weinstock, R. (Eds.). (1990). *Ethical practice in psychiatry and the law*. New York: Plenum Press.

Sadler, J. Z. (2005). *Values and psychiatric diagnosis*. New York: Oxford University Press.

Stolle D. P., Winnick, B., & Wexler, D. B. (2000). *Practicing therapeutic jurisprudence*. Durham, NC: Carolina Academic Press.

Stone, A. A. (1992). Paper presented as part of a panel on controversial ethical issues in forensic psychiatry, 23rd Annual Meeting of the American Academy of Psychiatry and the Law, Boston, October 16, 1992.

Stone, A. A. (Ed.). (1984). The ethics of forensic psychiatry: A view from the ivory tower. In *Law, psychiatry and morality* (pp. 5 – 18).

Washington, DC: American Psychiatric Press.

Truog R. D. , & Brennan, T A. (1993). Participation of physicians in capital punishment. *New England Journal of Medicine*, 329 (18), 1346 – 1350.

University of Virginia. (2004). *The Hippocratic Corpus*. Retrieved from www. Med. virginia. edu/hs – library/historical/antiqua/texto. htm

Veatch, R. M. (1977). *Case studies in medical ethics* (Chap. 2). Cambridge: Harvard University Press.

Weinstoek, R. (1986). Ethical concerns expressed by forensic scientists. *Journa of Forensic Sciences*, *31*, 596 – 602.

Weinstock, R. (1988). Controversial ethical issues in forensic psychiatry: A survey. *Journal of Forensic Sciences*, *33*, 176 – 186.

Weinstock, R. (1989). Perceptions of ethical problems by forensic psychiatrists. *Bulletin of the American Academy of Psychiatry and the Law*, *17*, 189 – 202.

Weinstock, R. (1997). Ethical practice in forensic sciences—An introduction. *Journal of Forensic Science*, *42*, 1189 – 1190.

Weinstock, R. (1998). Comment on a theory of ethics for forensic psychiatry. *Journal of the American Academy of Psychiatry and the Law*, *26*, 151 – 156.

Weinstock, R. (2001). Commentary: A broadened conception of forensic psychiatric ethics. *Journal of the American Academy of Psychiatry and the Law*, *29*, 180 – 185.

Weinstock R. , Leong, G. B. , & Silva, J. A. (1990). The role of traditional medicaltry. In R. Rosner & R. Weinstock (Eds.), *Ethical practice in psychiatry and the law* (pp. 31 – 51). New York: Plenum Press.

Weinstock R. , Leong, G. B. , & Silva, J. A. (1991). Opinions by AAPL forensic psychiatrists on controversial ethical guidelines. *Bulletin of the American and the Law*, *19*, 237 – 248.

Weinstock R. , Leong, G. B. , & Silva, J. A. (1996). California's diminished capacity defense; evolution and transformation. *Bulletin of the American Academy Law*, *24*, 347 – 366.

第二章 伦理学方法的实践案例应用

美国精神病学学会和法医学学会对违反法庭伦理学的行为做出了惩戒性规定，这些规定代表了美国精神病法学会的伦理学理念，是对学会伦理学规范的重要修正。这些规定把公平正义的基本原则与具体的鉴定实务联系起来，是理论和实践的结合点。2005 年，美国精神病法学会修订了上述规定，进一步探讨了法庭专家司法角色问题，并确立了法庭专家的首要和次要的职责。经美国精神病法学会允许，部分摘录如下：

问题 1：法庭专家可以与被鉴定人发生性关系吗？

回答：不能。美国精神病法学会伦理学规范第四章明确规定，法庭专家的职责是诚实和务求客观，与被鉴定人发生性关系将损害公正，导致不真实的鉴定意见，这也与第一章里为被鉴定人提供必要的医疗服务的原则背道而驰。

问题 2：司法精神病学鉴定人在鉴定时，行为粗鲁、威胁或辱骂被鉴定人，甚至胁迫被鉴定人放弃诉讼等行为符合伦理道德规范吗？

回答：美国精神病学学会和美国医学会的相关伦理学条款明确指出"医生应以同情和尊重的态度对待病人，并为他们提供完整的医疗服务"。态度蛮横、言语粗鲁是对人格的不尊重，因而必定是不道德的，胁迫被鉴定人放弃诉讼，直接影响了公平正义，也是不符合伦理学规范的。但是，我们也应该考虑到司法精神病学鉴定人的工作特殊性，他们常常先与被鉴定人接触，他们接收的第一手材料也是由被鉴定人提供的，而这些材料肯定是对对方不利的，所以出于怀疑或急于明确原告是否存在"诈病"等欺瞒行为，司法精神病学鉴定人可能会有一些过激的言语或行为。与纯粹的医疗行为不同，司法鉴定不是以帮助被鉴定人为第一要务，它所要明确的事实往往是被鉴定人极力避免的。鉴定意见不可能对控辩双方都有利，尤其是司法精神病学鉴定还会涉及一些敏感的个人隐私问题。因而，司法精神病学鉴定往往会引发更多的不满或投诉。通过对司法精神病学鉴定的案例研究，发现鉴定意见不可能使所有人满意，由此引发的争议不应该归结于伦理道德范畴。当然，粗鲁、对被鉴定人缺乏应有尊重是不道德的。

问题3：我正在为一名保险公司的雇员做鉴定，过去几年，他在贷款合同上伪造签名，迫于某些压力，他曾两次承认了这个事实。在我的鉴定报告中，是否可以透露上述事实？

回答：法庭专家为解决司法实践问题，以自身掌握的医学知识对被鉴定人进行司法鉴定，因此，不能把救治被鉴定人作为鉴定的首要原则。除非法庭提出特别要求，法庭专家不一定非要公开被鉴定人的个人信息，但如果你认为不利信息会伤害被鉴定人时，你的鉴定就有可能不尽客观。美国精神病学和法医学会的伦理学纲要要求，在公布被鉴定人信息之前，要尽可能地征得被鉴定人的同意。如果你的证词涉及不利于被鉴定人的信息，你应该告知他们，并最好得到他们的同意。如果非要公布这些信息，有必要的时候你可以申请回避。在很多州，如果被鉴定人的精神状态尚可，法庭不会考虑他们的先前的疾病状态而保护他们的既往病史。在这种情况下，被鉴定人最好与他们的律师而不是法庭专家协商决定是否需要公开他们的信息。明确区分医疗和司法角色，是法庭专家的明智选择。美国精神病法学会在伦理学规范第四章里提出，如果做不到诚实和务求客观，那么精神病学医师最好不要担任法庭专家。

问题4：在一个小镇里，一个儿子杀害了自己的母亲，他将面临死刑判决，这个镇上只有一名精神科医生可以为他进行司法精神病学鉴定，但他也曾治疗过被害者。这种情况下，他可以被聘请为法庭专家吗？人们担心被鉴定人会受到不公正的判决。

回答：这种情况似乎不符合美国精神病学和法医学会法庭伦理学有关务求客观的要求。除了一些特殊的法律规定，美国精神病学学会明确指出，即使病人死后，也享有隐私权。在鉴定过程中，这名精神科医生能够保证不泄露任何被鉴定人母亲的隐私吗？也许我们并不了解这个案件的整体情况，但这种情况下的鉴定有可能不够严谨或客观，不符合法庭伦理学要求。我们建议，即便只有一名精神科医生，他也应该回避这个案子。

问题5：我们被要求对即将保释的被鉴定人进行鉴定，以根据他的行为的危险程度确定保释金额，这种做法是否符合法庭伦理学规范？

回答：美国精神病学和法医学会及美国精神病学学会明确规定，除非是紧急情况，并涉及医疗救治，法庭专家应拒绝一切诉前鉴定或非诉讼程序的鉴定。保释并不是诉讼的组成部分，不应为其做鉴定。

问题6：曾有律师要求我为抵押权做鉴定，而且只有在胜诉后才会给予报酬，这是否符合法庭伦理学规范？

回答：据美国精神病学和法医学会法庭伦理学规范第四章的有关规定，不允许类似"风险代理"一类的鉴定，美国伦理和司法委员会也有相似的规定。由于律师为被鉴定人的利益而不是公平正义服务，律师没有义务维护或促进客观公平，所以他们可以接受风险代理一类的案件，而没有任何伦理道德上的风险。美国伦理和司法委员会指出，虽然各州立法不同，但抵押权一类案件的鉴定费用不因标的多少设定，抵押权可为鉴定费用作担保。因此，鉴定费用取决于胜诉与否是不符合规定的。

问题7：我为一家律师事务所提供鉴定，被鉴定人在没有会见其律师之前，我就先为他做了司法精神病学鉴定，并解释了鉴定目的和意义。由于我和被鉴定人律师为同一家律师事务所所聘用，应该不会涉及隐私保护方面的问题，被鉴定人也向我展示了可能对他不利的证据，这种情况是否符合伦理学规定？

回答：不符合。美国精神病学学会、美国精神病学和法医学会相关规定，不允许在被鉴定人会见律师前进行司法鉴定。很明显，你是在被鉴定人会见律师前进行了鉴定，律师也许不希望被鉴定人与鉴定人进行任何交流。这种情况下，被鉴定人不应该向你透露任何对他不利的信息，他应该相信的人是律师，而不是鉴定人。

问题8：有亲密工作关系的两个司法精神病学鉴定人分别为控辩双方做鉴定，是否符合规定？

回答：符合，但是他们不能向对方透露各自被鉴定人信息，这种情况下，不需要事先征得双方律师的同意，也不必告知他们鉴定人之间的关系。

问题9：司法精神病学鉴定人在死刑判决诉讼中未亲自对被鉴定人进行医学检查，仅凭相关资料就出具了鉴定意见书，这是否符合伦理学规范？

回答：美国精神病学和法医学会伦理学规范第四章指出，诚实与客观原则要求法医生在最短时间内亲自对被鉴定人进行身体检查。如果因客观条件确实无法检查的，则必须对鉴定报告的观点和主张进行论证。因此，一般情况下，不以实际检查为依据的证词是不被允许的。倘若连论证都没有的话，那么这种证言是不符合伦理学规范的。无论如何，司法精神病专家都应该把其精力放在如何保证鉴定的客观性上。

问题10：一名司法精神病学法庭专家已经接受了被鉴定人的委

托，在未经过被鉴定人代理律师同意的情况下，又答应为另一同案被鉴定人作证，这是否符合伦理道德规范？

回答：美国精神病学和法医学会法庭伦理规范第三章的相关注释指出，司法精神病学鉴定人在开始鉴定之前，应与被鉴定人律师确认是否可以在签署正式协议之前与被鉴定人见面，或是否可以接受诉讼另一方的咨询。尽管你说的这个情况是鉴定人服务于另一名同案被鉴定人，但就是同案被鉴定人之间也存在有种种利益冲突。因而司法精神病学鉴定人在鉴定之前应与被鉴定人律师商议，约定鉴定事项。在诸如为诉讼另一方提供鉴定咨询等问题上，鉴定人必须事先征得被鉴定人律师的同意。不过，司法精神病学鉴定人可以事先通知被鉴定人律师他们所要商谈的内容，并向律师明确这种咨询不会损害到被鉴定人的利益。

问题11：对对方聘请的法庭专家进行辱骂或人身攻击，是否符合法庭伦理学规范？

回答：区分鉴定意见是否真实可靠，如果不真实可靠，那么是能力有限还是故意为之，这是十分重要的。美国精神病学会、法医学会和美国医学会并没有刻意强调法庭专家的相互尊重的问题，美国医学会和美国精神病学学会的相关规定只要求揭发那些不具备鉴定资格的司法精神病学鉴定人。但是即便如此，对他人进行辱骂或人身攻击也是违反美国医学会及美国精神病学学会关于尊重他人的规定的。另外，司法精神病学鉴定人如果辱骂他人或攻击他人，那么毫无疑问，他的个人修养是不够的。而一个没有修养的法庭专家，是不会保证鉴定的诚实性和客观性的，要知道，揭发其他司法精神病学鉴定人品行和能力方面的不足并不需要对其进行辱骂或人身攻击。

问题12：一个司法精神病学鉴定人不愿与一个死刑案件中的被鉴定人进行鉴定前的交流，因为他认为被鉴定人在刑前总是说谎，因此与这些人的交谈根本没有意义；并且还表示他将用可靠的医学证据做出对被鉴定人不利的证词。这是否符合伦理道德规范？

回答：美国精神病学和法医学会伦理学规范第四章指出，诚实与客观原则要求鉴定人在最短时间内亲自对被鉴定人进行身体检查。如果因客观条件确实无法检查的，则必须对鉴定报告的观点和主张进行论证，因此不以实际检查为依据的鉴定是不被允许的。与被鉴定人的初步交流，应该是鉴定的一部分，因此不与被鉴定人交流的鉴定不符合伦理学规范。另外，美国医学会和美国精神病学学会的有关规定指出，法庭专家要在力所能及的范围内，给予被鉴定人在医学方面最大的帮助。显然，在鉴定伊始便不信任被鉴定人，认为他们总是在说谎，这种做法是不符合相关伦理学规范的。

问题13：在死刑判决中，出于尊重生命的考虑，司法精神病学鉴定人总是在试图证明被鉴定人无罪，但却不能拿出令人信服的理由。为了阻止被鉴定人被判处死刑，有些司法精神病学鉴定人会作伪证，这种做法是否符合伦理道德规范？

回答：美国精神病和法医学会并不要求法庭专家回答什么复杂的问题，但却对鉴定的诚实性以及务求客观均有较高要求。尽管说拯救人的生命最为符合传统的希波克拉底式伦理道德规范，但对司法精神病学鉴定人而言，维护鉴定诚实和客观才是其根本职责。有人可能会争论这样一个问题，尽管患者与医生之间存在着医患关系，那能不能因此而废弃诚实与客观？如果真相真的对被鉴定人不利，司法精神病学鉴定人出于良心谴责而不愿促成死刑，那么他完全可以拒绝为其作证。作伪证不符合美国精神病学学会和美国医学会所要求的伦理道德标准。

问题14：司法精神病学鉴定人的鉴定意见会导致一名罪犯被判处死刑，这是否符合伦理道德规范？

回答：美国精神病学学会和美国医学会禁止司法精神病学鉴定

人医生参与任何司法机关执行死刑的过程，但这种所谓的"禁止"
是狭义的。尽管有人会争辩说鉴定意见会导致被鉴定人被处以死刑
是不符合伦理道德的，因为做出这种应处以死刑的鉴定工作是诸如
纽约州立医学理事会、美国医师协会以及世界精神病学会应该做的
事，而美国精神病学学会和美国医学会还不具备上述资格。对司法
精神病学鉴定人的调查结果显示，他们对于此问题的看法不一，微
弱多数的医生认为做出应判处死刑的鉴定意见符合伦理道德。另外
一个存在争议的问题是，如果证明某被鉴定人应该被处死是不符合
伦理道德的，那么证明某被鉴定人不应该被处死是否也是不符合伦
理道德的呢？目前看来，你问题中涉及的法庭专家的鉴定意见或证
言并无不符伦理道德之处。

问题 15：如果一名司法精神病学鉴定人通过观察某被鉴定人的
睡眠情况，从而得出结论，认为此人不可能是精神分裂症患者。因
为精神分裂症患者的睡眠情况不可能这么好。这是否符合伦理道德
规范？

回答：因为没有证据能够证明上述观点的正确性，所以这种观
点是与美国精神病学和法医学会对诚实性以及追求客观性的要求和
美国精神病学学会提供有法定资格的鉴定服务的理念相违背的，因
此也就是不符合伦理道德的。美国精神病学和法医学会并不禁止少
数派意见的发表，但这些少数派意见必须有证据能够证明其正确性，
而且这些较少见的观点应该被较早地提出来，以便得到充分的重视
和讨论。

问题 16：如果原告律师为了使案件的证据更具说服力，而要求
司法精神病学鉴定人将原告的心理状态由心态不稳定改为抑郁症，
这是否符合伦理道德要求？

回答：对鉴定报告中的主要结论进行修改是违反真实性和客观
性原则的，也是违背提供有法定资格的鉴定服务理念的，因此这种

做法是不符合伦理道德的。尽管可以对报告中某些措辞或观点的具体阐述方法做适当修改，但是如果在没有新证据支持的情况下就对鉴定意见中的主要内容进行修改，这种做法是不符合伦理道德的。

问题17：一名司法精神病学鉴定人被卷入一件诉讼之中，并且深陷其中，他会不遗余力地为被鉴定人出谋划策，这是否符合伦理道德？

回答：尽管许多司法精神病学鉴定人都认为替人辩护是不符合伦理道德的，但美国精神病学和法医学会却遵循这样的观点，即允许为他人辩护，而且更是鼓励为某种学术观点进行辩护，甚至存在某些偏颇的观点也并非是不符合伦理道德规范的，因为情绪与偏见有时是不可避免的。但是，必须公开表明这是个人观点，而且不能因此而造成事实的歪曲和不诚实，或是做出不客观的鉴定意见。

案例讨论及经验总结

我们在陈述自己的有关法庭伦理学方面的观点时，将举例来陈述并扩展我们所遵循的法庭伦理学理念。这些例子都是用通俗的语言叙述，并以大众视角来进行分析的。与美国精神病学和法医学会的观点相似，这些例子都着眼于分析法庭专家在司法鉴定过程中应注意的主要责任和次要责任。

案例1：修改法庭专家的鉴定意见

司法精神病学法庭专家 A 博士，将鉴定报告的草稿交给了辩方律师。根据精神疾病的诊断标准，她认为鉴定意见应是"躁狂症"（bipolar disorder）。

但律师建议 A 博士对陈述观点的词句做出适当修改，删除表达含糊的词句，改正拼写错误或修改相关表达方式。应律师要求，她修改了两处有关被鉴定人家庭及工作情况的陈述。律师还发现，心理测试结果显示，被鉴定人在有压力的情况下显现出人格异常的表现，而这种表现符合精神分裂症的症状。为了增强证据的说服力，律师询问 A 博士是否能够将鉴定意见改为"精神分裂症"（schizophrenia），或者至少改为"精神分裂症情感表达障碍"（schizoaffective disorder）。但 A 博士担心对方司法精神病学鉴定人会质疑这个结论，认为情感障碍并不足以满足精神分裂症的诊断标准。

辩方律师还坚持说，他在精神病学参考读物上读到，在心理测试中如果发现有人格分裂就可提示其被测试者患有精神分裂症，而且这样的判断能够更好地反应精神疾病的本质特点。他坚持要 A 博士做这样的修改，并且声称如果不这样做，他将拒绝使用这位司法精神病学鉴定人的鉴定报告。

问题是，这位司法精神病学鉴定人虽然坚信躁狂症是一个合适的鉴定意见，但同时她又承认确实存在不确定性。而且，她仍然希望从律师那里获得这个鉴定的机会。那么，应律师的要求，对鉴定意见做出上述修改是否符合法庭专家的伦理学规范呢？

讨 论

反复润色、重新修改是符合文学作品行文规范的，但却不能用在鉴定意见上。当然站在伦理学的角度，允许对措辞进行修改，以便改正错误的描述以及为清晰地阐明观点而进行适当的修改。但这些修改不应也不能改变鉴定意见。对于鉴定意见的大幅修改不符合伦理学规范。修改鉴定意见的本质内容，哪怕仅仅只是强调一下，都将是不诚实的，这与美国精神病学和法医学会对于诚实性的要求相违背，同样也违反了美国法医学会有关不伪造数据的伦理道德要求。

此外，司法精神病学鉴定人还应分清自己与律师的区别，这一点十分重要。司法精神病学鉴定人不能为胜诉而随意编造数据。"编造"是律师的手段而不能是专家的。专家应该恪守誓言："讲出事实、全部的事实，而且只讲事实。"尽管现行的法律体系并不要求讲出全部事实，但法庭专家有责任在法律允许的范围内尽可能做得更多，以保证公平正义。

如果律师不想赞同这个鉴定意见的话，她还有其他选择：她可以拒绝聘请该专家，或咨询其他法庭专家。对鉴定有了足够的了解后，律师最终也许能够改变她对鉴定人的判断。事实上，许多律师都在通过法庭专家来测试其案件的难度以及其辩护措施的可行性。

案例2：对自己的病人进行司法精神病学鉴定

由于司机的疏忽，一位精神病病人在车祸中严重受伤。B博士是精神科医生，在过去的几年中一直对该精神病病人进行心理治疗。在整个事故及此后的治疗中，这位精神病病人从未担心过会有生命危险，但事故所造成的疼痛却严重影响了他的工作和生活。

这位病人要控告肇事司机。尽管在车祸后，这位病人出现了更为严重的焦虑症状，但这并没有达到创伤后应激障碍（post-traumatic stress disorder，PTSD）的诊断标准。他从医生那里获得止疼药并且继续进行心理治疗。

该病人的律师建议由给病人进行心理治疗的医生做鉴定人，为其进行司法精神病学鉴定，并要求其出具鉴定报告。病人说，毕竟他的心理医生最了解他自己。律师说在这件民事诉讼中只能描述病人现有的精神状态，而无论如何不可能透露病人曾接受精神病治疗这一事实，因此最好由病人的心理治疗师，而不是其他人来进行鉴定工作。

　　病人的律师存在疑虑，担心肇事司机投保的保险公司所聘请的鉴定人会在报告中提出伤者在受伤前就患有精神焦虑症，而并没有创伤后精神紧张性障碍这一情况。他也许会说伤后其焦虑症状并没有加重。而且，既然对方专家是由保险公司所聘请的，那么他可能会存在刻意照顾对方的利益的行为。

　　伤者的整形医生也主动写信支持伤者，认为是由于事故才导致了其精神方面的障碍。伤者也认为，只有自己的心理治疗师才最了解自己，并且请求由其为自己进行司法鉴定。事实上在伤后当他因过于焦虑而不能工作时，这位心理治疗师就曾出具了一份报告，说明过伤者患具有短期劳动能力丧失这一情况，而且这位病人愿意为鉴定支出更高的费用。从伦理学的角度考虑，这位心理医生可否为他的病人进行司法鉴定？

讨 论

　　一般来说，伤者的心理治疗师是不能进行这种鉴定的。原告律师应该聘请另外的精神科医生进行鉴定工作。

　　如果病人想增加与案件有关的临床资料以便更好地证明自身的疾病状态，那么他将有可能不得不暴露一些与治疗有关的个人隐私。同样，从证人的角度出发，精神科医生的鉴定和证言可能会伤害病人，损害医患关系。

　　法庭专家的角色可能会和临床医生的职责发生冲突。法庭专家处理案件应该是从怀疑者的角度出发，以客观公正的态度努力寻求可以令人确信的证据。这位心理治疗师应设法拒绝病人的聘请，因为这涉及患者与医生的最基本的关系冲突。如果这位病人能认识到这种既充当治疗者又充当鉴定人的双重角色会损害医患关系，那么就不应该聘请自己的心理医生作为鉴定人。医生可能常常会向患者表达对其有利的信息，但这不符合一个法庭专家的角色要求。

此外，陪审团可能会相信治疗医生会最大限度地帮助自己的病人，但这将损害医生在陪审团心目中作为证人应具有的公正性地位。不论是司法心理学专家还是司法精神病专家都应该清楚区分临床治疗者和司法鉴定人这两种不同角色。将不同角色分开是应有的伦理道德、也是法庭专家应具备的素质，而且是自我保护的最好方法。即使是在医生的治疗记录被作为呈堂证供，或医生本人被要求要作为证人出庭的情况下，也应该向司法体系、医生及病人明确自己的"实际"角色。

在这个例子中，心理学家所扮演的角色要比整形专家复杂得多。不过即使是整形专家，也存在同样的危险，即病人可能会捏造事实，或是夸大医生对自己的帮助。整形专家同样也希望自己对病人有帮助，但往往忽略了保持客观。

事实上，临床医生往往在提交的报告中支持患者的疾病诊断。现阶段，临床医生不可避免的会被卷入这类案件中。

我们可以假设医生和司法鉴定人的角色可以合而为一，那么冲突可能得以缓解。我们在这个问题上需要做的就是想象在一个案件中这种角色的融合是否被允许，然后考虑用何种方式、方法保证它的实施。

案例 3：非传统方法

C 女士是一位弹道学家，她的工作是进行弹头匹配，证明射出的弹头是否能与嫌疑人所使用的枪支匹配。但有报告说她在试验时，每次都会进行超过 30 次的试射，并且在每次试射后，都会擦拭枪膛，而且没有对这一做法做出合理的解释，因此，人们质疑她的鉴定意见。她的这一做法是否符合伦理道德规范？

讨 论

多次对武器进行试射，并清洁枪支是对测试条件的破坏，测试需要在稳定的环境下进行。C女士的做法没有达到客观性的要求。

我们必须承认，专家的证言从来都是有一个可信区间的，所以，虽然诚实和客观是对法庭专家的基本原则要求，但每一名法庭专家的鉴定都会有瑕疵，但是法庭能够接受这些瑕疵，也同样能够接受少数派的新鲜意见或方法，而专家们必须能对这一意见或方法做出合理的解释。

案例 4：认识不确定性

D博士是一位 DNA 鉴定专家，其工作是比对犯罪现场的证据。她所分析过的 DNA 样本几乎都能与被鉴定人匹配。她已经考虑了实验误差，做了盲测，还考虑了假阳性的概率等问题。她将她的方法和理由说明得很清楚，但仍然不太详细。之后她十分肯定地做出鉴定意见，在合适的医学可信度前提下，样本中的 DNA 与被鉴定人相匹配。她是否还需承担更多的伦理学方面的义务？

讨 论

这位专家表面上看来已经完全履行了她的司法义务。她所应用的语言应该能够反映出实验室检查和人为检查内在的不确定性，这类词语有"这些发现与……一致"、"证据提示……"等。故意应用医学术语和专业词汇会影响陪审团的判断，给审判造成不必要的麻烦。

这位专家并不需要为她的结果找出相反的例子。但是她能以承认其结论中有误差的形式，给出貌似不确定却很客观的结论，她也可以以这种方式来降低自己的学术责任。实验误差会影响法庭专家对案件的举证能力，因而实验方法颇为关键，鉴定人必须尽可能地减小误差所带来的影响。

案例5：胜诉报酬

D博士是精神病学专家，具有司法精神病学鉴定的资格。辩方律师说这个案子会有很大机会胜诉。但是由于案件已经拖延了很长一段时间，因此委托方已经耗费了大量金钱，而现在他几乎拿不出什么钱来聘请他做这个案子的法庭专家。

辩方律师说她接手这个案子也属偶然，当事人已经为此花了太多的金钱，以至于他再也不能够承担诉讼有关的费用了。她已经用财产抵押的方式聘请了另外几名其他学科的专家，一旦整个案件结束，所有专家都会获得他们应得的报酬。她希望这名精神病学专家也能接受这个条件来参与此案的鉴定。

这位精神病学专家说他担心有人会质疑鉴定意见的客观性，因为他的报酬是与案件的胜诉与否联系在一起的。如果非要先行支付鉴定费用，那么这位可怜的委托方就永远也得不到法庭专家们的鉴定了。而且，美国医学会的法庭伦理学准则也有规定，可以用抵押权担保鉴定费用，而且案情很明显，委托方一定会胜诉。接受此案件是否符合伦理道德规范？

讨　论

美国医学会认为可以用抵押权的形式担保鉴定费用，因而鉴定人可以接受此类案件委托，进行鉴定。美国医学会的伦理与法律事务委员会对外出示了一份有关此事的解释说明。

尽管说无论案件结果如何，抵押权都存在，但在司法鉴定实际案件中，确认存在经济拮据的委托方只有在胜诉后才可以付给报酬，因此这样的报酬是一笔偶然性的费用。

如前所述，美国精神病学和法医学会认为这种偶然性的费用是不符合伦理规范的，因为它与美国精神病学和法医学会所倡导的诚实与务求客观公正的要求相冲突。如果法庭专家的经济利益与案件结果息息相关，那么就很难保证真实和公正的原则。

律师在法庭上需要毫无保留地支持当事人，因而有理由接受偶然性的费用。在此案中，最好先由律师垫付给法庭专家相应的费用，等案件胜诉后再得到委托方的经济补偿。如果案件真像律师所说的那样胜算很大的话，那他就几乎没有财政上的风险。当得到这笔偶然性的费用之后，律师马上会获得相当大一笔经济回报用来抵消从自己口袋里付出的钱。对于法庭专家而言，这笔预先支付的费用既可以解决伦理道德冲突的问题，又可以避免法庭专家作为证人的可信度问题。

与这种偶然性的费用相反，预先付给法庭专家费用是符合伦理道德的。法庭专家可以在没有经济压力的条件下，得出适当的观点以满足律师的要求。但这种存在于被鉴定人与法庭专家个人之间的预约辩护费有时候的确会对客观性原则造成损害。

尽管美国医学会支持法庭专家受理这种以抵押权为鉴定费抵押的案件，但所有准备接受这类案件的法庭专家都应认真考虑一下美国精神病学和法医学会的有关规定以及保证鉴定意见客观性的重要性。从伦理道德的角度考虑，最好拒绝受理这类案件。

案例 6：与律师协商前的鉴定

F 博士接到了地方检察官的电话。地方检察官想聘请他对一名由于严重刑事犯罪而刚刚被捕的犯罪嫌疑人进行司法精神病学鉴定。地方检察官说他希望在此人被传讯前就对其进行鉴定。检察官希望在此嫌疑人到案后尽可能在最短的时间内对其进行鉴定，因为他们认为这样可以保证鉴定的准确性。他知道这要比嫌疑人见过辩护律师后再行鉴定好得多。

警察的报告称该嫌疑人"将会尽力使精神科医生证明其是个疯子",他不希望被鉴定人因伪装自己患有精神病而逃脱罪责。另外,在询问之后律师往往会建议嫌疑人在鉴定过程中采取不配合鉴定的举动。地方检察官这样的步骤是合法的,而且以前曾有精神病学专家这样做过。这是否符合法庭伦理学规范?

讨 论

这是一个完美的例子,说明了这样的道理,即合法不一定符合伦理道德规范,在法律上符合伦理道德的,在其他方面来说就不一定符合伦理道德规范。美国精神病学和法医学会及美国精神病学学会的伦理学指导方针都是,不允许在与律师会面之前或是在法庭传唤之间进行司法鉴定。因为在与自己的律师谈话之前,被鉴定人可能会不同意进行司法鉴定,他可能不会像地方检察官那样能够掌握全部情况,或是完全了解自己可能面对的危险、自己的权力以及鉴定人所要扮演的角色。在这种情况下做出的司法鉴定与尊重他人的原则相抵触。在这种背景下,司法精神病专家可能会因此受到自己所在行业组织关于伦理道德方面的处罚。

在这个案子中,F博士应该向地方检察官解释一下有关伦理道德方面的问题,并向其表达在被鉴定人与律师交谈后再进行鉴定的意愿。有关这方面的问题还存在一些有争议的新思考,这引起了这样的问题,即在上述的条件下法庭专家是否有义务为司法当局做特殊性的工作,使他们不必受上面所讲的原则或指导方针束缚,这样的话,他们也许能够帮助控制或监管不合法的审讯手段。

案例7:你究竟需要多少专业知识?

G先生是一位律师,他已经进入了一个法医机构的法理学部门工作。这个部门主要是为那些要与法庭专家会面、探讨问题的律师们提供帮助，这些律师偶尔还会通过该部门为自己所在的机构考察一些法律问题。在参加了一系列学术会议以及处理了大量相关案件后，E先生相信G先生已经在检测体液内化学物质方面拥有了足够的专业知识，并把他视为是该领域专家，他以相关组织会员为凭证获得了法庭认可的鉴定人资格，并利用上述法庭的影响力成功地令另一律师也获得了鉴定人资格。这当中是否存在伦理道德问题？

讨 论

这里存在有关曲解鉴定人资格的问题。一个对法医学感兴趣的律师不是药物检查方面的专家。这名律师也许有相关知识，但却没有受过相关训练。相关专业机构只会接受有相关资格并受过相关教育的人为会员。仅仅只是参加毒理学会议或是参加一个相关组织的委员会并不能使这名律师成为一个法医学专家。上述情况违反了许多伦理学指导方针。

案例8：伤残鉴定

H博士的一名患者想要申请社会伤残保险。受理保险机构的政策是要求主治医生进行伤残程度鉴定。通常情况下，H博士并不提供独立的伤残鉴定服务，但如果主治医生不能出具鉴定报告，那么病人将得不到其所需要的伤残补助。

尽管她相信她的病人的确存在功能损害，但H博士明白只有专业的鉴定报告才能确认伤残程度。为了进行真正客观的鉴定，她需要有关患者的工作情况的报告，以及对患者在家中情况的观察报告。但是，附加的调查可能意味着不信任，这会损害医生与患者之间的关系。在伦理道德允许的范围内我们可以做哪些事，以便达到好的效果？

讨　论

此案例中，这位精神科医生的首要任务是为患者服务而并非社会保障。尽管说公民责任以及科学的客观性都应有其必须的位置，但他们的重要性都不可能超过医生的首要义务。在诚实以及如实陈述原则的约束下，这位医生的首要任务是帮助患者做出最好的伤残程度鉴定。

如果有理由怀疑病人是在说谎，那么这种未经证实的鉴定意见是不符合医生、病人以及相关机构利益的。实事求是对于 H 博士以及任何相关机构而言，仍然是首要的原则。恢复治疗也许能够加快病人的康复。考虑到对于病人的首要任务，H 博士在得到额外的确认信息之前，应该持有怀疑的态度。最终这样的做法可能适用于医患之间的治疗关系。即便鉴定报告有瑕疵，也不会影响伤残鉴定意见。

但更好的处理是，H 博士建议由另外一名鉴定人进行鉴定。当然，她也可以亲自告诉患者自己不能为其提供有帮助的鉴定报告。如果医患关系得以保存，将成为重建信任和治疗关系的重要基础。

案例9：专家倒戈

I 博士是一名从事建筑工程鉴定的工程师，他被聘请为一件与建筑物坍塌有关的民事案件进行鉴定。律师与 I 博士商议，向其描述自己的辩护策略以及自己希望证明些什么。他同样就上述内容与其委托方进行了交谈。他希望 I 博士能够成为法庭指定的法庭专家。

在对案件的相关资料进行了考察之后，I 博士认为自己可能不能为律师提供有利的鉴定意见。因此他决定不为此案进行鉴定，并寄去了自己的账单。

在他的账单被结算之前，他接到了这个案件另一方律师的电话，简单交流意见后 I 博士非常高兴,因为他相信由于对此案件十分熟悉,自己应该会对对方有帮助。如果他接受了对方的聘请,他是否做错了什么?

讨　论

看上去他是做错了。I 博士已经接受了第一位律师的咨询,这是受相关法律保护的行为。

如果他希望为对方工作,他就应该在一开始就说明这一情况。这将保证双方都不会过早的向鉴定人透露对乙方不利的案件信息。

这既是职业准则也是保密性的要求以及尊重他人原则的必然结果。这些措施将有利于保护法庭专家、律师以及委托方之间的信任关系。

美国精神病学学会和法医学会的伦理学指导方针同样也要求法庭专家们要提高警惕,以确保委托方信息不被泄露。另外,根本不需要将无关紧要的案件信息写入鉴定报告中。

事实上,有些律师利用上述伦理学方针来预防法庭专家转而为对方作证。如果 I 博士希望避免将自己陷入到因为伦理道德原因而失去鉴定人资格的境地,他就应该在接受委托时向律师告知自己可能有兴趣为对方工作。由于没有这样做,I 博士必须遵守保密性原则,退出该案件的鉴定。

尽管在 I 博士的账单被兑现之前,对方一位律师就已经给 I 博士打了电话,但这对于律师和法庭专家的职责以及保密性的原则来说,并没有什么例外可言。即使是账单永远都没有被兑现,对这种情况的伦理分析也不会允许专家倒戈。

案件 10:怀疑和其他影响

当第一次考察了案件证据后,法医牙科学专家 J 博士相信他可以对一件民事案件有所帮助,因此律师决定聘请 J 博士为鉴定人,并告知了对方。

在鉴定过程中，他发现现有的证据证明对方是正确的。他担心由于自己开始的过度自信而误导了本方律师。由于这位律师与 J 博士的上级主管有很好的关系，J 博士原本想给他留个好印象，因此即使在存在退出该案可能的情况下，他也不想做出对委托方不利的鉴定意见。J 博士有可能被对方聘请吗？J 博士同样很同情那位因为诉讼而到处奔波的被鉴定人。J 博士应该怎么做？

讨　论

这件案子中涉及多方面利益的冲突，不仅仅是法律方面的问题。出于个人理由，鉴定人想要取悦律师，帮助被鉴定者获得其期望的结果。从个人角度看，他可能太过于期盼接受此案了。他可能对律师承诺的太多或是误导了他。虽然如此，对于处理各种利益冲突而言，诚实与实事求是仍然是关键性的原则，它们是保证个人和集体廉洁正直的基础。

既然这是一项司法鉴定，那么 J 博士的首要职责就是为司法体系服务，而不是委托方。但是，他毕竟是由委托方律师所聘请的，因此他的确也要对委托方负责。最好的处理方法就是直接通知律师、通告整个事件，诚实和实事求是是对律师及委托方的尊重。

另一个可能的解决方法是在形成对对方有利的鉴定意见前退出此案件。这也许能够给律师留下足够的时间，让其能够采取新的策略，咨询其他鉴定人，或是寻求其他的途径来为委托方提供帮助。任何其他的选择，无论是不作任何解释就退出，还是继续对此案进行鉴定，都是不符合伦理道德的。

这个案例告诉我们如何能让个人利益和专业利益都符合伦理道德的要求。法庭专家如果能认清这些利益之间的相互作用，那么将能更好地驾驭鉴定工作中需要面对的多重职责。

参考文献

American Academy of Psychiatry and the Law. (1995). *Opinions of the committee on ethics.* Bloomfield, CT

American Medical Association. (2005). Opinions of the Council on Ethical and Judicial Affairs, section 8. 10. Retrieved from www. ama-assn. org January 12, 2005.

Phillips Robert T. M. (2005). Expanding the role of the forensic consultant. American Academy of Psychiatry and the Law Newsletter, *30* (1), 4 – 5.

Schafer J. R. (2001). The ethical use of psychology in criminal investigations. *Journal of the American Academy of Psychiatry and the Law*, *29* (4), 445 – 446.

第二部分

指导法庭伦理学行为的方式

第三章 伦理学理论：主要模型，叙事理论和职业操守

原则衍生

生物伦理学仅仅诞生了 40 年。但其中很多独到的见解却可以追溯到几百年以前，在《生物伦理学的诞生》这本书中，伦理学家阿尔伯特·琼斯从经典的宗教以及启蒙道德理论追溯到现代医学伦理学。在这一章节中，我们将向大家展示这些伦理学的传统理论与法律专家们，尤其是法庭专家们在实际工作中所应用到的理论，像琼斯那样的非生物科学的专家们，可能也会类似地将经典理论与他们实践中的主张相结合，不断地发展其特有的伦理学理论。

1970 年到 1971 年间，生物伦理学于几位该领域先行者的讨论中诞生，并由此产生了三个主要议题。首先，医学方面的伦理学家们认为拥有独一无二的专业技能以及高尚的人格才是专业人士应有的伦理道德标准，专业道德规范的发展将帮助我们回答如何从伦理道德方面思考和解读法庭专家的问题；其次，医学的道德规范涉及这个职业以及每名执业人员的职责问题，为什么有些专业行为是被允许的，而其他一些不被允许呢？什么才是专业人员特有的职责，又将如何限定这些职责？最后，伦理学家为我们描述了职业与专家之间以及社会优先权与社会价值之间的联系，每一位专家及其所从事

的专业如何才能与社会普遍认可的道德联系起来？这可以被说成是专业与其社会责任的关系。把上述三个课题综合起来，伦理学家为我们描述出了全新的关怀医学的伦理道德规范定位。

如果要为法律实践发展出伦理学理论，就很有必要从细节上限定相关专业范畴，并探讨它们与社会伦理学的联系与区别。职业道德的最低标准是与职业最高期望相联系的。在处理医患关系的道德准则中，盘剥病人是被严格禁止的，但何为"盘剥"则常常难以定义清楚，因为一个行业所支持的和反对的行为，往往会随时间的流逝而不断发生改变。所以，当有些看似应绝对杜绝的行为，以历史发展的眼光和完整法律伦理学体系分析对待时，则有可能是被允许的行为。

托马斯·比彻姆教授和詹姆斯·查尔理德斯教授于 2001 年撰写了《生物医学的伦理原则》一书。现在这本书已经成为对美国医疗从业人员进行伦理道德教育的最主要的教材。与其他重要的人类智力活动一样，判别伦理学上的是非功过，同样需要知识、技能和实践。比彻姆和查尔理德斯的书中综合了许多不同门类的知识，这其中包括哲学、社会科学、医学人文科学、法律、社会政策以及生物科学等多方面的内容。

他们的目标是建立起一个伦理学架构，在这个架构内思考生物医学和医疗领域的伦理道德问题。尽管我们并不认为司法精神病学方面的伦理道德问题只是整个医疗领域伦理道德问题的一个小小的组成部分，但是我们认为研究有关伦理学与司法伦理学之间关系的问题时，必须考虑医疗领域伦理道德问题的伦理学基础，以便能为其分支专业——司法精神病学建立起一个标准的伦理学理论体系。因此应该对比彻姆和查尔理德斯在这方面的贡献进行回顾。

伦理和伦理决策（Ethical decision-making）是植根于整个知识体系中的两门学科。对于司法精神病学的伦理学体系来说，什么才是最关键的知识？比彻姆和查尔德里斯为这项工作提供了几个议题，一是在公共道德和职业道德之间，标准与非标准的伦理传统之间，以及各种伦理学理论之间存在有什么差异？另一个是伦理道德规范和原则在处理道德难题时会有什么作用，专业规范和社会需要之间是否存在紧张关系，以及平衡一般规则与特殊案例之间冲突的本质是什么？

比彻姆和查尔德里斯相信以下四组道德原则对于建立职业责任和目标以及标准的职业道德规范来说，是一个最好的伦理学框架。这四组道德原则是十分符合西方传统的伦理学规范的。

他们所指定的基本原则规范限定了职业行为：

1. 尊重自由，或是尊重个人及自己的决定。

2. 善行，或在职业行为和选择中做到为患者提供帮助消除病痛的职责。

3. 不伤害原则，即在职业行为和选择中不造成伤害的职责。

4. 公正原则，即公平分配利益、损害以及费用的义务。

对于人的自主性的尊重来源于民主的政治传统。它源于这样的信念，即人的自由以及最低限度的被他人干扰能够最大限度地提高人的主观能动性，与人相处要尊重他人的尊严，促进他人的独立和个人责任的发展；同样，认识到人虽生而独立，但我们的能力是极为有限的，这些观点都是对人的尊重的体现。

自由和尊重的思想都源于康德的哲学理论，即所有人都有其内在价值，每个人都有决定自己命运的能力。从伦理学的角度看，如果能够尊重他人，让他们自己做出决定，不论这个决定是好是坏、健康或不健康、正确还是错误，都是最好的处理方式。如圣雄甘地所说，如果没有做出错误选择的自由，那么即使有选择的自由也就没有意义了。

在法庭专家的工作中，自主性能保证鉴定人和被鉴定人之间的基本尊重，并且能够掌控自己的生命、身体和精神意志，法庭专家的职业义务是尊重隐私、真诚交流以及公正鉴定。上述原则同样适用于医患关系和律师与委托方的关系。在医疗保健和法律工作中能反映上述原则的实际例子就是"知情同意"（doctrine of informed consent）原则。另外，在司法鉴定工作中，这种体制上的保护措施使鉴定人承担法庭专家的职责成为可能。

下一个原则，即善行，将引导法庭专家们增加他人的福祉。作为这个原则的补充——不伤害原则，告诫法庭专家们应尽量减少或避免做出对别人有害的决定。在医疗活动中，有人认为应以善行为中心而不是以自由为中心，因为增加病人的福祉是医学专家们的一个不可争辩的原则。

来自于伦理学智囊团黑斯廷斯中心①题为"医学的目的"的报告定义了四种医疗行业应该达到的目标，在与有不同的、具有代表性的组织团体、文化以及历史传统争论数年之后，黑斯廷斯中心同意用这四个通用的原则定义医学的基本任务，其结果是强调以"善念"为中心发展医学。

这四个基本原则是：a）阻止疾病、维护健康，b）解除病痛，c）努力治愈疾病，即使可能无法治愈，也要付出最大努力，关心照顾病人，d）避免早产儿死亡，如有可能，允许采取方法让病人平静离去。在这四条当中，我们可以发现都是以仁慈为中心的。这里，仁慈和不伤害的原则确实增加了患者的福祉，因为它时时以病人的利益为中心，法庭专家们可能不会使患者遭受不应该有的痛苦，但司法公正要求尽量避免潜在的利益的介入和过度的医疗行为。

我们常常将公正这个原则等同于"公平"（fairness）或者仅仅

① 黑斯廷斯中心报告：由美国应用伦理学研究的专门机构——黑斯廷斯中心主办。其办刊宗旨是促进人们对医学中所涉及伦理道德和社会问题的深刻而全面的思考。——译者注

是"美德"（desert）。它号召人们共同持有这样一种观点，即我们所有人都应该被平等对待，我们应该共享幸福或是苦难。这种形式的公平原则催生了这样一个概念，即平等或必须被平等对待，它引导我们以适当、公平、公正的态度得出鉴定意见。在医疗工作中，它引导医生公平公正地对待所有病人。它还帮助引导我们在缺乏经济基础的情况下做出如下选择，负责地使用资源、避免浪费，鼓励管理人员通过有效管理尽量节省资源。

当然，在法律和政治学的词语中，为了能够明确公正性的内涵，我们必须将多种不同种类的、所谓公正的概念进行区分。分配公平，如决定赋税或财产分配以及教育机会是否公平合理等情况；有关处置犯罪的公正性原则，则应主要考虑整个社会的要求，或给予何种惩罚；而有关纠正错误的公平性原则，则需要考虑如何能公平地对违约行为以及侵权行为进行赔偿。可以说有关公平公正的理论、学说非常广泛和庞杂。当我们分配社会负担、财富以及服务时，功利主义、自由意志主义、提倡共产主义社会以及平等主义的理论都会指导我们的行为，只是它们的分配前提、分配标准以及所应用的理论各不相同。

但在决策伦理道德过程中，这些原则并不分别地、独立地解决复杂的伦理学难题。就司法精神病学而言，我们非常熟悉的一种情况是，当有暴力倾向的被鉴定人恐吓鉴定人时，有关伦理和法律的冲突就会异常紧张。在这些案件中，尊重被鉴定人的隐私与尊重鉴定人的人身安全是相互矛盾的，而在进行临终关怀治疗时，病人希望尽早结束自己生命的愿望，可能会与医生所尊崇的"尽快结束病人生命就是在损害病人利益"的价值观相矛盾。

尽管许多医疗机构都处理过类似的矛盾冲突，但另外一些例子，如病人持有某种宗教信仰而拒绝使用某类血液制品，这种情况就代表了一种与上述原则之间不可调和的矛盾。尽管死刑可能被看成是违背了仁慈的原则，但拒绝输血的行为可以被看成是个人意愿和自由选择的表现，包括病人自行选择死亡。

在有些各种矛盾看似不可调和的司法鉴定中，法律要求我们根据他人的优先权力来定义损害和利益。乍看上去似乎是不可调节的矛盾也会因为他人的理解而迎刃而解，事实上，其他的一些伦理道德理论也是解决各种原则之间冲突的有效工具。

几种经典伦理道德理论回顾

假如你现在坐在芬威公园波士顿红袜队①的主场内，你了解棒球运动的基本规则，也知道这些规则无论是对看台上的观众，还是对场上的球员而言都具有约束力，那么投球、击球、本垒打、盗垒、多少局、多少人出局等这些就构成了一场比赛的规则。

因此根据比彻姆和查尔德里斯的原则，在没有考虑一个人的行为及决定是否符合上述四个原则的情况下，是不应该从事医疗服务工作的。但是当我们准备在充满复杂的、不确定的人际关系的世界中应用上述原则时，我们发现这其中会出现很多麻烦。虽然说棒球赛场中的所有观众可能都知道棒球比赛的规则，但是他们在观看比赛的过程中，对于一个跑垒员应该是安全上垒，还是应该被杀出局，甚至对某个本垒打判决是否正确等问题上，都持有各自不同的见解。他们的判断在很大程度上取决于他们所处的位置，其中包括球迷对

①　波士顿红袜队：一支隶属于美国联盟东区的美国职业棒球大联盟球队，美职业棒球联盟元老球队之一，同时也是最受欢迎的球队之一，世界各地都有红袜队的球迷。其主场自 1912 年后即位于马萨诸塞州波士顿的芬威球场，是历史最悠久的棒球场之一。——译者注

不同球队的拥护程度等。

"个人观点"是一种非常好的平衡工具，但同时也是一种畸变放大器，它是一种让人难以琢磨的、从伦理道德角度看似偏执的处理问题的方法，但同时它也可以提醒我们，在我们依自己的感觉而做出某种决定时要特别谨慎小心。为了将偏执或不公减小到最低限度，我们必须时常提醒自己，没有什么东西会像个人观点那样缥渺不定，判断、决定虽然是一个永恒的结果，但它会受到个人感觉和观点的强烈影响。

在专业道德规范中，我们可能会受到不同的观点以及上述四个原则的影响。在棒球比赛中，裁判拥有最好的位置来判读比赛，这个位置就是在补手的身后。另一位裁判则被安排在一垒的旁边，这样，他就可以很清楚地观察到击球手是否被投手投出的球击中。同时，还有一名裁判站在三垒的位置来观察某一跑垒员在本方击球手击出高飞牺牲打①时，他是否过早启动冲向本垒。这些位置就是受各种影响最小而能正确观察赛场情况的地方。对于观众来说，如果我们能坐在靠近补手的位置，那么我们也许就能够更好地看到裁判所能看到的东西，如果我们坐在右外场的位置，那么我们就能更好地看到右外球手看到的东西，当然如果我们能够尽可能坐得离边线近，那么我们就能更有把握的判断球是否出界。

伦理学理论也是同样，这些理论可以被看成是在复杂而不明确的人际关系中调整个人观点的战略对策。我们生活在这样一个世界中，个人的外在行为、语言，甚至意图和动机都必须被认真考虑。一个人越容易改变观点看法，这个人就越有可能做出既符合伦理道德标准又切合实际的决定。

———————————

① 高飞牺牲打：棒球运动中的一个名词。是指击球手在无人出局或一人出局的情形下，击出高飞球被接杀之后，在不是因为对方野手失误的情形下，使三垒上的跑垒员回来得分的情形。——译者注

因此，由于上述原则可以为我们提供一个构架或是环境，以便做出符合伦理道德规范的决定，所以这些伦理学原则为我们提供了很好的机会来改变我们的观点。就像哲学家托马斯·纳格尔在其著作中提醒我们的一样，客观现实就是一个可触而不可及的目标，我们能够接近它，想象它，但永远不可能做到完全客观。

纳格尔写道："如果我们试图理解从一个客观的观点中总结出来的经验，而这个观点本身是从实际经验中总结出来的，那么即使我们十分赞赏这种观点，我们也不可能抓住这其中最特殊的属性，除非我们能主观地将它想象出来。我们不可能确切地体会对于蟑螂而言炒鸡蛋的味觉感受，即使我们已经建立了一套详细的有关蟑螂味觉的现象学理论。因此，当涉及人的价值、目标及生活的模式这样的问题时，伦理学理解的隔阂可能会更深。"

在需要考虑伦理和道德问题的范围内，这种能适时改变观点的能力具有很高的价值。既然我们是在复杂的人际关系中处理伦理道德问题，那么就需要我们尽最大努力适时改变自己的观点。回到棒球比赛的那个比喻中，正是由于裁判和观众从不同的角度观察、理解比赛的进程，比赛本身才能顺利地进行。

在简要回顾这些持有不同观点的理论之前，我们必须先回顾一下解决道德难题的原动力。每一个道德难题都可以被理解成为一个包含了道德代理人、道德行为、道德选择及其后果的整体。在医疗行为中，在我们常常认为的伦理学难题中，医生就是伦理学比赛的裁判，他们的行为或选择中就包含治疗决策，而那些能够预期的或是无法预期的治疗结果，也将由于"裁判"的取舍而截然不同。

因为我们要站在医生的角度去思考医学方面的问题，因此必须考虑到整个医疗领域的方方面面。在这个领域中，医生和患者所要扮演的角色是相似的，他们都渴望有一种规范能够作为人与人之间相互遵循的准则。在这种情况下，疾病和病痛是中心问题。最后，更为深入的社会、政治、法律以及文化考量会帮助我们丰富和完善所考虑的内容。因此，医疗行为是一种文化实践，它的整个背景充满了纷繁复杂的、富含不确定因素的伦理道德观点。

伦理道德理论能够作为一个能变通的多层结构的框架，帮助人们更好的做出伦理道德方面的决定。对于我们的观点及后面还要继续深入讨论的内容而言，改变观点这个过程本身，应该和指导我们做出符合道德决定的理论一样重要。需要强调的是，如果我们改变观点的能力越强，我们也就越有可能做出无可非议的伦理道德决定。

例如，如果我们能认真检查各种观点或理论，那么我们就能够理解在医生帮助病人安乐死的案件中所牵涉的法律和伦理学问题，就像蒂莫西·奎尔在其专著中对有关安乐死问题的讨论一样，医生不能杀死病人的信条并没有认识到这个问题的复杂社会背景，因而也不能提供适当的解释或指导。

通过回顾，我们将会为大家呈现出一些重要的伦理学理论，这些理论在法医学和相关专业的工作中有十分重要的作用。每一个理论都会强调一个不同的方面。一些理论讨论的焦点是伦理道德本原，另一些理论考虑更多的则是如何做出相关行为的决定，而其他的理论则会影响司法鉴定。

美德论

美德论（Virtue theory）将我们的注意力集中到了道德本原上。特别是当它为法庭专家建立起了可以预期道德规范时，这个理论就越会彰显它的价值。这个伦理学理论来源于亚里斯多德的专著，并且出现在佩莱格里诺、托马斯以及萨米西等人的著作中，这一理论的焦点集中于一个人应该是什么样的，以及一个人应该具备什么样的品质才能做出正确的决定，并且过上有价值的生活。

亚里斯多德将美德定义为"这个世界上最优秀的事物"。医生的美德就是治愈病人，而律师的美德就是为当事人争得公平公正，人们美好的生活也来源于他们的美德。因此，美德能为幸福铺平道路，这意味着满足和幸福。这是一种"做一切可以做的事情"的概念。通过对纯真生活的培育，我们能够找到过量与不足之间的平衡，并且获得幸福。在古希腊，这种纯洁的生活被认为是成功和幸福。

美德理论的目标是培养能够做出合适的、有关伦理道德决策的品格。假设一个人要做正确的事情，那么他必须拥有足以保证他做到这些事情的正确品格。美德理论家们认识到，虽然善良的人渴望获得幸福，但想要独自获得幸福的想法不能保证做出正确的决定，必须把知识和实践联系起来，才能养成以美德决断行为的品格。

亚里斯多德将"性格的本质"定义为做出正确决断所需要的品格。古希腊人相信这样的气质应该是人与生俱来的，但是需要后天不断的训练和实践而形成。正如没有人能够不经过练习就成为伟大的小提琴家一样，没有人不经过后天培养就能形成纯洁善良的性格。对于美德理论家而言，有好的行为而没有好的品质仍然意味着伦理道德方面的失败。

纯洁善良的人的品质包括刚毅、节制、追求公平公正，以及智慧。这些品质能够调节和指导人的气质、欲望和情感。自我节制是纯洁善良之人永远的追求。审慎决断增加了人们美好生活的机会，以及获得所谓"好人"应具有的性格和创造力潜力的机会。所有这些在日常生活中都具有十分重要的意义。

那么上述理论的不足有哪些？主要的不足是，善良的人也常常做出坏决定。下面要讲的南希·克鲁森的例子就为我们提供了一个有很好的初衷但却做出了坏的决定的例子，她的决定对于她自己以及她的家庭来说都是不公平的。

案例：南希·克鲁森

1983 年，在一起严重的车祸中，24 岁的南希·克鲁森从自己的车中被甩出去而严重受伤，处于植物人状态。许多年以后，克鲁森的父母向法院申请能够合法地拔除其女儿的鼻饲管，以安乐死的方式结束她的生命。但是 1990 年，当最高法院刚刚将此案发回密苏里州法院重新审理时，南希的鼻饲管就被拔除，之后便死亡了。

尽管这个案例中包含有复杂的内容，这些内容围绕着当事人父母以及涉及生命案件中的证据标准问题，但其中有几条伦理道德原则仍是被大多数法庭所接纳的。非常重要的是，法院支持家属有权决定是否继续进行必要的医学治疗。

只要做一下社会学、法学及政治学方面的分析，舆论界、政客以及伦理学家就会认识到强迫进行医学治疗在伦理道德上犯有多大的错误。但是，那些希望维持南希生命的人也并不缺少伦理学观念。事实上，仔细分析这个案件之后，我们可以发现善良的人其实在为双方工作。可以这么说，美德并不能独自使得人们做出正确的决定。

义务论

义务论（Deontology）伦理学理论关心的焦点问题是决定及其作用。在这些理论中，有这样一种假说，即内在的性质或是其作用决定了一个决定的对与错。

伊曼努尔·肯特（1724－1804）是最早的，也是被批判最多的义务论学者。他是一个非常有才华的普鲁士哲学家，他的作品涉及天文学、哲学、政治学以及伦理学。在有关以责任为基础的伦理学著作中，肯特提出了以下重要标准，即"对待他人就像你希望他对待你自己一样"。另一个康德学派的相似观点是"做事情时，要使自己的行为适用于任何情况"。比如，说实话这种行为就是一种正确的行为，因为它包含有一种与生俱来的、被广泛认可的一种优点，而且我们自己也的确不愿被人欺骗。

不幸的是，这种以责任为基础的理论不能处理现实生活中所有的伦理道德问题。公平地说，说实话无论什么时候都是对的。但问题是，当说实话造成了伤害时又会发生什么事情？

在有医生帮助的安乐死案件中，最难以判断的是我们到底该如何定义伤害和利益。尽管我们可能会发现"医生不能剥夺生命"这条规则是被广泛认可的，但是，这条规则将禁止患者在其最难以忍受病痛的时候，强迫他人结束自己的生命。但什么时候"杀人"可以被看成是一种怜悯？义务论理论为这些棘手的问题提供了一个简单明了的答案。

结果论

这个理论将我们带到了"结果主义"（Consequentialism）论者的面前，这其中人们最熟悉的就是功利主义。对于我们现在想要达到的目的而言，我们只需要知道，结果主义论者主要关心的问题就是行为的结果。这些理论提出的主要问题就是事情的结果。通过某种行为，我们到底想获得什么？什么样的行为会使我们得到我们认为最有价值的结果？

功利主义者的逻辑是假设所有人都拥有相同的伦理道德价值。这个理论会引导我们做这样的事情，即我们所做的将给最多人带来最大的好处。

功利主义的中心内容是主张快乐是与生俱来的，而痛苦则是一种罪恶。我们必须努力做出能增加快乐减少痛苦的决定。对于许多功利主义者而言，最大限度的功利性或快乐就是对的事情。

像其他任何理论一样，结果论也有其批评者。比如，在进行消费利益分析时，当有些人获得利益时，另一些人则必然会受到损害。我们如何知道大多数人到底想要获得怎样的结果？有些结果是否一部分人想要，而另外一部分人却不想要？

我们用自己的鉴定或是受我们决定影响的集体鉴定来解释结果，而并不依靠伦理道德标准，不同的人衡量结果好坏的尺度不总是一样的。这是一个不能比较的问题。

功利主义理论认为在一个同系社会中，文化、种族、道德、宗教以及性别的差异是最小的。分析的方法常常包括有像消费利益这样的考虑，而价值被限制成只有金钱价值。在这种观点中，一个教育计划甚至是整个人的一生的花费都是可以计算的。读者们可以回忆一下，福特汽车公司生产宾托（Pinto）系列汽车①就包含有上述因素，他们重视了整车的效果却忽略了油箱的安全。

社会契约理论

由于站在社会期待的角度讨论法庭伦理学的内容，因此社会契约理论也被认为是与此相关的。社会团体有这样的愿望，希望其在科学领域以及社会方面有领导地位。这种愿望与科学家、医生或是律师的行为密切相关。这种观点可能会被某些社会契约论（Social contract）的学者所推崇。

社会契约理论家们（如托马斯·霍布斯、约翰·洛克、卢梭）发展出了人们如何能和睦相处的理论。托马斯·霍布斯（1588 - 1679）生活在一个充满暴力和瘟疫横行的时代，他描述了这样一种观点，即人们应该建立一种能够使人类摆脱立基于无序的"自然状

① 在 1970 年代初期，德国大众甲壳虫便宜车进入美国。当时卖价低于 2000 美金。为了对抗便宜的进口车，福特把宾托牌轿车匆匆推向市场。福特宾托在当时引爆了汽车的时尚流行，其漂亮的外形引得当时无数车迷的追捧。但同时他也在诸多媒体黑名单上榜上有名，有人甚至称它为"史上最不可靠的汽车"。渐渐人们便发现由于宾托汽车本身设计上的缺陷，导致如果两辆宾托发生追尾的话，将会引起油箱起火。在 1971 年至 1980 年期间，虽然福特公司大卖出了 2 百万辆福特宾托，但在这期间也有 27 人死于宾托油箱起火。1977 年《琼斯妈妈》连续报道并且揭露了宾托的这个问题，使宾托油箱事件迅速扩大。当然这种事谁也拦不住，宾托已不可能再像当年那样辉煌，人们形容宾托说"就像随时背着个炸弹"满世界跑。可是福特却拒绝向大众告知上述情况。这种行为传达了一个信息：把客户放在最后而不是第一位。为了加固车尾，福特花费了 1.21 亿美元，而乘客又因为宾托的安全问题向福特索要 5000 万美元补偿。一位福特的官员曾经说过："你甚至不想谈起宾托，就让它就此尘封吧。"明显的，福特并没有忘记那些因为宾托而成就的诉讼和公共关系灾难。——译者注

态"上的"肮脏、残忍与短暂"的生命。卢梭（1712 – 1778）在其著作中曾经写到，人的"公意"在引导社会领导力方面具有重要地位，只有获得理性的共识才能建立起人们的政治权威。

这一思想主要对于职业与法律之间的相互关系具有重要的意义——尤其是因为很多现代的作者运用这一理论来描述机构与其选民之间的相互影响。但是对于一个即使是思想进步的普通市民而言，理性的综合共识也不能将所有的相互作用都体现出来。没有适合所有情况的特殊规则，同样也没有适合所有人的规则。另外，社会领导人可能会认为自己比任何人都了解人民的意愿。这是卢梭批判的观点，例如，就好像说政治家是"沉默的大多数"的代言人一样。尽管如此，它仍然是一种十分重要的理论。

后现代伦理道德理论——社会责任

正如我们已经知道的，前面所述的四种方法（实际还有更多）都不能很适当地解释个人与社会的关系。尽管上述的观点已经在医疗领域的道德问题方面产生了深远影响，而且为一些伦理学难题提供了重要的理论依据，但是这些观点仍有不足。

比如，"共产主义伦理道德观"（Communitarian ethics）认为，应该通过将个人和社会的伦理道德结合起来的方式考量个人与集体之间的联系，专业人员的社会责任问题对于这种联系来说是至关重要的。共产主义理论关心责任与义务的根源，认为责任与义务来源于一种特殊的人与人之间的关系。比如，父母的责任与夫妻之间的责任就不相同。我们对于同事的责任也和我们对兄弟姐妹的责任不同，用维尼·布斯的话说，我们是用我们自己的人际关系来定义自己的责任。

某些民族和政治运动可以归为社会伦理学范畴，环境保护论和女权主义（Feminist theory）是这其中最著名的两种。这些运动被认为是高级知识分子的运动，因为他们试图将个体与环境或社会更紧密地联系在一起。

20 世纪晚期，女权主义思想盛行，成为挑战 18 世纪文化思想的运动之一。女权主义具有"后现代主义"[①]（Post-modern）思想的特征，促进和加深了伦理学概念、方法和内涵的讨论。

哈佛大学心理学家卡罗尔·吉利根作为一名女权主义者，出版了她的代表作《不同的声音》，第一次将人们的注意力集中在男女思维方式的伦理学差异上。她在书中批判了某些心理学家的观点，强调女性思想仅仅在于与男性的不同，而不是弱于男性。吉利根观察到男性倾向于关注公平和公正的解决问题，常常运用抽象的规律和原则。男性似乎追求并需要公平地运用一些普遍性原则，但他们的目的往往在于维护个人利益。

女性的思维模式更注重周围的关系和环境。在解决问题和归咎责任时，女性特别关注人与人之间的特殊关系，更懂得关怀和同情的意义。吉利根和其他女权主义者试图使"女性的"思维方式等同于人际关系的洞察力的同义词，这种在人际关系中避免伤害和强调

---

① 后现代主义：上世纪 70 年代后被神学家和社会学家开始经常使用的一个词。起初出现于二、三十年代，是对现代主义的回应，排斥"整体"的观念，强调异质性、特殊性和唯一性。后现代主义是一个难以从理论上精准定论的概念，因为后现代主要理论家均反对以各种约定俗的形式来界定或者规范其主义。目前，在建筑学、文学批评、心理分析学、法律学、教育学、社会学、政治学等诸多领域，均就当下的后现代境况提出了自成体系的论述。他们各自都反对以特定方式来继承固有或者既定的理念。由于它是由多重艺术主义融合而成的派别，因此要为后现代主义进行精辟且公式化的解说是无法完成的。后现代主义认为对给定的一个文本、表征和符号有无限多层面的解释可能性。这样，字面意思和传统解释就要让位给作者意图和读者反应。这样，男性传统的解释就被女权主义者和被边缘化了的解释者解构了。——译者注

关怀的特性，对伦理学分析十分重要。

在医学护理伦理学中，女权主义的观点常常是以关怀伦理学（ethic of care）的方式出现的。关怀伦理学说建立在假设人类是相互依赖的基础之上的。个体需要相互联系，相互依赖，而不是彼此孤立。关怀伦理学认为，一项适当而明智的道德裁断不能仅依靠普遍规律的公平运用，而应同时考虑到可接受性。

女权主义的伦理学促进了关怀伦理学的发展，对道德哲学的传统理论提出了批判，揭示了人们对组织体系权力转变的不足理解。无论是在教育领域还是处于领导阶层，女权主义者的伦理学理念揭露了女性在工作中遭受二等公民对待的境遇。从哲学上说，他们增强了公众重视周围环境的意识，使解决社会相互关系的问题方式变得更容易被接受。

在1975年到2005年间，两种新的伦理学说为女权主义理论做出了补充，两者均更加强调环境因素在解决问题中的重要性。决疑论①（Casuistry）便是其中一种，它被广泛应用于许多宗教传统理论体系中，以类推的方式来论证问题。不同的情形和例子被作为不同的"范例"以示范正确的行为过程，通过对比事件与范例之间的相同和不同之处，道德行为者决定什么是正确的行为过程，或者至少可以增加做出判断的信心。

刑事案件也可以作为决疑论的范例。南希·克鲁森案件现在即作为一个有很多激烈争论案件的范例，如涉及遗嘱法官裁判的作出及安乐死的裁决等。不管是宗教学家还是法庭都以同样的方式利用

---

① 决疑论：由拉丁文 casus（个案）一字而来，乃指法律对个人特殊案件的处理。为要去除模糊不清，不分黑白将事推卸的弊端。其实殊案决疑有两种作用：一是积极地将个人带到律法真义的判断中，让人无可推诿地面对律法；一是消极的让人有自辩的机会，将律法的普遍性对个人的行为有斟酌性考虑。这也就是说为了法律的尊严，兼顾了个人的特殊情境而定案，这样一来法律的公平和公义才能得到全面的肯定。——译者注

范例进行类推。当然，许多问题与范例不尽相同，但决疑论提示我们关注情境的细节，结合经验、判断，借鉴背景资料来解决伦理学的困境。这一观点促生了现代的生物伦理学和叙事伦理学。

叙事伦理学

分析人类关系冲突的一个方法就是用叙事的方式叙述传统，以及由叙事而演变来的认识理论（思想和方法）。在医疗行为中，医学知识是通过叙述病人病史来积累和不断深化的。病人的疾病就像一种以医学语言讲述的故事，专家们将这些故事同科学的专业知识联系起来，于是一种讲述和复述的相互关系便建立起来，这就是医学理论发展的过程。

在叙事伦理学①（Narrative ethics）中，我们假设这种会话是一种伦理传承过程，在这个过程中医生和病人的行为、医生所作的决定和得到的结果都是这个故事的一部分。聆听与参与会话使我们了解发生在某一时间、地点和环境下的某种人际关系的细节。叙事伦理学使我们意识到，如果我们不去了解人类所处困境的内在细节，我们所做出的道德选择将是非常草率的。叙述方法描述其他理论的趋势时，使用了令人印象深刻的简单、绝对的标准，如"每个人都只对自己的行为负责"，"应将最大的好处提供给最多的人"等。

---

① 叙事伦理学：与理性伦理学相对，是指抛开了生命感觉的一般法则，关注的是个体生命的生存境况和生命感受，与生命的道德准则不相关。与理性伦理学最大的区别就是，叙事伦理学出发点是个体，关注个人命运在生存世界的境遇。如果说理性伦理学力图编织出具有规范性的伦理准则，那么叙事伦理学则只是对叙事本身感兴趣，只注重特殊情况中的生命状况。——译者注

叙事伦理学是一个提供深入观察人类伦理剧情的工具，无论这场表演是关于医院还是法庭的，对周围环境的理解和经验的启迪将形成并强化个人的价值观、信仰和修养。叙事可以表现为"简单"形式，例如短小新闻、轶事或随笔；也可以表现为"高级"形式，例如纪录片、话剧和文艺小说。不论哪种形式都传达了丰富的文化信息，蕴涵着深刻的内在意义和意图，增强视听感受。作家弗兰克在《受伤的陈诉者》一书中将这种行为称之为"道德的聆听"。

但弗兰克及其他一些叙事伦理学学者认为，讲述和聆听"故事"不仅是为了加强理解伦理学的抽象理论，我们所讲和所听的"故事"也许会变成亲身的经历：

"我们所讲的关于生活的故事并不仅仅是生活本身，这些故事也可以成为生活的经历。教科书上关于疾病的描述虽然是疾病本身，但也可能变成我们自己的疾病经历。社会科学的可靠性——在不同的情况下给予相同的问题以相同的答案——在这里并不适用。生活在变化，故事也随之变化，经历也在变化。故事反映了生活变迁的事实，也影响着变迁的方向。"

作为伦理决策的一种方法，叙事方式教育人们认真观察、聆听，更好地理解故事的意境和价值。仔细聆听和叙述帮助我们更好地理解病人主观存在的问题。但同时，也存在着一个明显的问题，即故事也可以以一种反面的形式出现，而使听众不能明确其中真正的含义。在司法精神病学中我们将讨论更多关于叙事的问题。

总之，仅凭理论和原理无法解决托马斯·内格尔所说的"从无处看世界"（the view from nowhere）① 的客观性问题。立场在伦理学中十分重要，全面、灵活、包容和谦逊使我们更好保持中立、客观的立场。这也是我们在彼此关系中寻求真理和真善美的方法，在鉴定咨询上也应秉承这种态度。由于上述的每种方法都有其局限性，我们建议法庭专家综合以上理论进行分析判断。

评论所谓的司法鉴定工作中的职业伦理学是更难的课题。我们将提出一种整合了以上概念和个人职业道德，以及在司法鉴定实践环境中如何恰当运用叙事的职业伦理学理论。

参考文献

Beauchamp, T. L. , & Childress, J. F. （2001）. *Principles of biomedical ethics* (5th ed.). New York：Oxford University Press.

Birsch, D. , & Fielder, J. （Eds. ）. （1994）. *The Ford Pinto case：A study in applied ethics, business, and technology.* Albany：SUNY Press.

Bloche, M. G. （1993）. Psychiatry, capital punishment and the purpose of medicine. *International Journal of Law and Psychiatry, 16,*

---

① 客观性在托马斯·内格尔的理解中包含了两个层次的含义，在这种基本态度的支配下，托马斯·内格尔对客观性立场的形成，它的合法性和限制性，它在诸如知识、自由、伦理、价值、道德等领域的适用性以及所遇到的问题，都得以展示。同时人是奇妙的存在，人的认识能力作为客观存在的存在者，这种内在的作用和外部的要求之间的冲突在追求具有客观性的知识时，就具体表现为人的超越本性和人自身的限制的冲突。在《从无处看世界》这本书中，托马斯·内格尔把这种从无处看世界的客观性观点贯彻到了自由、价值、伦理、生存的权利和意志以及生、死、生命的意义等方面，最终形成了全面的有关世界整体的观点。——译者注

301 - 357.

Booth, W. C. （1988）. *The company we keep: An ethics of fiction.* Berkeley: University of California Press.

Candilis, P. J. , Martinez, R. , & Dording, C. （2001）. Principles and narrative in forensic psychiatry: Toward a robust view of professional role. *Journal of the American Academy of Psychiatry and the Law*, *29*, 167 - 173.

Frank, A. W. （1995）. *The wounded storyteller: Body illness and ethics.* Chicago: University of Chicago Press.

Friend, C. （2005）. Social contract theory. In the Internet Encyclopedia of Philosophy, Retrieved from http//: www. iep. utm. edu December, 2005.

Gilligan, C. （1982）. *In a different voice: Psychological theory and women's development.* Cambridge, MA: Harvard University Press.

Hanson, M. J. , & Callahan. D. （Eds. ）. （2001）, *The goals of medicine: The forgotten issues in healthcare reform, Hastings Center Studies in Ethics.* Washington, DC: Georgetown University Press.

Holmes, H. B. , & Purdy, L. （Eds. ）. （1992）. *Feminist perspectives in medical ethics.* Bloomington: Indiana University Press.

Jonsen, A. R. （1998）. *The birth of bioethics.* Oxford: Oxford University Press.

Nagel, T. （1986）. *The view from nowhere.* New York, Oxford: Oxford University Press.

Pellegrino, E. D. , & Thomasma, D. C. （1993）. *The virtues of medical practice.* New York: Oxford University Press.

Pence, G. E. （1995）. *Classic cases in medical ethics* （2nd ed. ）. New York: McGraw-Hill.

Quill, T. E. (1993). Doctor, I want to die. Will you help me? *Journal of the American Medical Association*, *270* (7), 870 – 873.

Quill, T. E. (1994). Incurable suffering. *Hastings Center Report*, *24* (2), 45.

Quill, T. E. (2005). The million dollar question. *New England Journal of Medicine*, *352* (16), 1632.

Rachels, J. (1993). *The elements of moral philosophy* (2nd ed.). New York: McGraw-Hill.

Veatch, R. M. (1977). *Case studies in medical ethics* (Chap. 2). Cambridge: Harvard University Press.

第四章　来自其他视角的理论和设想

我们最后讨论法律伦理学方面的其他几种常见理论，目的是使大家了解多种观点，丰富法庭伦理学专家分析复杂案件的经验，下面就让我们来看看有着深远影响的职业伦理学进展情况。

詹尼弗·雷登及义务本原

这种关于法律责任的理论强调了背景与个体之间的相互作用，它不同于第一章中我们所提及的保罗·阿佩尔鲍姆的信念的等级次序原理。阿佩尔鲍姆认为每个人的信念都有一定的等级序列，而波士顿马萨诸塞州大学哲学伦理学者詹尼弗·雷登则认为一系列义务是嵌套在另一系列义务之中的，即所谓的"嵌套义务"（Nesting of obligations）。

以雷登的观点来看，精神治疗师或精神科医生的职业职责至少源自于三个标准：1. 普遍职业伦理标准（任何执业者均应遵守的避免侵害被鉴定人或病人的准则）；2. 指导普遍医学实践的标准或价值观（健康的价值观和生物医学的信条，如仁慈和不伤害原则）；3. 特别专业的特殊相关标准。

这个理论的嵌套模型强调了普通个体和专业人员之间的相互作用。这种价值相互嵌套的观念强化了特殊职业之外的价值，为法庭专家拓展其职业伦理道德提供了理论背景。

雷登的理论仍是以角色道德为基础的，也就是说，依据不同的角色应用不同的道德规范，但它以一种更为灵活的形式来对待那些没有明确界限的"角色"概念。雷登阐述了绝对角色道德论的不当之处，使角色道德论过于强烈或独立，使之在普通的伦理道德理论面前相形见绌。

"角色道德对医生、律师和公务员等不同职业有着不同的伦理学标准，它能指导从事这些职业的人更好地完成各自的任务。强烈的角色道德理论就是其中一种。有时普遍道德论中某些行为的价值与结果会出现矛盾，例如病人对社会来讲是独立个体，但作为医生和治疗者的角色道德来说，则要求他们忽略这种社会性，而把恢复病人的健康作为首要目标。

然而并非所有职业的道德感都如此强烈，有的职业或多或少地需要履行一些义务。作为这些被某些职业广泛接受的、相对不那么强势的角色道德常常会成为一种职业状态的标记物，相对虚弱的角色道德论绝非被普遍道德论观点所排斥，而是对其的一种补充。强烈的角色道德论常常受到挑战，一些人无法接受任何一种职业角色违背普遍道德论的情况，对于'只专注于我的（职业）责任'这种论调的批评纷至沓来。但那些非如此强烈的角色道德论却极少面对这么多的争议。"

这种理论往往来自医生和病人间的不正当性接触，这种现象经常存在于精神康复治疗中。为达到某种私利而利用病人或委托方的信任心态的现象也普遍存在着。雷登等人只是就男医生侵犯女性患者这一较突出的社会现象，指出了这些深层的伦理学冲突。

发生在医学或法律领域内的不正当性行为往往有其广泛的社会根源。利用女性患者或女性被鉴定人的信任而进行的不法侵害反映了存在于这些职业中的、由来已久的医患不平等情况。这是具有历史背景的一个例子，提醒我们应注重社会舆论对职业价值影响的重要性。

这个例子让我们想起格里菲斯对社会非主流文化及其历史价值的关注，事实上，我们最好在人道主义背景中讨论职业道德：职业义务附属于社会义务，社会义务附属于人群义务。

希柯恩和柯莱蒙茨：系统论方法

医生及医学教育家理查德·希柯恩和伦理学家柯林·柯莱蒙茨提出了另一种调和法庭专家在法庭上的价值矛盾的方法论。他们不赞成经典伦理理论中提倡的"纯粹客观资料"（pure objective data）和人为将事实与价值分离开来的做法，而是重视事实和价值之间的关系，跨学科、多角度地看待法庭专家工作，将医学价值体系与法律价值体系联系起来而非分化开来。

希柯恩和柯莱蒙茨提供了一种系统论方法，而不是接受传统的功利或教条思想，因为后者将会导致个体和社会之间不可调和的矛盾。系统论方法注重广泛人类价值的重要性，并将伦理分析直接与事实相关联。以下是系统论方法应用于精神病学的一个范例：

"当精神疾患较重而法律责任较小时，鉴定意见决定着审判结果。而当精神疾患较轻而法律责任较大时，审判系统将发挥更大作用。当应承担法律责任的被鉴定人存在可被治愈的精神疾患时，这两种系统均具有社会义务，这时就需要双方的协商合作。"

认识到这种医学和法律系统合作的伦理学观点，能保证法庭专家在两套系统中更为自由灵活地做出正确抉择。系统论方法认为医生的职业技能和责任以及法律保障和法典体系，应在维护公共安全的同时也保护个人权益，虽然是从不同的角度分析对待，但它们都很重要。

在其他情况下，这一理论可以运用家庭和文化的价值来进行伦理学分析，它能深入多个层次，小到家庭，大至整个社会。

像其他伦理学和医学家所说的一样，系统论承认它有时无法满意地解决两难的伦理学困境。对于那些可能出现在任何地方、非理想化的、甚至非伦理的矛盾，我们应持谨慎态度。系统论方法主张个体和社会之间的价值平衡，建议结合多重价值体系，多角度的更好的解读专家证人这一角色。

"公正不仅取决于对社会影响，还应考虑犯罪的意图、量刑的轻重和无谓地牺牲个体利益所造成的社会影响。这样的功能是为了达成公正目标所必须的，但有时也正是矛盾所在。如果想在现实世界中做到公正，就应该听听法庭专家意见：理解法律字面意义之下的医学精神内涵。"

约翰·阿尔斯和叙事伦理的类型学说

类型学说①（Typology）是从分析不同理论学说对职业活动的影响发展而来的。学者们从规范或类别上区别不同的思维模式以进行"类别"分析，他们应用叙事法或分析法解决伦理学问题，并为之分类，这种分类适用于法律、医学和哲学各个领域。我们用它作为理解各类伦理学思想，包括原则论和叙事论或其他学说之间竞争的一个工具。

弗吉尼亚大学生物伦理学系主任约翰·阿尔斯描述了关于司法鉴定的一种叙事伦理学类型，由于司法伦理学努力在原则和理论基

---

① 类型学说：在当代建筑论争中是十分活跃的中心词汇之一，在当代西方思想中占有相当重要的位置，建筑上的类型学理论，其初步还不在于具体的建筑设计操作，它首先是一种认识和思考的方式。一种分组归类方法的体系，通常称为类型，类型的各成分是用假设的各个特别属性来识别的，这些属性彼此之间相互排斥而集合起来却又包罗无疑，这种分组归类方法因在各种现象之间建立有限的关系而有助于论证和探索。——译者注

础与每个具体案例的实际情况之间寻求平衡点，这种定性分析使其得以明确现实与理论之间的相互关联性。

正如前面我们讨论过的，过于追求普遍适用的法律原则及其对客观性和合理性的要求，往往会忽视社会背景、人际关系和主观价值等问题。在做伦理学判断时，我们应该多听取个体叙述，这种类型学说能够使叙事论在道德理论中得到理性还原。

阿尔斯认为叙事伦理学有三种不同的意义：一是作为原则驱动理论的补充；二是作为以历史作用为基础的伦理辩护的一种独立模式；三是作为"道德辩护"的替代品。

阿尔斯始终认为叙事是原则理论的和谐成分之一。原则在每个人的故事中是固定不变的，但叙事中的背景和意义会勾勒出不同的伦理道德问题。哥伦比亚大学的瑞塔·卡隆博士是研究社会叙事构成方面的专家，她研究病人对疾病的描述。阿尔斯指出叙事是将原则与其敏感性和准确性联合起来的活动。

约翰·劳尔斯的理论也赞成将原则与叙事方式相结合。至少在西方国家，劳尔斯被认为是 20 世纪最伟大的政治哲学家，他于 2002 年辞世。哲学家、政治科学家、法律理论学者、经济学家，甚至社会学家和几乎所有的神学学者都或多或少的受到了劳尔斯著作的影响。他的"反思平衡（reflective equilibrium）"[①] 理论是 20 世纪最有影响力的哲学观点之一。反思平衡理论提醒那些把具体情况与原理完全分离的理论者要重视事实与理论之间的相互联系，以此观点，叙事故事情节对于我们做出道德判断的作用和原理一样重要。劳尔斯创造了原理和运用原理解决实际案例之间的交互关系：即"原理与事实共存于创造性张力或反思平衡中"。

---

　　① 反思平衡：在比较多种正义原则的情况下，在深思熟虑的道德判断、正义原则和背景理论三者之间的一种平衡；反思平衡是证明正义原则的主要方法；反思平衡是融合主义而不是基础主义；反思平衡具有一定的证明力，但是也具有局限性。——译者注

就像阿尔斯所说的：

"原理和理论并非完全显现于遥不可及的道德真理，而是经常显现于它们的历史发展进程中，显现于严酷的事实中"。

这一理论认可了叙事方式对理解原理的重要性，丰富了伦理理论内涵并明确了伦理学应在理论和实践两个层次发挥作用。

阿尔斯认为另一种叙事伦理学的版本具有更强针对性的绝对原则主义。这种版本所标榜的规律和原则是植根于文化中的，持这种观点的学者坚持认为即便是绝对"客观"思考者的道德诉求也是基于其文化传统的，而非单纯的道德推理。

这类叙事伦理学以各自的文化为"基础故事"来进行推理，无论是基于古希腊、挪威史诗、圣经还是儒家思想，争论的焦点都来自传统和个人经历及其终极目的。

这种理论的支持者运用广泛的社会角色论描述他们的团体，并为其道德编码。阿尔斯形象地描述了这类典型的例子："我们是医生，我们不杀人"或者"我们帮助需要的人，就像基督在仁慈的好撒玛利亚人（the Good Samaritan）① 的故事中吩咐我们去做的一样。"

阿尔斯也指出了这一理论的问题。有时候，一个故事不足以对

---

① "好撒玛利亚人"（The good Samaritan）是基督教文化中一个著名成语和口头语，意为好心人、见义勇为者。源自于《新约圣经》"路加福音"中耶稣基督讲的寓言：一个犹太人被强盗打劫，受了重伤，躺在路边。有祭司和利未人路过但不闻不问。惟有一个撒玛利亚人路过，不顾教派隔阂善意照应他，还自己出钱把犹太人送进旅店。耶稣用这个寓言说明，鉴别人的标准是人心而不是人的身份。西方由此衍生出好撒玛利亚人法（Good Samaritan law），在美国和加拿大，是给伤者、病人的自愿救助者免除责任的法律，目的在于使人做好事时没有后顾之忧，不用担心因过失造成伤亡而遭到追究，从而鼓励旁观者对伤、病人士施以帮助；在其他国家和地区，例如意大利、日本、法国、西班牙，以及加拿大的魁北克，好撒马利亚人法要求公民有义务帮助遭遇困难的人（如联络有关部门），除非这样做会伤害到自身。德国有法例规定"无视提供协助的责任"是违法的，在必要情况下，公民有义务提供救急，如果善意救助造成损害，则提供救助者可以免责。在德国，必须有紧急救助知识，才能获取驾驶执照。——译者注

抗来自其他文化的多个故事，这时必须坚定信念而不动摇，否则无法保证来自不同文化的道德冲击。

　　一些学者认为应有鉴定故事效力的标准，衡量哪一种叙述更有意义，阿尔斯也是这些学者的其中之一。他提出应该制定一些标准，以减少曲解，避免暴力或毁灭性的二选一抉择。这种标准可以是华盛顿·罗斯的"表见证据（prima facie）"义务模型①，在这个模型里，责任与其冲突的规则相平衡。否则，"……叙事伦理学只能在哪个故事更优的问题上保持缄默，以求解决那些令人不安的对抗。"由规则强化了的叙述可能更适合于法庭伦理学的讨论，而我们则不必要固执地争论某一种理论。

　　最后一种是最具野心的叙事形式：用个体的故事来证明整个伦理学行为。这种模式不是用规则来判断叙事的对错，而是用叙事来使自己的观点合法化。这种方式对审判中的蒙冤者，在医疗救治过程中的患者以及在美国民主政治中的非主流文化来说十分重要，因为这种个体叙述创造了与强者平等对话的"道德空间"。

　　阿尔斯指出这种方式的危险性是模糊了判断正确行为的普遍标准，而伦理学也不只是关于"个人自我发展"的理论。

　　"叙述为我们提供了做出道德判断所要遵从的事实、情形和特征等丰富信息，如果没有人们这些详细叙述，道德评论家就无法充分了解他们所面对问题的情况和动机，也就无法做出可靠的道德判断。即便是康德，也不可能离开叙述谈伦理。但是如果我们只一味听信被鉴定人的叙述而没有自己的敏锐分析，那么我们就没有进行道德判断的空间了。"

---

　　① "表见证据"义务有两种含义：1. 原告人提出的证据足以支持其诉讼请求，从而可以将案件交付陪同审判团裁断；2. 原告人已经提出足以支持其诉讼请求的证据，如被告不能提出足以反驳的反证，法庭必然裁断原告人胜诉。——译者注

但批评还远不止如此，为了强化某个个体故事，叙述可能失去了其历史的"深层结构"、"社会发展规律"和"可重复性"，而这些因素正是用以辨别其道德感的重要依据。女权主义某种程度上代表了所有的非优势文化，阿尔斯指出对传承的优势地位的争辩存在于各种文化中，若使弱势群体获得力量，就需要把理论和叙述结合起来，造就更强有力的社会伦理基础。

古斯尔和其同事的"决策分析"法

哈佛大学教授托马斯·古斯尔和他在马萨诸塞州心理保健中心法律和精神病学研究室的同事们也承认，社会和个体之间的确存在有相互作用。他们关于解决医疗纠纷相关案件的著作受到心理学家劳伦斯·赫尔博格的发育阶段理论的颇多影响，而卡尔罗·吉里根不赞成赫尔博格的理论。古斯尔的方法为法律专家决策分析（Decision analysis）提供了一个模式，这些法律专家往往囿于个体、单位和社会的复杂关系之中，而不能清醒地审视伦理学问题。

在构建决策模型的时候，古斯尔的团队首先将机械论（或者叫决定论）与概率论区别开来，这种区分和法律或医学会学校伦理课程以及通俗伦理学和哲学中的区分相类似。机械论（或决定论）思想通常给特定问题以特定的答案，并要求高度的必然性和客观性。

但概率论思想认为观测、测量和对科学现象的分析中都存在不确定性。科学可被看作一个主观意志的工厂，观察者的主观意志可以影响观察结果和最终的行为结果。这种观点在托马斯·赫博斯和埃德蒙·哈桑的书中都有所反应，这也成为后现代运动的一个特征。

即使在现代商业思想中，"霍索恩效应"（Hawthorne effect）① 也描述了仅因被观察的价值观改变而发生伦理行为改变的现象。

古斯尔认为概率和价值观结合在一起可以做出科学的解释。在他的模型中，价值观之间、职业之间以及主客观因素之间存在一种张力。我们如何平衡这些张力，如社会安全和住院病人之间的张力（价值观之间的张力），试图像法庭专家那样做出判断的人和试图影响判断的专家之间的张力（职业之间的张力），保险精算的危险因素和被鉴定人是否"看起来"处于危险之间的张力（主、客观因素之间的张力）。

在这种观点中，复杂的社会相互作用形成了制度或社会背景的"氛围"，这种"氛围"由个人、医生和社会全体参与而形成一个网络。这种伦理推理的最高层次要求"医生的工作不依赖于他们的专业角色，而是他们作为一般人的价值和原则……"

相关领域的运动

社会学

个体与环境背景相互作用的经典理论莫过于社会学（Sociology）。博格和拉科曼在他们关于社会学理论的开创性文章中写到"没有任何一个人的思想能对社会环境的影响免疫"。他们借鉴了19世纪德国的哲学思想，特别是哲学家卡尔·曼海姆、弗雷德里希·尼采和卡尔·马克思的著作，提出知识总是来自"某种环境的"的知

---

① "霍索恩效应"：霍索恩实验最初的研究是探讨一系列控制条件（薪金、车间照明度、湿度、休息间隔，等等）对员工工作表现的影响。研究中意外发现，各种试验处理对生产效率都有促进作用，甚至当控制条件回归初始状态时，促进作用仍然存在。这一现象发生在每一名接受试验者身上，对于受试者整体而言，促进作用的结论亦为真。很显然，实验假设的各项条件并非是唯一的或决定性的生产效率影响因素。受试者对于新的实验处理会产生正向反应，即由于环境改变（试验者的出现）而改变行为。所以绩效的提高，并非由实验操控造成。这种效果就是我们所称的"霍索恩效应"。——译者注

识。依此观点，社会为伦理学讨论创建了一系列起始点——也许有一些与律师、专家和普通人观点一致的"客观"事实，然而对与错的分析必然受到每个人经历的主观影响，这就是主观与客观的相互作用。

这种相互作用在有关法庭专家角色的讨论中十分明显。角色来自特定社会条件下形成的社会团体，来自社会团体的普遍需要和"基本知识"。博格和拉科曼用一种现代伦理学叙述方式的语言写道：

> "程序性行为集合成一个体系，就像戏剧里没写出来的台词。对戏剧的理解靠演员按照戏剧设定的角色反复演绎。演员在舞台上的表演使角色变得生动具体，离开了这种表演，戏剧或整个体系都无法在存在。与其说角色表现了这个体系，还不如说是角色让这个体系在个人的经历中现实存在着。"

有些角色在社会整体元素中特别重要，尤其是在政治和宗教领域，这些角色对社会的整体价值很重要。这是从更为广阔的社会层面，而不是仅仅从人类行为方面，对社会角色加以判断。

波卡特·霍金娜在她的经典论文《社会的现实结构》（Reality Construction in Society）中做了如下表述：

> "角色构造是对内在变化和短暂相互作用的一种形象性稳定作用，角色互相关联形成网络。角色能辨别并定义扮演者希望对其伙伴，以及伙伴希望扮演者采取的看法和定位。在他们的意识里，角色可以被看作是对社会定位机构的起主要稳定作用的力量。因此，有关角色构造的定义必定是集成性的，而且这种定义也一定可以兼容个体的概念和定位"。

群体语言和集体历史的建立强调了跨角色整合的重要性。对语言和故事讲述中的事件和角色进行分级，建立了一种普通观察者所熟悉的规则模式："夷狄"（古希腊文化中的野蛮人）、"被驱逐的人"（源自印度文化）以及"下等人"（人类历史中许多文化中曾出现过）都被理解为统一的角色。这种象征性的群体是在多种社会因素影响下产生的。

当然，人类知识中的有些元素不是社会化的产物。人们把自己当作个体的同时也是集体中的一员（例如家庭、城市或国家的一员），关键在于如何维系个体与社会之间微妙的平衡。这个平衡也是法庭专家应该从伦理学角度把握的。

医学人类学

跨文化研究也存在个体与社会相互作用的问题。当来自不同社会的价值观在贸易协议、边境争端或科技交流上发生冲撞时，我们将面对一系列的文化鸿沟。每个参与这种不同文化交流的人都要面对一系列陌生的价值观，从如何表达对别人的尊重，到集体利益和个人利益之间的平衡，等等。

这种冲突在医疗体系中格外明显，因为疾病、畸形和反常都是具有浓厚文化色彩的定义。这是著名的医学人类学（Medical anthropology）学者亚瑟·柯雷曼经典著作中的理论，他开创了跨学科研究医学科学的先河。他把疾病和生病作为两个独立的概念：疾病是生理或心理功能失调的状态，而生病是人或文化对疾病的反应。

例如生病可以是从生理功能紊乱到精神紊乱，或体温调节中枢失衡的任何一种原因。模式中的不同文化背景会影响病人的经历和感受。这种模式鼓励个体和群体之间的沟通和交流，因而从研究机械论角度，扩大了临床科学的领域。

美国的医生在征得患者同意时往往会注意这些区别。不同文化背景的病人在和医生交换信息时有不同的预期，有的希望整个家庭参与，有的希望只有家长或女性家长参与，有的则要求整个讨论过程把病人本身排除在外，这些都与美国医学中强烈的个人主义姿态有所不同。

医生应该学习如何尊重文化差异而不是在这些差异面前手忙脚乱，这种尊重能促进更好的交流和理解。

柯雷曼的文化描述模式并非静止不变，而是随着个人和群体经验以及他们与社会相互作用的方式不断变化。他的观点是个人和群体价值观的交流，是我们期望在职业伦理学和法庭伦理学上获得的一种反思性平衡。

语言翻译

用翻译程序翻译另一种语言时，文化差异就明显地表现出来了。来自不同国家的法庭专家常常有其特有的词汇、历史背景和惯用的条理，因此翻译不仅仅是用一些词代替另一些词的问题。译者逐字翻译语言，同时他们还要运用自己的知识帮助一种文化与另一种文化进行交流。他们要将一种语言中的习惯用语用另一种语言解释出来，要判断一方所表达的意思，并选择合适的词进行翻译阐述，要保持交流的速度和流畅，甚至要注意翻译中的韵律。此外，还要判断文章重点和语言基调。

例如，手语翻译者必须考虑光线、座位安排、体力状况和手语速率等问题，因为重叠和间断会影响聋哑人的理解。另外，一种语言中约定俗成的东西很难翻译成另一种语言中的概念。这种情况下，对不同聋哑人群体的语言结构发展的熟悉就显得至关重要。此外，在翻译技巧和交流的背景之间也存在某种相互的联系。

对于那些用角色理论来限定职业义务的人来说，手语翻译是一个很好的例子。舆论界就有这样的论调，译者就是把事情"按照其本来的样子传播下去的"角色。按照这种说法，翻译就是促进交流，然而如何对这种目的以及翻译对文化交流的促进作用做出判断却不是一件简单的事情。

近来，一些关于角色的创新思维使译者可以运用新工具来促进交流。在迪安与波拉德模式（Dean and Polland）之后。我们将以自己经历过的例子来说明绝对角色理论在交流中产生的偶然性阻碍。

案例：手语翻译员

一家医院的手语翻译为一个以前服务过的聋哑人患者做翻译，这个患者从儿童时候起就失去了听说能力（聋哑人群体中常见的现象）。和他交流的时候，要考虑到病痛、多方询问以及正常人未被翻译的谈话内容等问题的影响。

手语翻译首先简单地解释了聋人的需求，和病人分享他以前的经历，并且了解病人的一些手语符号的特殊含义（例如，病人比划的是"纽约"，但表达的是"纽黑文"）。

没有这些基本认识，医生就无法真正了解病人的症状和叙述，也就无法做出正确的诊断和治疗，和病人的交流就会变得语无伦次。手语翻译使医务人员在对病人症状体征的理解上有所飞越，他们工作的价值超越了自己的角色本身，扩展到了个人、专家和群体的价值。

医学伦理学

伦理学家在不断地与法庭上所出现的伦理学问题做斗争。他们担心在对抗中所提供的信息带有自身偏见，或者他们的证言会激起同仁或其他人士的反感，以致对法庭工作的付出反而会导致各方利益的冲突。

伦理学家通常只关注自己的专业领域：伦理学——一个广阔、多元的领域，需要采取描述的立场，而不是规范的立场。也就是说，伦理学家的工作主要是描述一个问题，而把解决问题的方法留给别人去找，但不是告诉别人应该怎么去做。因此对伦理学家的批评主要来自道德和法律价值观的矛盾。

肯尼思·基普尼斯描述了他为法庭证据所做的贡献，以证实这类工作的"崇高"。他的自我反省的故事继承了叙事伦理学和伦理学家的优良传统，把个人的知识、哲学方法运用在案件上，他认为自己的伦理学专业知识对审判过程能够有所帮助。

在前沿问题上求同存异，就是他关于法庭证据的一个观点。描叙道德共识和倾听争论是他解决问题的方法。他认为没有对特别证据的拥护，就没有学者们所追寻的"变化"。事实上，他在法庭上回答问题或提供咨询，支持他观点的人便能得到他的帮助，而这对任何证据都是很有帮助的。

支持一种观点，这是法庭专家与其他人的区别，然而律师常常希望从自己的专家证人那里得到对自己有利的观点。我们和基普尼斯的观点一样，证据和专家证人有类似的局限性。追求结果的过程（基普尼斯称之为证明、巩固和辩护）往往比结果更重要，如果专家证人的观点和鉴定意见不能使委托方满意，那么律师就应寻找其他对自己有利的观点。

基普尼斯为所有法庭专家在法庭上都会遇到的问题带来了伦理学意见，他承认在"专家证人应尽的义务与影响判断的经济因素"之间的矛盾。正如我们所见，法庭专家证据中广泛存在着"雇佣枪手"的问题，甚至有的被鉴定人鼓吹"我能找到全力为我说话的专家"。

基普尼斯曾诙谐的评论到，"法庭专家不应与任何人结为同盟，也不能参与到任何可能获得诉讼胜利的一方"。基普尼斯提出了克服法庭专家所受经济压力的策略。首先，法庭专家应明确自己的职业道德和目标，反省自己作为法庭专家的伦理学价值；其次，在初次接触案件的时候就设定一个可以鉴定的范畴，防止以后越界，并告诉自己什么是应该说的，而什么是不能说的。作为一个法庭专家，他并不是靠出庭来维持生计，因此他可以拒绝一些案件或者判断什么情况下不需要他作证。非医学界的伦理学家也认为，接受的案件和拒绝的案件之间应保持一种数量上的平衡。

这种在陷入困境之前先设定行为规范的策略同样适用于伦理学家和法庭专家，只不过一个是证明伦理，一个是证明科学。在问题出现之前，一个人的行为是有价值的还是毫无意义的，早已被定论，这就是所谓的预防伦理学。

基普尼斯成功地将他的专业知识引入司法领域，让法庭接受一系列伦理学上的成熟观点。这种做法被毛瑞姆所力荐，例如，她致力于揭示司法系统中潜在的伦理学价值。她的所有分析都是极具价值的、也是极为重要的，这些分析必须加以足够的重视，它将对法庭专家和司法领域之间的关系产生重要影响。

法庭证据的伦理学价值和司法价值都十分重要，因为最终的法律裁决（由法官或陪审团来裁决）将取决于多方证据综合角力的结果。专家从职业角度提供意见；陪审员以来自不同文化和历史背景的市民角度来判断；律师则从自身行业的角度来辩护或起诉。由于诸多观点都发挥着各自的作用，因此社会的复杂性不可避免地会影响到法庭判决。

对有些人来说，这似乎是一个警告。著名的思想家维德斯、佩莱格里诺等人担心有太多伦理学和方法学介入了司法程序，也许对于证据来说，保守的方法才是最好的。他们告诫伦理学者们只发挥指导的作用就够了，其余的让司法机关去做。因为赔偿的问题、对方的法律依据和获益者的利诱等因素往往会使法庭专家陷入某种危机之中。

但是根据法庭专家们的经验，他们能找到各种提供证据的方法，而不仅仅是基普尼斯所提到的压力影响。法庭专家可以更新接受鉴定的规则和费用，更改服务合同或鉴定标准，或者使用一些过于宽泛的语言（例如，"以我所能获得的信息来看……；从我所看过的文献来说……"）。这些都是使专家介入法律框架的策略，但并不是摒弃职业标准的行为。

我们回到基普尼斯所拥护的"所有哲学中通用的一个重要说法：利用其内在能力的同时也应感谢其局限性与禁区的存在"。他赞成不同的问题使用不同的方法解决，从众多理论中选出最合适的进行应用，而并非说一把抓才是最好的方法。他说正如"拜思姆关注为广泛利益而立法，康德解释内在判断，洛克则告诉我们司法的架构"，原则和叙述则给了法庭专家一个好的开始，虽然仅此还远远不够。

我们像基普尼斯一样，建议法庭专家对同一问题采取多角度、多方法的分析。了解理论角度和专业角度的不同，会导致每一个案例的各自差异，就像鉴定或评判伤害、残疾一样重要。这就是伦理学专家讨论伦理学问题的所有方法。

科学与社会价值观的相互作用

疾病的定义

基普尼斯的伦理学方法是如何帮助法庭专家的呢？我们将在第三部分中专门讨论可能在法庭上所用到的内容。同时我们将进一步拓展出两个领域来专门阐述专业和社会价值相结合所产生的职业伦理学问题：司法鉴定与科学的不确定性。

司法鉴定对于法庭专家来说是最普通不过的内容了。它常常作为法官和陪审团认定伤害或是否免责的依据。

对于病因明确的疾病做出诊断是件简单的事情。例如肺炎球菌性肺炎，患者可能有典型的肺炎球菌感染引起的肺部症状，通过实验室检验可以发现肺炎球菌。类似这样的诊断并不复杂，因为有可以明确的病因。但对于那些没有明确病因的疾病，明确诊断就不那么容易了。

有时病人会出现很多临床症状，却无法做出单一的确定诊断，因为存在很多不确定因素，如无明确的化验结果，对病情的了解主要依赖于病人的主诉等。有些诊断则是排除性的，即必须排除其他能明确的疾病才能做出的诊断，这些诊断往往依赖于医生以往在类似病例中所积累的经验。

慢性疲乏综合征（Chronic Fatigue Syndrome，CFS）① 就是一个例子。我们不知道导致这种疾病的具体原因，也没有检验方法来辅助诊断，只知道它表现为渐进性的劳动力丧失，因此这个诊断需要排除从身体上到精神上的诸多疾病。临床医生用各种医学、神经学和心理学的方法去诊断和治疗这种疾病，但依然没有一个公认的客观诊断方法。可喜的是，对免疫系统和神经介导血压变化方面的研究进展可能为这一疑难病症的治疗提供新的思路，但目前对该病的诊断仍处在实验性阶段。

慢性疲乏综合征这样的病症怎样才能算是一种真正的疾病？对此，我们请教了医学伦理学家，他们专门研究影响科学分类的社会、文化和历史因素。如前面提到的社会学家和医学人类学家的观点一样，医学历史学家同样认为历史和政治背景都会影响到"什么是疾病"这个问题的公共意识，而且对于正常和健康含义的理解，必然包含某些精神性的和形而上学的元素。

案例：结核病的道德问题

大卫·巴恩斯关于社会舆论对结核病的影响的论文很好地反映了文化、道德训诫等对患者的影响。他分析了 19 世纪 20 年代的法国社会的一些现象，当时人们认为结核病是一种遗传而不是传染所

① 慢性疲劳综合征：这一概念最早是由美国全国疾病控制中心于 1987 年正式命名的。现在美国疾病控中心采用的是 1994 年国际慢性疲劳综合征小组的会议上对慢性疲劳综合征的解释。曾有学者试图揭示出慢性疲劳综合征的发病机制，并认为它与疱疹病毒 HHV6 有关，且慢性疲劳综合征是一种经常发烧和有严重疲劳感的病症，严重时无法坚持正常工作，迄今为止，对病因没有肯定的说法。——译者注

导致的疾病，因而人们把疾病看作是病人自身的问题，就像"悲伤痛苦"或"纵欲过度"一样。

文艺界的大师们用浪漫的色彩渲染这种病态的美感，比如雨果的《悲惨世界》、大仲马的《茶花女》，还有朱塞佩·威尔第的歌剧《茶花女》。这些都是利用宗教信仰的力量来救赎痛苦，把"肉体的腐烂"视为"精神的升华"。

不仅是科学家和公共卫生官员们讨论传染的可能性问题，社会阶层也就此展开了公开的争论。结核、酒精中毒和梅毒之间的关联可以反映出疾病的伦理病因学。法国的政界和舆论界担心这些被感染的"危险群体"会导致这些疾病的广泛流行，从而导致社会"变质"。

这些观点在今天看来显得很荒谬，因为我们已经分离出了结核杆菌，知道贫困的生活和工作环境使贫穷的人受到结核病的威胁。但这是知识匮乏时代反映科学思想的一个典型例子。

那么，社会是怎样给疾病下定义的呢？是否像通常分析实验数据一样，以统计学的偏差来定义，即离整体人群常态越远，就病得越重？当然临床医生会对这些状态给出明确解释以明示疾病的状态，比如对一个暴食症病人和心脏病患者而言，他们同样存在的低血钾现象，医生们对后者的解释是，钾离子可以提供心脏搏动的动力，而心脏病患者由于钾离子的低浓度，从而使心脏功能下降，导致疾病。

有时定义疾病是对某些"值"的评判，但是有些"值"偏离正常并不代表疾病，例如高 IQ 值和身高值。医学史学家雷斯特·金在他关于临床思维的代表作中说明了这一点。他认为社会价值观会严重影响疾病与健康、正常与异常之间的区别，但一些人必须接受医学分类来确定是"不适"还是"疾病"。至于对于社会其他方面来说，这种方式是否也同样适用则是另外的问题了。

谁应该来给疾病下定义？是像古代那样由宗教人士来定义，还是像近代文明中由统治者或统治阶级来定义，或者由医学工作者来定义？恐怕法学方面的专家也会对此持不同的意见，因为他们必须把医学与法律联系起来，为法庭或法律范畴内的疾病定义。这是一种伦理学的选择，它意味着把一种价值观置于其他价值观之上。

这些再次说明了社会价值观和科学价值观之间的相互作用，同时也是一种"反思平衡"。法律价值和医学价值之间也有这样的相互作用，在医学研究和司法鉴定的选择与排除标准上都会受非科学因素的影响。价值观应该在对专家证据的限制中得以体现，无论这种限制是由法庭专家自己限定的，还是由专业机构、法律系统或整个社会的文化氛围所限定的。

科学的不确定性

与医学实验所面临的不确定性相比，影响诊断的因素就不算什么了。疾病概念的不确定性只是临床医学中不确定因素的一个开始而已。在科研的发展和科研实验的历史上都充满了不确定性。法庭专家如何建立一个模型将这么多的不确定限定起来呢？那些已出版了的诊断标准、操作指导和实践标准的人一定都是天生的乐天派。

埃里克·贝雷斯福德的以经验为主的类型学说是科学不确定性的最好模型。他为麦吉尔大学生物伦理学中心所做的文献综述和对临床医生的调查报告很好地反映了临床医学中多种科学和非科学价值观的作用。这一模型与法庭证据直接相关。

贝雷斯福德最主要的观点是技术的不确定性，或者说缺乏充分的资料来预测治疗结果。对于病人所存在的特殊性，由于没有充分的资料说明特殊疾病会如何发展，因此医生必须不断更新自己的知识和信息，尤其是对一种新的综合征的定义，很难得到专家们的公认。正如贝雷斯福德所写的：

"各种资料形成一个复杂的多层次的网络，每一条信息都是网络的一部分，当我们推测其在特定条件或演变过程中的意义时，这些信息本身又变成了等待回答的问题。"

具有讽刺意味的是，技术的不确定性首先是在科学研究中提出的。对特别选择的群体（在推广运用之前）进行的调查显示了研究成果的不确定性，即仅依据早期数据很难普及研究成果。从伦理上来说，运用一个新的知识体系应采取保守的态度，保守和吝啬在这里变成了伦理学的需要。运用新的治疗方法时也是如此。只有能够回答下述问题时，才可以运用这些技术：做这个诊断时有哪些不确定因素？哪些因素会影响疾病的进展过程？

贝雷斯福德的类型学说还进一步分析了概念上的不确定性。临床医生们所说的这种不确定性，主要是指一些不能统一的问题和运用抽象标准解决的具体问题。麦吉尔调查的对象们在对有相似需求的病人进行先后排序时所采用的标准即属于这种不明确的情况，但在法庭工作中这种排序是很明确的。

在对一些有争议的疾病（例如慢性疲乏综合征、纤维肌痛、人格分裂/多重人格）上，很难说是个人还是环境因素对这些疾病诊断、治疗或预后的影响更大。鉴别高危个体时哪种症状或危险因素最可靠？哪些病人应该在医疗和人力资源短缺的情况下优先得到救治？唯一可以预见的是，这些都是即将产生的新的伦理学问题。

运用抽象标准解决具体问题反映了概念上的不确定性。这不仅仅是接受和运用新知识的问题。即使是诊断病因明确的病例，每个人的表现也有所不同。如果某种诊断是新出现的，那么伦理学的关注就会成倍增加。这时，人们又会采取保守和吝啬的态度来对待这些新生事物。

这种类型学说中提到的最后一种是"认识的不确定性"——或者说医患之间产生的不确定性。贝雷斯福德的调查显示医生面对机能不全的病人时，通常并不考虑病人的需求。有文献表明即使病人有能力表达自己的愿望，医生仍往往不明白病人的决定，医生无法准确预测病人对医疗方案的反应，而病人做出决定之前往往也不会跟医生商量。由于对病人的价值没有充分的理解，临床医生们必然要努力地猜测病人的动机和目的。

法庭伦理学实践要求鉴定人至少需要与被鉴定人讨论：他们为何寻求法律诉讼，他们的首要和次要要求，以及是否已经过鉴定等问题。这不仅关系到司法鉴定，同时也关系到多重价值观和不确定因素影响下的法庭伦理学观念。

参考文献

Arras, J. D. (1997). Nice story, but so what? In L. Nelson Hilde (Ed.), *Stories and their limits, narrative approaches to bioethics*. New York: Routledge.

Barnes, D. S. (1995). *The making of a social disease: Tuberculosis in 19th-century France*. Berkeley: University of California Press.

Beresford, E. B. (1991). Uncertainty and the shaping of medical decisions. *Hastings Center Report, July – August*, 6 – 11.

Berger, P. L., & Luckman, T. (1967). *The social construction of reality*. Garden City, NY: Anchor Books, Doubleday.

Burrell, D., & Hauerwas, S. (1977). From system to story: An alternative pattern for rationality in ethics. In H. T. Engelhardt & D. Callahan (Eds.), *Knowledge, value, and belief*. Hastings-on-Hudson, NY: The Hastings Center.

Childress, J. F. (1997). *Practical reasoning in bioethics*. Bloomington: Indiana University Press.

Ciccone, R., & Clements, C. (1984). The ethical practice of forensic psychiatry. Bulletin of the American Academy of Psychiatry and the Law, *12* (3), 263 – 277.

Ciccone, R., & Clements, C. (2001). Commentary: Forensic psychiatry and ethics—The voyage continues. *Journal of the American Academy of Psychiatry and the Law*, *29*, 174 – 179.

Dean, R. K., & Pollard, R. Q., Jr. (2001). Application of demand-control theory to sign language interpreting: Implications for stress and interpreter training. *Journal of Deaf Studies and Deaf Education*, *6*, 1 – 14.

Glickman, N., . & Gulati, S. (2003). *Mental health care of deaf people: A culturally affirmative approach.* Mahwah, NJ: Lawrence Erlbaum Associates.

Gutheil, T. G., Burstajn, H. J., Brodsky, A., & Alexander, V. (1991). *Decision-making in psychiatry and the law.* Baltimore: Williams and Wilkins.

Holzner, B. (1968). *Reality construction in society.* Cambridge, MA: Schenkman Publishing Co.

Hundert, E. M. (1990). Competing medical and legal ethical values: Balancing problems of the forensic psychiatrist. In R. Rosner & R. Weinstock (Eds.), *Ethical practice in psychiatry and the law* (pp. 53 – 72). New York: Plenum Press.

King, L. S. (1982). *Medical thinking* (esp. at pp. 139 – 140). Princeton: Princeton University Press.

Kipnis, K. (1997). Confessions of an expert witness. *Journal of Medicine and Philosophy*, *22* (4), 325 – 343.

Kleinman, A. M. (1988). *Rethinking psychiatry: From cultural category to personal experience.* New York: Free Press.

Layson, R. T., Adelman, H. M., Wallach, P. M., Pfeifer, M. P., Johnston, S., McNutt, R. A., & the End of Life Study Group. (1994). Discussions about the use of life-sustaining treatments: A literature review of physicians' attitudes and practices. *Journal of Clinical Ethics*, *5*, 195 - 203.

Lopez, S. R., & Guarnaccia, P. J. J. (2000). Cultural psychopathology: Uncovering the social world of mental illness. *Annual Review of Psychology*, *51*, 571 - 598.

Morreim, E. H. (1997). Bioethics, expertise, and the courts: An overview and an argument for inevitability. *The Journal of Medicine and Philosophy*, *22* (4), 291 - 295.

Radden, J. (2001). Boundary violation ethics: Some conceptual clarifications. *Journal of the American Academy of Psychiatry and the Law*, *29*, 319 - 326.

Rawls, J. (1971). *A theory of justice* (esp. at pp. 85 - 86). Cambridge: Harvard University Press [Belknap].

Registry of Interpreters for the Deaf (RID). (1994). *RID membership directory*, Silver Spring, MD.

Ritchie, J., Sklar, R., & Steiner, W. (1998). Advance directives in psychiatry. *International Journal of Law and Psychiatry*, *21*, 245 - 260.

Ross, W. D. (1930). *The right and the good.* Oxford: Clarendon Press.

Sharpe, V. A., & Pellegrino, E. D. (1997). Medical ethics in the courtroom: A reappraisal. *Journal of Medicine and Philosophy*, *22* (4), 373 - 379, esp. at p. 375.

第五章 健全的职业规范：超越自身角色的保证

在美国精神病学和法学会杂志以前的文章里，我们曾经提出过一种司法精神病学的伦理理论，在第一章里我们讨论了原则性主义和文化敏感性这两种方法之间的联系。在本章节里，我们将拓展我们的法庭伦理学方法。

我们认识到传统的病人与医生的关系和法庭专家所面临的伦理学存在根本不同。但是，我们反对把伦理学基础分解为两个或更多派系的做法。相反，我们提出了一个整体性概念，即传统的职业职责/义务和法庭专家的义务/责任应被包含在一个更为健全的职业化概念内。

以前，我们曾试图提出一个适用于法庭专家的伦理学理论，以有利于法庭专家的双重角色分离和避免利益冲突。但是，我们提出了另一种关于职业化的观点，对鉴定人而言，需要他们具有一种综合素质，包括来自医疗实践当中的伦理学习惯和牵涉司法鉴定领域的一切责任和义务。当我们理解和认识到角色的冲突是对于理解利益冲突的关键所在时，我们坚持的一种观点就是，严格清楚地区分职业角色。比如对于个人而言，同时担任临床医生和法庭专家如何区分各自所担负的责任，如何避免鉴定中所出现的复杂人际关系等。此外，清晰且严格的区分会弱化自作聪明式的纯粹鉴定人角色所带来的潜在危险，并且保证这个领域里的职业化进程得到良好发展。我们将举例说明这些问题。但是，在此之前，我们还是要提醒一下职业伦理概念对于整个讨论的框架是不可或缺的。

在1999年出版的新英格兰医学杂志里，马修·维纳和他的同事阐明了医学职业化不仅仅是一个特征，比如，将职业化定义为自我调控（self-regulatory）时，没有同时提出对于自我调控的伦理学标准，这对于进一步促进职业自主权没有一点好处。事实上，基于准确的特性来定义职业化也许会引起批评和猜测，但是这样一种方法允许公众考虑职业上所谓的自我调节，并且理解法庭专家保护自我利益的行为。

维纳和他的同事把职业化定义为一种活动，这种活动同时涉及了商品分配和根据伦理关系而形成的、已被独立划分的公正的社会行为。在社会体系中，职业化是一种结构上稳定、伦理上受保护的力量。这些学者就职业化进行争论，即职业化不仅仅保护那些脆弱的执业者，同样保护脆弱的社会价值。

我们赞同职业化具有某种意义，在伦理学关系中它必须具有一个清晰的基础。在此基础之上的职业化，才可以寄予分化的希望。

石黑一雄①的小说《长日将尽》中有关于伦理关系的最好例子。在这本小说中，有一个名叫史蒂文的管家，他个性多愁善感且自尊心很强，是19世纪英国上流社会严格恪守伦理准则的管家。史蒂文先生这样描述他的职业化理论：尊严与一个管家不丢弃所履行的职业能力息息相关。很少有管家会在他受到较小的外界干扰时放弃自己的职业准则，对于这样的人，作为一个管家就像是在演哑剧：一个小的推搡、一个轻微的跌撞都可以使演员暴露出他的内在本质。一个工作卓越的管家之所以优秀，就是因为他们具有很好地驾驭职业角色并将其发挥到极致的能力；他不会因外部事件而受影响，不

---

① 石黑一雄：1954年11月8日生于日本长崎，著名日裔英国小说家。1960年，石黑一雄随家人移民英国。他的文体以细腻优美著称，几乎每部小说都被提名或得奖，其作品已被翻译成二十八种语言。1989年，小说《长日将尽》（The Remains of the Day），荣获英语文学界内享有盛誉的"布克奖"，并荣登《出版家周刊》的畅销排行榜。——译者注

管它们有多么的令人惊讶、震惊或具有诱惑性，他们就像一位绅士穿着得体的礼服一样，将自己的职业化外表展现出来；他不会在公众注视下让恶棍或突发事件将这层职业外衣摧毁；只有在他发自内心想丢弃这层职业外表时，他才会丢弃，同时也只有在他感到孤独时才会产生放弃的念头。

在书中，史蒂文先生挑战性地将他关于职业化的理论与实践相结合。这期间，他的父亲在雇主家执行一项重要使命时突然病倒而在阁楼上重病卧床时，他仍然履行着一个管家的职责，完全忽视了父亲的病情。石黑一雄运用卓越的技巧展示了这个管家关于心理上职业化和精神上个性化的特点。读者也会发现史蒂文先生为了执行他的管家角色并为使之发挥到完美，而不能在父亲最需要他的时候陪伴左右。

当社会角色会产生极大危害时，有大量的文献严肃地对这种社会角色进行着不懈的争辩和论证，史蒂文这样的事件为法庭专家解决工作中的疑难问题提供了一个突破口。目前，法庭伦理学准则和占主导地位的伦理学理论应用于解决法庭专家工作中产生的迷惑，借此支持狭隘的、局限性的职业化角色。此举将会减缓利益冲突，从而服务于司法裁判。当一些持有异议的理论指向法庭专家工作中的文化因素时，仍有少数学者试图去证明，这种职业化的狭隘观点在法庭专家工作中的伦理重要性。

我们相信法庭专家不仅仅要考虑工作中的法律因素，同时也要考虑其中所产生的伦理学义务。总之，在我们从事法庭专家工作之前，我们都是医生、律师或者其他执业者，而法庭专家工作仍然是以普遍伦理道德为基础的。法庭专家工作中的职业角色不仅必须考虑个人道德，同时也要考虑职业道德。对于死刑事件，处罚与公平，同情与尊严，我们的观点都必须清晰而明确，而不能将其隐藏于法庭专家所持有的客观、中立的态度，或与法律制度相一致这样的借口之后。

　　和石黑一雄小说中史蒂文相比，我们认为职业化的法庭专家需要考虑个人道德和文化价值。我们将法庭专家的职业道德融入到鉴定工作中，这样就无须忽视利益的冲突。但必须对这些冲突处理拿捏得当，我们相信这样的复杂性是与人性中的矛盾性相契合的。临床医生认为法庭专家是迫于正义而使医学职能最小化。这种认识是不正确的，多数法医职业人员的医学背景很少使他们忽略医学伦理价值观。

　　但在进一步说明我们的事实之前，多一份深思熟虑就会使矛盾井然有序。在将关系（而不是活动或原则）作为法医职业化的关键定义时，职业伦理的出现可以允许我们去探讨法庭专家的义务或职责，同样也允许我们探究时刻变化着的伦理学理论或目标。

　　我们相信，我们的职业或任何一种基于伦理准则之上的职业，尽管义务恒久不变，但自发去定义和再定义伦理目标能够激发从业者去不断反思和审视伦理价值观。这种自发的再定义将增加对于社会需求的回应机会，同时也包含了保护社会价值的职业义务，我们必须时刻关注职业道德义务和目标，以界定我们的行为。

　　现在，虽然有一种观点认为，法庭专家的专业性特点将损害司法系统。但是，我们认为，为了积极的构建司法系统，我们还是应将法医学实践中最为根本的专业特点，视为法庭专家最为基本的义务，并加以尊重。下面这些案例将说明法庭专家专业特点的重要性。

案例：罗德里格斯女士

　　罗德里格斯女士是一位 32 岁的墨西哥裔美籍单身女性，她有四个兄弟和一个妹妹，他们均为青年人。在她的两个哥哥还是孩提时父母就移居美国。罗德里格斯和她的弟弟妹妹都是在美国出生的。她的三个兄弟姐妹先后完成了大学学业并在毕业后从事白领工作。

　　在大学三年级患肾结石之后，罗德里格斯就开始滥用止痛药。尽管她继续学业并取得了商学学位，并且开了一间自己的小服装店，但她仍在继续滥用药物。在之后的几年里，罗德里格斯开始出现药物依赖的情况，她曾经两次因伪造处方被捕，而且每次都被要求参加强制戒毒项目。

尽管罗德里格斯女士完成了两次戒毒项目，但最近几年里，她所滥用的药品范围已经涉及可卡因和海洛因这一类的毒品。直到她因藏有受管制药物、危险驾驶引起危害，合并其他几个重罪指控而被捕时，她已有长达 3 年的静脉毒品注射史。这次罗德里格斯驾车撞到另一辆汽车，导致司机轻伤。因为过去曾被拘捕，故此次她可能面临 8 到 10 年的监禁。

因为在被捕时罗德里格斯女士曾被报告有幻想、偏执和健忘症，法庭请一位司法精神病专家对她在被指称交通事故时的能力和精神状态进行鉴定。罗德里格斯女士在车祸时被撞成昏迷，并面部骨折，但其自愿吸毒的行为否定了她精神失常的说法。对此，她和她的律师陈述了她当时的精神状态，并对交通事故发生当时的精神状态提出异议。由于对她的指控说她的行为是"有明确意图"的犯罪，因此她在交通事故当时的精神状态就成了是否能成功定罪的关键所在。

在回顾案情记录后，鉴定专家发现了一段耐人寻味的治疗史。就在交通事故前几天，罗德里格斯女士参与了一项名为快速阿片类药物戒毒的实验性（同时也是引人争议的）治疗项目。这个关于病人在麻醉状态下、历时 5 个小时的快速戒毒项目的支持者认为，这一过程有助吸毒者减轻漫长疲劳的戒毒过程的痛苦，避免了长期的美沙酮①维持症状（一个被广泛接受的，分发控制量的阿片类美沙

---

① 美沙酮（盐酸美沙酮）：为 μ 阿片受体激动剂，药效与吗啡类似，具有镇痛作用，并可产生呼吸抑制、缩瞳、镇静等作用。与吗啡比较，具有作用时间较长、不易产生耐受性、药物依赖性低的特点，是二战期间德国合成的替代吗啡的麻醉性镇痛药。20 世纪 60 年代初期发现此药具有治疗海洛因依赖脱毒和替代维持治疗的药效作用。——译者注

酮药物的治疗项目）。然而批评者却认为，阿片类药物依赖性的问题并不是简单地从生理上对阿片类药物的剥夺，而是戒除后对毒瘾的长期的心理和生理依赖方面的问题。因为这一方法相对较为新颖且并不确定临床结果，一些批评家质疑它可能会为今后充分的知情同意权提出挑战。

罗德里格斯女士和她的父母去了开展这个项目的诊所，表达了要"彻底戒除毒瘾"的强烈愿望。经过几周的深思熟虑后，罗德里格斯的父母为这个项目用信用卡支付了 5000 美元。

在治疗之后，罗德里格斯和父母回到家中，按照指示服用治疗后阶段的特定药物，但是并发症出现了：罗德里格斯出现了严重的阿片类药物戒断症状，严重的烦躁不安、抑郁、焦虑和自杀倾向。罗德里格斯和她的父母打了无数次电话给诊所，但都未得到他们认为是适当的回应。他们认为诊所里所谓的专业人员既无理又轻蔑，以至于未能告知他们女儿会产生自杀意图的可能性。

在治疗后的第三天，罗德里格斯变得越来越激动，最终和一个朋友离开了父母家。在之后的 24 小时里，她再次用了可卡因和海洛因，撞坏了自己的车，然后被捕。目击者和警察的陈述都支持她的行为是自杀性的、偏执的，并有幻听征象。

在对罗德里格斯女士进行鉴定的两个月时间里，司法精神病学家和罗德里格斯的父母以及她的两个兄弟姐妹见了面，了解了她在被捕前几天和几小时内的精神状态。在这几次见面中，罗德里格斯的父母讲了他们移民到这个国家来的事情，描述了墨西哥和美国之间的文化差异，以及对于女儿充满麻烦的生活的悲痛。

在鉴定期间，罗德里格斯受到父母的密切监护，她曾使用一次可卡因，致使尿检呈阳性而被停止了治疗方案，她也因违反保释条件而重陷囹圄。

罗德里格斯的父亲打电话给司法精神病学鉴定人寻求帮助，希望让女儿参加住院戒毒治疗计划。他知道如果不这样，他的女儿则必须留在监狱直到审判。他说，法庭会同意释放女儿去参加一个有组织的住院治疗计划。司法精神病学鉴定人联系了几位戒毒领域内的专家，帮助罗德里格斯确定了一个治疗项目。两周内她从监狱被释放并参加了住院治疗项目，而精神病学家也完成了出庭前的鉴定报告。

在报告中，司法精神病学鉴定人提供了支持她具有刑事行为能力的法医学观点。但同时，精神病学家反对她当时有主观犯罪意图的观点。最后，罗德里格斯递交了一份认罪协议，接受了 10 个月的监禁惩戒，以及同意在之后长时间的缓刑期间进行诚断药物滥用治疗并被监视居住。

认罪之后，罗德里格斯的父母打电话给司法精神病学鉴定人表示感谢。十个月之后，他们再次打电话告诉医生罗德里格斯已经从监狱里释放出来了，状态不错。在接下来的一年里，她一直在工作并继续参加她的治疗项目。

案例：乔治夫人

乔治夫人是一个充满活力、喜爱运动并且意志力顽强的女人。在四十多岁的时候，她不幸罹患脑干中风，这次中风让她几乎完全瘫痪。之前她已经完成学业并拥有自己的产业，她住在离她家人和男友很近的地方，这可以使她的家人全身心投入到对她的照料中。

有时，家庭会议是件喧闹的事情，既有戏剧般的争吵又有戏剧般的和解。在这个家庭中没有人羞于表达观点，悲哀的是，家里的那个曾经的"活力女孩"如今只能依靠抬抬她的眉毛来进行交流了。她经过两年的康复训练来维持肌肉的张力和呼吸，但她仍然瘫痪——活跃的意识被困于毫无反应的躯体。照顾她的人都认为她如果能重获知觉，那将是个奇迹，而她自己也没有寄希望于更进一步的康复。

在她完成了提供的全部康复练习之后，乔治夫人被转移到一家护理机构。她继续与来访者会面，看电影和听音乐，她还学会了利用贴在她床上方的字母表来与人交流。

在中风约两年半以后，乔治夫人开始向她的家人和护工要求帮助她结束她的生命。她想结束自己的生命，并认为自己的状况已经无法支撑下去了，她开始拒绝一些静脉营养药物的输入。

渐渐的，护理机构的工作人员和她的家人之间就她的要求产生了分歧，并要求给她进行一个精神病倾向的鉴定。当鉴定的结果显示她完全有"自知力"来做出拒绝食物和水的决定时，护理机构中却没有伦理委员会来讨论解决这个问题。精神病科医生也邀请了一个外来专家对此进行商讨，对于乔治夫人放弃治疗结束生命的要求，她的家人也有了分歧。乔治夫人自己要求当地的法院来指定一个法定监护人支持她的立场，她厌恶这种不断因周围不同意见而导致的拖延。

法院指定了一个司法精神病学家来鉴定乔治夫人的"当前心理/精神病态机能和它与她做出旨在迅速了结生命的决定的相关性"。法院注意到鉴定只是"目的仅限于进行相对于监护能力的法医学鉴定"。

在法院告知鉴定人她的家人对这一问题也持不同意见后，鉴定人召集了一次家庭会议，在这个会议中，鉴定人解释了她现在所处的角色，并让每一个家庭成员都说一说对这件事的看法。一位保守的东正教家长从宗教的立场上强烈反对她的女儿选择"自杀"；她的一个兄长用耶稣复活论反对他妹妹的行为，他解释说乔治夫人在瘫痪时已经接受了教会的洗礼，教会认为一切绝食都是有罪的，更不用说"自杀"了；另一个兄长担心鉴定人做出了错误的鉴定，对他妹妹的预后太过悲观，他坚持认为某些反射性的活动是存在潜在康复的证明；还有一个家人表示乔治夫人的男友有着想从遗嘱中获利的私心，从而会支持她选择自杀。

虽然鉴定按着固定的程序进行，但大量相关于家庭、宗教和财产方面的问题需要考虑，鉴定人认为对于乔治夫人"能力"的简单决定仅是其先前工作的一部分。当法律需要这个简单问题的答案时，道德和鉴定人自身的义务感与直觉都提醒他们必须要掌握更多的资料。

最后，鉴定人综合教育背景、家庭冲突、宗教等因素，给出的最终结论是"乔治夫人精神状态正常，有决定她自身行为的能力"。

基于司法精神病学鉴定人的鉴定意见，乔治夫人更坚定地拒绝营养输入。虽然一些家庭成员继续反对她的选择，但法院却支持她，允许乔治夫人在十天后以安乐死的形式结束自己的生命。

冲突中的角色：个人和专业职责

通过罗德里格斯和乔治夫人这两个例子，法庭专家发现他们自己在某些案例中需要更扎实的专业观念来面对和处理职业的和个人的伦理学义务。这也要求鉴定人把自己放在治疗者和法庭专家的角色上，正如还要有监护、职工赔偿，或某些伤残听证会等角色参与其中。例如，在和罗德里格斯家人的相互交流中需要注意文化差异所带来的伦理学冲突，这种障碍可能包括种族歧视主义。另外，还需要注意家庭和社会荣辱观标准，因为这有可能表现在他们对于法庭专家的排斥中，任何狭隘的专业主义观点在司法鉴定中都是不适当的。

像我们在第一章中谈到的，鉴定人和临床医学角色之争从法庭专家产生的早期一直持续到现在，真正的工作性质常把法庭专家置于一个"双重间谍（double agent）"的角色。一些学者，像伯纳德·戴尔蒙德已经主张重新建立一个为被鉴定人所拥护的鉴定角色（在死刑案件中占有尤其重要的地位）。随着时间的流逝，一种伦理道德共识形成了法庭专家们的客观顾问职能，鼓励专家们尽量避免临床和法律角色相冲突时的矛盾。

包括我们早先已经描述的一些普通的例子，如让精神病医生鉴定创伤后精神障碍，说明了这样一个问题：当这些临床医生被要求参与到涉及他们病人的法律事件时，他们发现，在从事法医学工作过程中，他们既是临床医生、又是法庭专家，他们的法庭专家角色反而变得不甚清晰。罗德里格斯和乔治的案例正说明了这个问题。

在历史上，临床精神病医生和司法鉴定人两个角色之间的确有着典型的不同。临床精神病医生一般从事的工作是以病人为核心，以病人的心理认知、思想和感受为重点方式采取治疗方案。相反，鉴定人则一般采用描述性的、以更多的"客观"诊断和分类为重点的方式进行鉴定，更关注整个事件（案件）的事实。自我描述的事实是基于被鉴定人的主观性之上的，通常这种"叙述"的事实或者解释的事实代表了患者"个人内心的真实"，但却常常被误解和忽视。虽然这种事实往往会反应一些真正的"事实"，但法庭却很少采信它们。在为司法审判服务时，法庭专家往往会关注更多的事实和已经得到确证的信息，其特殊的地位和职能是法庭采信法庭专家鉴定意见的基础。正如我们之前所说，没有这些优先被采信权，法庭专家对于法律程序将毫无价值。

如果我们同意，纯粹的医学治疗有义务向病人提供最好的医疗服务，在这个范围之外的社会关系都远远没有这个义务重要，那么，我们就专有的为临床知识、保护隐私原则、行善、不伤害、尊重自主权之间的关系打下了基础。相反地，法庭专家则承担着更大的社会责任，甚至要更忠诚于作为一个整体的法律、法庭和社会。法庭专家提供公众感兴趣的专业证据，维护司法利益："公正地裁定争论和决定有罪或是无罪"。我们已经看到，现行法庭伦理学规范的理论，就是在普遍的医学伦理学理论基础上建立的社会公正原则。

我们要特别提到隐私权保护的问题。在鉴定中，除非被鉴定人对他们自己或其他人构成危害，或出于自身的目的而需要公开信息，否则法庭专家都必须保护被鉴定人的隐私。这常常不是一个简单的道德选择问题。美国最高法院在杰夫·里奇蒙德一案中认识到心理治疗工作保密的重要性，不能强迫精神病医生和其他心理治疗师在没有其病人允许的情况下向联邦政府法庭提供证词，这么做会违背被鉴定人的信任。保守隐私的道德操守鼓励被鉴定人阐述隐私，这些隐私包括他们个人生活中尴尬或痛苦的经历。

当委托方进入一个诉讼程序时，同样存在着保护隐私问题。在传统的法医学角色中，法庭专家没有义务为委托方保护隐私。而事实上，专家证词的效果很多时候也会令委托方尴尬，并可能导致他们受到伤害。

因此，当面对类似罗德里格斯或乔治那样的情形时，法庭专家应该做什么？是否应该执行其最低职责，仅仅完成其法律使命？司法精神病学鉴定人的职责范畴是什么？什么是他们应该做的？什么是他们不能做的？是否有在法庭规定之外、但又要求法庭专家必须完成的职责？

在乔治夫人一案中，乔治夫人虽陷于家人复杂情感的包围与纠葛中，但仍以巨大的勇气做出绝食的决定。她的家人也缺乏对乔治夫人的包容和理解，可见，任何潜在的固执、关键时刻的冷漠，无论在人道主义或道德水平上都是不可接受的。一个富有同情心的专业应包括教育、咨询、解决冲突和精神引导这些医学元素，回避这些元素将是对鉴定人及其家人不负责任的表现。

法庭伦理学和临床医生的医学伦理规范凌驾于这些道义之上而出现令人困惑的情况是无法避免的，但严格遵循法庭专家的规则，将会使乔治女士、她的家庭和法庭都陷入困境。虽然法庭专家在法律程序上给出了一个直观的技术鉴定，但是关于乔治女士行为能力这一中心问题的一个重要部分就是，我们实在无法把握她充满变数、耗时而又复杂的现实情况。深入到案情中后，法庭专家面对的是一个复杂而又戏剧化的家庭现况，法庭专家的责任感和使命感促使他们寻求一种更为灵活的、适合本案的解决方法。虽然道德原则和严格恪守职责能够完成行为能力鉴定，但我们更需要一种对于职业范围来说更为广义的概念参与并完善我们的鉴定。

类似的，在罗德里格斯女士这一案件中，法庭指派的专家发现自己参与到了更应该被称作是治疗和咨询的活动中，他们也偏离了法庭所要求的特定的行动。在一个局限的、主要是对公众负责的法庭专家工作体系内，司法精神病专家所参与的许多活动都可以被认为鼓舞人心的、但却超越了专家的职权范围。有人认为出于职权的考虑应该禁止这些活动，但他们也可能是完全自愿的，那么这些问题就留给各行业自行考虑吧。

然而，一旦开始与罗德里格斯女士和她的家庭建立关系，司法精神病学鉴定人并不是一个治疗者而是法庭的鉴定人，有关医生身份的声明就不奏效了。至少如果我们遵循维纳提出的"我们对弱者和价值观有责任"这样的道德关系的基本原则，我们就会对弱势群体和我们的价值观负责。尽管精神病学医生拒绝临床治疗行为可以从法律上获得免责，但伦理学问题仍然存在：这些精神病学医生是否有超出他们法庭专家角色之外的责任和义务？如果没有义务，他能否转变专业和个人的愿望与想法而把这些视为临床医学服务？我们的专业是否有义务去更好地定义这些各式各样的"角色"？

我们如何从伦理道德的角度去理解司法精神病学鉴定人的鉴定行为？当他们的意愿被正义和法庭所限制时，我们如何判断他们用医学方式服务于鉴定人的意愿？如果存在额外的责任义务，那么它们存在的原因是因为他们具有共同的社会伦理道德观念（优先于专业义务的日常伦理道德）吗？

还有，临床医生的道德义务——临床专业的基础——是否要求司法精神病学鉴定人通过教育、推荐或其他辅助手段来帮助被鉴定人及其家人？行善原则是否适用？如果是这样，这种原则是否已经完全融入了法庭专家现在的观念？或者我们是否必须再定义一个专业角色，把法庭专家的专业义务和他们的法医角色的义务整合到一起？最后，如果这样一个整合方式令人满意，它是强制性的还是仅仅是推荐性的？

专业角色：与制度价值观的冲突

布拉德利，19 世纪英国哲学家，认为责任和幸福结合在一起的时候就会成就一个人的自我价值："是的，我们已经找到我们自己，当我们已经找到我们的位置和它的责任时，我们的作用就如同社会生物体内的一个器官"。布拉德利对伊曼努尔·康德道义上的"绝对论"（Absolutism）做出反驳，他将道德的理解定位于他那个时代的文化和历史细节——分类差异和社会阶层的制约。

布拉德利的观点常常被引证为当今角色道德理论的起源。在这个理论中，道德融入社会秩序和角色义务之中，这与描绘日常人际关系的责任和义务的共同道德标准有很大区别。

但珍妮弗·雷登对角色道德的定义可能对分析产生于当代世界的角色道德形式更有益处。雷登将角色道德和"无限"或"共同"的道德责任与专业道德责任区别开来，她赞成把专业价值观和共同价值观整合到弱势群体中。

利用雷登的理论模式，司法鉴定工作实际上将涉及强势和弱势群体两种伦理学角色。由于法庭专家的工作有时会对被鉴定人造成一定伤害，因此需要更为专业化的鉴定。这被强势角色道德观念所认可：专业道德可能偏离共同道德的期望。就是说，允许法庭专家利用他的专业技术服务于正义而非个人。虽然有时会对被鉴定人造成伤害，且这种观点并不被法庭外的社会所接受。在角色道德理论中，我们比喻这种局面为"肮脏的"：某些专业角色和位置需要某些"肮脏的"东西来产生更大的利益。我们十分感谢雷登对阐明边缘理论区中角色的伦理学概念所做出的努力，并且相信它对司法鉴定实践具有重要意义。

为了说明这一点，我们可以用剧院打个比方。作为戏剧的演员，每个人在角色中都要穿着剧装，甚至面具来隐藏他们真实的自我。就像舞台、剧本、传统戏剧和导演定义了戏剧行为的内涵和延伸一样，内部历史属性和专业活动的内容限制了专业的范围。

当然，戏剧表演者不会泯灭他们自己的演出和创造力。表演者诠释着剧作家的作品。他们走过舞台的方式，控制他们自身、手势或者话语——所有这些都影响着角色背后那个人的独特性。因此，对于专业角色，专业义务限制了道德行为，但专业的责任并不限制个人表现本性及其独特性的一面。

很明显，对个人品质的限制表现在所担当的角色上。无可非议，很多限制是大多数专业人士需要遵守的。例如，美国精神病学学会和其他专业组织已经将发生在临床医生和患者之间的性关系定义为一起严重的专业行为不端案件。像禁止参加严刑逼供等，遵从对专业行为的严格规定非常有益而且符合道义要求。

专业角色和社会结构在道德优先顺序上统一，在这样的形势下，专业角色广义或狭义的概念能够定义个人责任。但是，当机构和专业人员在道德优先顺序上不能形成统一时，会发生什么？专业角色的概念如何服务于职业机构、专业人员、个人，以及专业？当我们以广义或狭义定义专业角色时，作为主要的社会角色，道德框架不足以化解体制驱动的需求和个体专业欲望之间的矛盾。

事实上，现代西方社会已经暴露出了个人专业价值观和体制或社会驱动的优先顺序之间不断扩大着的裂隙。例如，在最近十年的医疗管理环境下，许多美国保健制度阻碍法庭专家表达观点或采取行动来扰乱那些制度的优先顺序。内科医生和处理医疗纠纷机构之间约定的"限制条款（Gag clauses）"① 正是这种现状的明显例子。

伊丽莎白·沃尔加斯特在一本有深刻见解的书（《法人的道德规范：行业组织丢失的责任》，1992）中，调查了在面对制度价值观时个人责任这个问题。沃尔加斯特认为，我们当中许多的现代行业和组织鼓励法庭专家以学会的名义演讲或从事某些活动，这样做的目的就是以学会的名义免除个人责任。她关注的是那些极具影响、非私人机构保持沉默的评论、强制性的言论和明显缺乏伦理道德支持的行为对个人和机构本身所造成的伤害。

从托马斯·霍布斯的哲学理论出发，沃尔加斯特采用了"法人"、"虚构人"的概念来描述个人代表他们的机构进行演说和行动的道德真空区，这些法人的表述不代表他们自己的道德观。霍布斯用这样的概念来解释公民和政府发言人之间的关系，利用诸如仆人服务于他们的主人以及父母为他们的孩子做出决定这样的例子，霍布斯定义这个概念为"法人"（artificial persons）。

对于个人责任扩散的关注，沃尔加斯特感到现代制度必须选择一套价值观和保护机制来满足这种需求。她警告道："阻挡革新这些庞大工程的动力是替代物更进一步细化了一方责任的含义，从而培养在其他方面的摧毁力量。决定变更是一个尖锐的道义上的决定，需要有道义和勇气来实现它"。

严格、有力或者狭隘的专业角色可能适合这种"进一步细化个人责任"的概念。人们看到在他们自身的道德和他们工作的道德之

---

① 限制条款：禁制医生自由的向患者谈论他们可能得到的治疗。——译者注

间的距离越大，他们采取道德立场的激励就越少。如果我们需要发挥"道义勇气"来探索改革——通过改进司法系统和改进大量的非主导团体——我们将不得不仔细审视专业角色、制度或社会需求之间的联系。

法庭科学工作是这些受关注的专业学科之一。当罗德里格斯和乔治的案件没有援引死刑案件的戏剧性故事时，我们一直相信它们很重要。基于个人从业者和以司法精神病学为专业人士的完整性，我们在调查制度上需要优先考虑个人专业义务冲突是如何发生的，借以形成我们的实践经验。当个人和体制上的价值观相冲突时，为了完成这个任务，我们将借助于更多相关的、详细的伦理学方面的考虑。

职业危害：巴黎刽子手

在《冲突中的规范：公共生活和个人生活中角色的道德》中，作者阿帕布拉姆（1999）讲述了一个巴黎刽子手查尔斯·桑森的离奇故事：

"桑森的曾祖父在 1688 年被任命为路易斯十四的刽子手。这个职业一直伴随着争议，通过继承以及皇室对查尔斯家族的委任，这个家族的刽子手职业一直沿袭下来。1751 年，桑森开始接手他父亲的工作，并且在 1778 年被路易斯十六（他会密切地观察刽子手的技巧）正式任命为刽子手。1795 年，桑森正式把委任状传给了他的儿子……桑森的六个兄弟以及他的叔叔和堂兄弟，也都是刽子手……在巴黎，直到 1847 年，这个特殊的职业一直属于这个家族。十年时间里，桑森和他的助手一直认真从事着这个社会和政治制度必需的死刑执行工作……。

桑森的改变也会随着技术的进步和革新而不断改变，如'好医生的断头机' （The Good Doctor Guillotin） 的出现①，就改变了桑森的工作方式。可以说，桑森的职业就是'砍头'，那些被他处决的人有君主立宪制度下的普通罪犯、巴黎公社保皇主义'阴谋者'、被国民议会定罪的国王、被雅各宾党人清除的温和的吉伦特党人、在丹东煽动下的极端主义者埃伯尔派人、在受到罗伯斯庇尔谴责后那些放纵的下属以及最终被热月党人以计谋打败的罗伯斯庇尔等。"

　　查尔斯·桑森的故事提醒人们注意那些令人困扰的问题，它们涉及存在争议行为的公众专业角色的本质和合理性。职业道德方面的文献称之为"聘请权（hired hands）"问题，即"怎样才能让一个专业人员有义务代表委托方做（或不做）某些行为，而这些行为如果一旦脱离了特定的职业保护，是否就会变得大逆不道呢"。在法庭专家的工作中，服务法庭的专业活动可能伤害到委托方，但决不允许普通公民这么做。这与"巴黎刽子手"的工作特点似乎不谋而合。

　　实际上答案是，在司法程序上，如果不承认存在例外的专业角色的道德，那么中立性和客观性都不能被保证。在一个对抗性的司法系统中，如果没有例外的特权，司法体系将无法维系。因此，社会和法律提供了这些例外，即为了更为广大的社会利益，法律允许法庭专家做出某些伤害行为。

　　桑森的例子让我们去探讨这些"伤害"和它们局限于专业角色中的合理性。通过调查这样一个公认的极端例子，我们阐明了将专

---

　　① 古代社会东西方各国的死刑执行方法，是极为残酷的，并企望通过残酷的执行方法达到惩罚和威吓的目的。1789 年，法国人吉约坦有感于死刑犯在行刑时遭受到巨大的身心痛苦，主张在执行死刑时，应该让犯人在一瞬间、在还没有感觉到痛苦时身首分家。不久，便有人按照吉约坦的想法设计出了断头机。所以，在法国，断头机也称为"吉约坦"。1791 年，法国国王签署了一项法律，批准用断头机作为执行死刑的工具。具有讽刺意味的是，18 个月后，批准使用断头机的路易十六自己却成为断头机的鬼魂。1794 年，法国大革命家丹东和罗伯斯庇尔也相继被送上了断头台。据统计，断头机一共使用过 4600 多次。1939 年，法国取消了公开处决犯人的做法。——译者注

家道德规范和临床医生（或科学家）与病人的道德规范整合到一起
的必要性。毕竟法庭专家的角色是基于某些基本价值观的。

阿帕布拉姆在书中引用了桑森和一位他的评论家路易斯·塞巴
斯蒂安·摩西尔之间灵巧、虚构的对话方式，证明桑森的生活和工
作是正当的。摩西尔是一个作家和政治家，他在法国大革命期间的
诸多暴力冲突中生存了下来。我们请读者对这个故事审视、分析并
加以推理。

首先，摩西尔问桑森在他砍去这么多人的脑袋之后，他如何能没
有一点罪恶感或者羞耻心地在巴黎的大街上走来走去。桑森回答到：

"我猜想你会觉得奇怪，我怎么能够把一个人的脑袋活生生地砍
下来？我会告诉你，那是我的职业。巴黎刽子手的角色已经延续很
久了，从父亲到儿子，从我曾祖父到我，而且还将传给我的孙子。
严格说来，这不是一个世袭的职位，而是一个无论历朝历代都必不
可少，并且这是每一次执行都需要任命的职位。有很多家族世代从
医、世代从军，还有家族世代传承着做干酪或者酿酒的手艺，或者
沿袭着所有艺术和贸易的方式。而我们则是一个专业的刽子手家庭：
那就是我们要做的，并且每一代都想方设法做得更好，因为它是我
的职业，仅此而已"。

一旦桑森声称他的行为是一个职业，和其他职业一样，有学徒
制和独特历史，摩西尔就反驳他。他告诉桑森，就像"职业赌博"
或者"职业乞讨"一样，他把"专业人员"和任何一个为了报酬而
进行的行为混淆了。摩西尔争论道，一个专业人员不会简单地描述
学徒制的传统，而必须制定道德要求。他们的追求——对服务于个
人和社会的道德理想的追求——定义了他们的专业。

桑森回应了反驳：

"我同意这个说法，如果专业精神的要求是让它拥有的道德力量

并涉及对这个职业的理想和贡献，那么惯例的要求必须比纯粹的习惯涉及更多。但是刽子手的角色满足了两者的要求。我们对自己的手艺感到无比自豪，并且保持我们自身处于最高的道德和技术标准……我们已经从我们的前辈那学到这些本领，而且在实践中，我们也会适应于新技术和新的政治敏感性……你总是无法认识到我们的奉献，我们必须表现得相当残忍……我已经预计到这样的反应，你知道，一个专业真正的标志是出色的工作，而且这种工作出色与否，也只能由同行来判断。你不能提供法院或是医学外科操作方面的专业评判，为什么你认为你能够赏识刽子手精细的手艺？举个例子，你可能已经从罗伯斯庇尔的尖叫声中认为撕掉他粉碎的下颌上的绷带是多么的残忍，但我向你保证，这是一种仁慈——阻塞刀口的后果远比他遭受短暂的疼痛要更糟糕①。用可以信赖的精确度执行法律的判决，刽子手担心许多相同的细节，目的是用尊重的态度正确对待死刑犯、观众和法律"。

桑森争辩说，专业主义需要业务规范，并且这些规范要求完美。另外，他提出了公会的主张——用现在的话来说，就是专业组织和同行审查——作为唯一合法的方式，专业组织可以评判是否优秀。

摩西尔再次对桑森的申辩感到不满，因为这些仅仅是心理自动调整的要求。他们没有说出困扰他的更困难的道德问题，摩西尔想要桑森回答"聘请权"的问题——为他的行业的恐怖行为辩护。桑

①　罗伯斯庇尔：法国革命家，法国大革命时期重要的领袖人物，是雅各宾派政府的实际首脑之一。雅各宾派政府倒台后，国民公会派遣的宪兵队到达市政厅，宪兵们便冲进了雅各宾派领袖们聚集的房间。随后是一场大混乱，绝望之中有人开枪自杀，也有人跳窗摔断了腿骨。罗伯斯庇尔的下颚被手枪击碎，昏死过去，众人将他抬到一张大桌上放平，草草地包扎好伤口。罗伯斯庇尔后被判处死刑。在执行时，用来包扎下颚的白色绷带浸透了一层又一层鲜血，已经完全发黑。一直以来，人们认为当他走上断头台俯身在刀刃之时，出于满足人们对复仇的渴望，为了造成巨大痛苦，刽子手才充满恶意的狠狠撕下绷带。但从桑森的自诉来看，当时撕下绷带的行为其实是为了减小砍切的阻力，使执行顺利，从而减少罗伯斯庇尔的痛苦。——译者注

森回答："允许以个人观点来评判我执行的判决是对我的职责的干扰，实际是以随意替代法律。"

桑森更进一步的驳斥摩西尔强调他有责任去抵制参与不公正的司法体系的观点。轻易地改变效忠对象对他而言不是道德问题。某天所要处决的人可能就是前一天的领导人："刽子手仅仅是遵从一个公正的法律裁决来处死犯人，这样怎么会让他变坏？刑法法典建立了斩首处死的刑罚，这是通过民主选举的立法机构制定的，因此这具有法律效力。"

桑森认为一名合格的专业人员所要做到义务就是纯粹地"遵守命令"。这个观点一度触动了 18 世纪的欧洲和历经大屠杀之后的世界。但是，面对摩西尔的观点——存在良善之人必须拒绝的法律，桑森表示他所相信的法律体系已经定义了他这样的专业人员：这就是他对于专业角色的概念。

"在我执行我的职责时，我必须把个人想法放到一边。我很自然地对于我面前的罪犯是否有罪有着不同程度的怀疑，我会由衷钦佩或厌恶那些来到我面前的人，对于当时的政局我有自己的观点。这些是来自查尔斯家族，一个男人和公民的观点。但是作为刽子手，我必须把身为查尔斯家族的个人的社会因素放在一旁，因为站在绞刑台上的不再是查尔斯家族，而是巴黎执行刑事判决的刽子手。我并非表示刽子手可以不考虑个人的想法，而是刽子手一定不能将个人的想法带入工作中。如果愿意的话，查理·亨利可以主导谋杀，也可以主导大屠杀。但却只有刽子手才能执行斩首处决。刽子手在绞刑台上执行的处决并未脱离他的专业角色——而是存在于它之中。"

桑森没有否认存在不良的法律甚至是不良的伦理道德，但是他要求职业化的专家必须参与到这样的活动中，并作为他们角色的一部分。当个人道德与职业行为相冲突时，角色本身显示了道德的大度与宽恕。他暗示到，如果放弃这个准则，那么我们将会无法实施某些社会行为，而个人价值的孤立是专业角色合法性的核心。

摩西尔并不满意桑森的观点——我们也一样。摩西尔不接受专业人员可以与宽泛的道德关注隔离开来的观点。他再次质问桑森，要求他解释为什么他在这么多政治体制下处决这么多公民——毕竟那些政治体制后来被历史证明是错误的和不道德的。桑森回答道：

"在我的工作中，我既不是个工具也不是某个个人……我不是一个纯粹的工具，如果是那样的话，你的意思是一个人可以仅仅因执行上级的任务，就不为他的行为负责？事实上，如果我们必须遵循'一个人一定服从其他人，而我被命令去杀人，因此我必须杀人的模式'，那么我将洒脱地拒绝任何这类的指令，从而证明我职业的正当性。要知道，我不是一个没有思想和良知的工具，而是一个职业工作者……职业是政治价值最大的保护者，这是其最重要的道德上的意义。尽管我的职业对整个社会都有价值，而且能够被所有社会领域和全体公民公所认识，但这个行为不能由这个职业之外的人所从事。我已经把我的生命献给了这个事业，虽然经过政权变更，你现在可以指控我，但我已经达到作为刽子手的目的了。我的忠诚不针对任何一个政权或政治意识形态，而是保证社会秩序的良好以及它所带来的稳定和安定。对于稳定，我不是指任何一个政权或者政府形式的稳定，而是指公民生活自身的稳定；对于安定，我指的是远离行凶暴民造成的、散布的恐惧的安定。为了实现良好的社会秩序，我的职业致力于一个简单的理念：国家必须维持它对暴力的垄断。"

桑森现在主张的是，如果个人的观点与他的职业角色产生冲突，这个人就必须依从在职业角色中，否则整个社会体系将会崩溃。而且，这是引导他的职业及组织机构的工作原则。社会稳定的价值观让他在他那个时代不断变化的政治风暴中生存。他的"残忍"至少要比在混乱和暴徒暴动中选择其一好得多。正如桑森认为的那样，他的实践活动不是盲目地服从，而是以社会秩序为中心。自从他在社会秩序获益良多之后，他希望——几乎是渴望——同意保护宽泛的秩序外的共同道德。

但是，桑森的这些观点是否能对罗德里格斯和乔治所指的专业困境有多大帮助呢？成为一个有价值的法庭专家所需要的某一方面的角色分离和个人中立，这观点可能是正确的，那么是否有必要这么明显地区别法庭专家的专业角色和临床医生的专业角色呢？甚至在查尔斯家族桑森的例子中，刽子手认为，他并非对他的个人感受没有意识，他不是一个怪物，桑森扮演着一个社会制裁者的专业角色——可怕的是——还带着他仁慈的想法。没有什么阻止他带着对被处决者的尊重而对其实施斩首。事实上，桑森认为以最专业方式完成他的专业角色是职业对他的要求，带着对处决者的尊重是他所能尽到的最大伦理道德。

桑森为自己辩护，因为有证据显示他自 1793 年处决路易十六之后，参与或直接处决了每一个被判死刑的人。凭借这种职业角色的分离性，他为自己进行角色辩护，因为有报道称在他执行死刑后，他还曾受到某些奖励。

"我在这个时候才了解到有谣言散布，大意是我正在出售路易·卡佩①的头发，或参与它的出售。如果它真的被贩卖了，这种无耻的交易只会发生在恶棍身上。事实是我不曾允许任何人，通过我，拿走或者我自己参与倒卖任何一根死者的头发"。

桑森更进一步地坚持，一些专业行为与社会主流意识对抗的本

---

① 路易·卡佩即路易十六。——译者注

性要求我们判断角色本身而不是扮演角色的那个人。如果我们个人和角色不能形成一致，我们必须改变它，但是我们不可以由于缺乏社会认可的行为而惩罚担当角色的那个个体。

社会通过重新定义担当职业角色的个人在角色中的道德过失，从而来证明角色的某些道德例外是正当的。另外，社会也会重新定义角色行为在伦理上的定位。而对于桑森，这两个原理都适用。由于他（作为个体）处在刽子手的专业角色，他不应该受到谴责。如果刽子手的角色被确证为是"为了社会的更大利益"，那么刽子手的行为必须受到道义上的认可，虽然由巴黎刽子手这个例子得到的结论让我们极不舒服。

同样在罗德里格斯和乔治的例子中，司法的主要职责是否是为专家提出一个道义上适当的标准？如果是这样的话，"类似临床医治"的行为就是多余的，它们将被视为期望的（或者禁止的）。但是，我们相信一个内涵更丰富的理论研究法——其摒弃强势角色道德，并将非专业人员的价值观整合进去——这将会带来一个更加强健有力的理论。

在我们和法庭专家的讨论中，法庭专家与罗德里格斯和乔治案例中的法庭专家用相似的观点解释这些案例，我们发现许多直觉上认为对的事情和它们现实中的表现之间存在差异。当前，专业主义的伦理学要求不能弥补这个差异。我们需要更好的伦理理论来把当前从业者所面临的现实情况补充进去，并支持他们的观点：核心义务不可以消失，因为他们进入的是一个不同领域的专业角色。现在，我们转向这个理论。

角色超越：专业人格的完整性

我们支持维纳的观点，专业主义是"社会中一种结构稳定的，有道德的保护力量"，包含了"奉献服务、专业价值观和社会谈判"

这些要素。但是为了达到这些目的，法庭专家需要一种整合伦理道德的途径，包含传统的医学道德规范和公平正义。

我们提供的模式是强健的专业主义理论，其中的专业操守将引导我们超越桑森的角色理论。在格里菲斯（1998）论述的这个"文化制定"的模式中，叙事理论和叙事因素完全合并到一起。我们认同格里菲斯所说的："司法精神病学家必须寻求关于主体及其行为的心理上和社会文化上的真实情况。这种研究将个人作为主体而加以尊重，更为关键的问题是如何在实践中实现这个目标。"

更为宽泛的专业主义观点认为职业和职业需求的内部规范要为道德伦理理想让步，什么是我们工作中的"道德关联"？尽管反对现在法庭专家角色的观点，但是我们支持包含了个人的、某个独立职业的、历史的"共同道德"，或者核心行业传统的道德规范这种专业角色模式。我们相信这种整合途径有助于让复杂且在道义上模棱两可的司法鉴定局面变得清晰；同时，我们还认为对于"叙事观点"更好的理解应该可以使我们更为敏锐地审视在司法工作中道德关联的含义。

司法精神病学中角色的困境反映出在个人的和专业的道德之间的高度紧张程度。弗兰克·米勒和霍华德·布罗迪（1995）提出了一个有益于专业完整性的观点。这些伦理学家通过定义人格完整性构建了一个强有力的专业角色的观点，之后给出了专业完整性的概念。

人格完整性与这个人的身份、影响信誉的活动以及完整性的品质相关联。这三个要素对于完整性是必要的：1）良好声誉的人格原则随着时间的逝去，仍会保持相当程度的稳定性和一贯性；2）价值观和原则应该可以用文字表达；3）言行一致。这个模式支持个人和专业领域的结合。

当人格完整性紧密地与个人联系在一起的时候，专业完整性和个人专业身份就会被更广泛地确定——通过社会中的规范和形成的限制。专业完整性和个人专业身份都受限于团体——这个团体限定了社会期望值，并且限制了个人角色的表达。于是，个人完整性就在个人道德和专业道德的相互作用、相互影响下成长发育。

但是严格的法庭专家角色忽视或者对此观点存有异议。目前，法庭专家角色（强势伦理道德）的严格解释把对法庭的专业职责放在了高于个人价值观和传统专业义务之上。事实上，依现在的观点来看，法庭专家角色似乎需要区别专业价值观和个人价值观之间的精细差别，但是因为专业完整性受制于社会团体机构价值观，社会团体有权从医学角度期待一个更为宽泛、更符合传统医疗伦理学的态度。

我们相信罗德里格斯和乔治的案例说明了一种法庭专家工作的模式：与社会期望更紧密地结合，同时符合融合医疗职责和法医职责的专业主义。

行业拥有一套内部的对于专业身份的存在和完整性必不可少的职责、价值观和理想。行业内在的价值观和活动定义专业并昭示了专业完整性的意义。就像个人完整性会久而久之地产生一定的一致性，行业也拥有它的传统和目标、职责和理想的历史渊源。这个历史渊源稳定了行业本身，并帮助它抵抗反复无常的社会和政局压力，尤其是当这些外力影响行业，要求它违背其历史价值观的方式运行时。在司法精神病学领域，我们规定这个历史渊源应包含由法医学特性和医学专业表现出来的特性共同演化的职责、价值观和理想。

法庭专家的角色不能合适地平衡行业的历史渊源与复杂案例中客观分析的需要之间的紧张状况。在一个相对复杂的关系里，刻板地遵循客观的"专家角色"会伤害到个人和爱他们的人，采用一个更宽泛、更少限制的专业完整性的观点，我们就会把"类似临床治疗"的行为作为职责，而不仅仅当作无法获得的道德理想。如果可能的话，应努力把减少伤害整合到法庭专家角色中去。

我们没有充分意识到对法庭的职责和对委托方职责之间的利益冲突，我们也没有做到兼顾委托方的家人利益。专业完整性——整合了专业的历史价值观和个人从业者的个人价值观——实际上需要一个更强有力的伦理标准为司法鉴定服务。

我们还要提醒读者的是，在司法鉴定工作中，工作特性的历史渊源，正如在任何一个专业活动中，都是不断进步的。对伦理问题热烈的讨论对我们的行业发展有利。正如我们已经讨论过的，已经有一种方法被用于角色理论和社会心理学的法庭科学研究之中，狭隘定义的专业活动使得从业者如同法庭和社会的工具。我们曾主张在鉴定遇到困难时引入医学伦理道德规范，更宽泛的专业角色观点将给予其更广泛的讨论空间。

从上述罗德里格斯夫人和乔治夫人的案例可以看出，严格的法庭专家角色定位，可能有损历史传统和现代专业之间的平衡。而不太严格的角色理论允许更大的灵活性来决定什么才是构成真正的法庭伦理学的合理因素。我们认为，个人的价值观和传统医学的价值观，例如善举和非伤害原则，应该被法庭伦理学所接纳。但就现在的法庭伦理学现状来看，完全接受医学伦理学的理念还存在着困难，不过用专业完整性的概念替代专业角色理论的观点则可以完全做到。在这之后，我们便可以将专业完整性的概念应用到个体案例当中。

与我们乐于接受的价值观一起，选择适当的专业行为与我们要成为什么样的专业人员这个问题相关联。在法庭专家的工作中，我们中的许多人，不会也不可能把我们传统的、对患者的奉献从法庭伦理学的讨论中截然分离开来——医学伦理学传统道德规范为我们的鉴定行为增添了分量。我们的行业指导对我们进行了定义，同时还应有包容。

大卫·卢班在他的著作《律师和正义：一个伦理学研究》中透

彻地说明了为什么我们必须把个人和专业完整性联系起来。他写道："……对专业职责的贡献，对于职业，或者对于主要社会形势……这些将成为，也常常是我们生命中最高的忠诚和奉献；一遍又一遍地要求我们重新考虑、权衡它们是不是正确的。"

因此，对于法庭专家，我们提倡法医的专业主义永远不应遗忘它植根于专业价值观和医学伦理传统的责任。

叙事理论内涵

强有力支持我们的专业主义观点所必需的一个重要因素是：叙事理论。叙事的概念作为生命医学伦理学随医学的发展而演化。首先，故事——与决疑论、关怀伦理学以及美德理论一起——作为基础原则的一种方法和评论，支配着医学伦理学的道德规范。叙事理论的支持者认为，医学伦理学的传统原则——尊重自主权、行善原则、不伤害原则以及公平公正——不能引领我们解决所有医疗行为中的道德问题，而应该有更为特殊的指导原则来引领医学伦理学的发展。

正如我们注意到的，当我们探讨其他伦理学理论时，叙事理论暴露出一些原则主义普遍的缺点。一些这样相似的问题也出现在了法庭专家工作中，因此也许有必要有一种不为诸多原则所限制的、可应用于实践的伦理道德理论。事实上，正如阿拉斯指出的，道德从来不会脱离叙事的原则。格里菲斯也认为，原则主义不能充分满足存在于优势组和非优势组之间的力量悬殊的文化现实。作为在专业道德中与新的运动紧紧相关的理论，叙事内容提供了有助于拓宽原则界限的理论和实践基础。

启蒙科学家建立和开拓了通向一般医学、精神病学和相关科学领域的科学传统。这些科学家相信逻辑分析思维，他们留给我们的科学方法是通过减少客观和利用已知世界这个"基础"追求未知世界的"真相"。它支持现在的需求，法庭专家的专业主义无疑包含有对客观性的追求。

但是，那些进行法庭伦理学实践工作的人会认为，书面和口头工作成果及其修辞结构具有十分重要的价值。举个例子，一旦我们已经做出鉴定意见，某个人一级谋杀指控就能够成立，我们构造出一个叙事内容来证明我们的结论。某些人会争辩说，这个结果必须基于客观条件和科学知识，但是有充分的证据表明，我们的观点可由主观经验形成——包括理解我们自己的主观意愿所决定的行为。这种经验也决定了我们说什么或者不说什么。当法庭专家同意"告诉真相，完整的真相，只有真相"时，很明显的，法庭要求他们给出"相关的真相或者真相的概率，或者不确定度"。

叙事理论提供了一种道德反思的方式，它服务于我们鉴定的主体和客体的主观世界。利用叙事理论的工具，我们能发现并察觉到那些不能被客观经验主义模式所掩盖的复杂性和模糊性。同样的，单一的原则在作为检验我们专业主义的道德时，不能给出透彻的观点，也不能依主观经验指引我们。在把握动机、意图、情感和信仰的主观世界中，伦理学原则给予我们的帮助十分有限。在专业完整性的模式中向叙事理论里加入原则模型，可以让我们以无数的新途径来看待专业职责。这个整合宣告了个人和专业道德的相互影响，并且给出了一个更宽泛的、涉及全部人的经历尤其是法庭专家伦理道德方面的检验方法论。

随着心理分析和精神动力的趋向性在司法鉴定中的地位逐步削弱，叙事理论带来的概念和术语能扩展我们对个人经验的理解并增进我们对鉴定人的尊重。叙述视角支持与我们的被鉴定人之间更深层次的联系以及对这种联系的理解。正如麦克·怀特在《对于治疗末期的叙事意义》中所讲到的："人们通过讲述他们的经历寻求他们生活的意义和联系……通过和他人相互交流这些经历中的表现，他们很积极地去构建他们的生活和人际关系"。

吸收了共同感受和同情因素的人文主义叙事关注案例的细节，它能够最好地描述个人困境，不同于单一叙事原则，通过提升我们对细微差别以及包含在人们处于进退两难的困境中的细节的敏感度来品鉴并加强我们的伦理思维。原则和教条内外的东西同等重要。

伦理学家托德·坎波斯在他的书《生物伦理学的虚构：文学文本案例》中描述道，叙事是把更多的知识分子和品德正直的人带入我们构建和声称的作为真相事物中的一种途径。坎波斯提醒我们，所有的演说都是"构造的"，都是一种用来支持观点的修辞，绝对客观是不可能的，它只能尽量地接近。在法医学工作中，我们需要把我们的原则带入其他学识领域中，用叙事方法来影响对真相的说明。坎波斯写到：

"我希望提出一个自我反思的生物伦理学模型。一个相似的自我反思姿态已经在其他学科中得到充分发展了。这些学科中的大部分都具有一个共同点，就是他们均具备文学架构。所以，人类学家、历史学家、经济学家和哲学家已经主张，对于学科的历史结构、社会结构以及修辞结构的关注在学术诚信中是一个必要的举措。认识到某个学科的资料是虚构的、编造的，不应该导致对学科的放弃，而应该希望尽可能严格地对那些资料进行分析。出于这种愿望，我们求助于叙事理论的工具，我们相信了解生物伦理学资料最好的方法是叙述。"

坎波斯和其他叙事理论家在生物伦理学领域向我们展示，我们在道德考虑中有比单一原则多得多的内涵。案例的描述（或者法庭专家的鉴定案件）在某种意义上来说是虚构的，所以我们有重要的义务让我们的描述更为合法化或合理化。我们必须义不容辞地保持对其他人故事的怀疑态度，将这些故事作为我们得出的结论的参考资料。在医学上，如同在其他行业中，道德困境起因于人们戏剧化的生活经历。叙事方法向我们展示了运用语言和讲述的那些要素来呈现案例中错综复杂的道德规范，很快我们有了描述承载道德规范的局面的方法论。我们无法为道德和法律的困境提供指导，直到我们识别并且描述了我们希望解决的问题为止。

这并不是说叙事工作仅仅在于描述伦理道德景观。它是我们描述工作的"文本（text）"。证实正确的行为需要利用原则去表现客观性和概念性的理想以达到合理的目的。原则仍然停留在理论层面上去构建正确行为的框架，它永远向着规范的标准移动。叙事工作使我们从紧握的已确定的事情中解脱，让我们在自己的工作中保持正直、诚实。

在罗德里格斯和乔治的案例中，两名司法精神病学家不能仅仅求助于当前法医学工作中的道德。它并没有解决什么是正确行为的问题，只有当认识到他们已经被卷入一个复杂的叙事过程中时，他们才能完全意识到自身的处境，才有可能认识到更进一步的职责。他们可以倾听委托方和其家人表达痛苦的言语，品味其中的目的和意图，感受不同伦理道德之间的冲突，如医学伦理和法庭伦理的紧张气氛。他们接受了责任并出庭作证、确定以及查验所有参与者的内心感悟和生活经历。

精神病学家布拉德利·路易斯详细地讨论了继续以启蒙为目的和信念的现代人的精神病学问题。路易斯主张精神病学医生应当更好地服务病人，如果后现代看法的理论、知识和价值观都被接受的话，他预想出一个后现代主义的精神病学，它能改变我们目前对客观真相的追求。专业的精神科医生以及他们的患者一起去努力寻求对自身最有利的事物。寻求意义已经被提升到一个与解决问题和诊断平等的地位上。对于疾病类型和诊断方法的信心受到后现代主义对于真相所持怀疑态度的挑战。对不确定事物的谦虚和宽容被收纳到医患关系中。有目的地进行进步和改良的行为被斗争和妥协的价值观所修正，而受到鼓励的则是个人的责任。

我们不建议法医学的特性妥协于它们对于正义和法律制度的职责，但我们确实相信，它们必须考虑到它们在核心专业中的基础。要保持在法庭上的可信程度，法庭专家必须对伦理学有新的知识和理解，包括叙事的理解和专业道德中新兴的理论。他们必须领会到，世界并不总是确信真相。

医学界的大多数人知道，我们所谓的确诊是一个近似值，是对我们研究复杂人体的一部分描述。正如伯纳德·戴尔蒙德四十五年前在"公正专家的谬论"中所提到的，法律诉讼的对抗性几乎常常导致法庭专家变成了拥护者。"他的证言事实上支持了打官司的一方……他有必要认识自己的观点，并且主观地渴望'他这一方'的胜出"。

我们定义专业职责不仅仅服务于正义结局，还将有助于我们深入了解被鉴定人和他们的家人，从而提升自身专业的期望值。这就允许我们对法院系统涉及自身问题时保持一定的敏感性，对影响法庭专家在困难工作中行为的主观影响力保持敏感性。通过与被鉴定人对话，我们将谦虚地接受主观经验的挫折、考虑合理的服务行为的意愿、结合我们的法医学和专业的职责，造就一个更为有力、更有影响，且更富有同情心的法庭专家群体。

参考文献

Applbaum, A. I. (1999). *Ethics for adversaries: The morality of roles in public and private life.* Princeton: Princeton University Press.

Beauchamp, T. L., & Childress, J. F. (1994). *Principles of medical ethics* (4th ed.). New York: Oxford University Press.

Bradley, F. H. (1988). *Ethical studies* (2nd ed.). Oxford: Oxford University Press.

Candilis, P. L. , Martinez, R. , & Dording, C. (2001). Principles and narrative in forensic psychiatry: Toward a robust view of professional role. *Journal of the American Academy of Psychiatry and the Law*, *29*, 167 - 173.

Candilis, P. J. , & Martinez, R. (2006). Commentary: The higher standards of aspirational ethics. *Journal of the American Academy of Psychiatry and the Law*, *34*, 242 - 244.

Chambers, T. (1999). *The fiction of bioethics: Cases as literary texts*. New York and London: Routledge.

Diamond, B. (1959). The fallacy of the impartial expert. *Archives of Criminal Psychodynamics*, *3* (2), 221 - 236.

Griffith, E. E. H. (1998). Ethics in forensic psychiatry: A cultural response to Stone and Appelbaum. *Journal of the American Academy of Psychiatry and the Law*, *26* (2), 171 - 184.

Gutheil T. G. , Hauser, M. , White, M. S. , Spruiell, G. , & Strasburger, L. (2003). The whole truth versus the admissible truth: An ethics dilemma for expert witnesses. *Journal of the American Academy of Psychiatry and the Law*, *31*, 422 - 427.

Ishiguro, K. (1989). *The remains of the day*. New York: Vintage Books.

Jaffee v. Redmond 518 US 1 (1996)

Lewis, B. (2000). Psychiatry and postmodern theory. *Journal of Medical Humanities*, *21* (2), 71 - 84.

Luban, D. (1988). *Lawyers and justice: An ethical study*. Princeton, NJ: Princeton University Press.

MacIntyre, A. (1984). *After virtue* (2nd ed.). Notre Dame, IN: University of Notre Dame Press.

Martinez, R. , & Candilis, P. (2005). Commentary: Toward a unified theory of personal and professional ethics. *Journal of the American Academy of Psychiatry and the Law*, *33*, 382 – 385.

Miller, F. G. , & Brody, H. (1995). Professional integrity and physician-Sassisted death. *Hastings Center Report*, *25*, 8 – 17.

Nelson, H. L. (1997). *Stories and their limits: Narrative approaches to bioethics*. NewYork: Routledge.

Pellegrino, E. D. , & Thomasma, D. C. (1993). *The virtues in medical practice*. New York: Oxford University Press.

Radden, J. (2001). Boundary violation ethics: Some conceptual clarifications. *Journal of the American Academy of Psychiatry and the Law*, *29*, 319 – 326.

Strasburger, L. H. , Gutheil, T. G. , & Brodsky, A. (1997). On wearing two hats: Role conflict in serving as both psychotherapist and expert witness. *American Journal of Psychiatry*, *154*, 448 – 456.

White, M. , & Epston, D. (1990). *Narrative means to therapeutic ends*. New York: W. W. Norton.

Wolgast, E. (1992). *Ethics of an artificial person: Lost responsibility in professions and organizations*. Stanford, CA: Stanford University Press.

Wynia, M. K. , Latham, S. R. , Kao, A. C. , Berg, J. , & Emanuel, L. (1999). Medical professionalism in society. *New England Journal of Medicine*, *341*, 1612 – 1616.

Zaner, R. M. (1993). *Troubled voices: Stories of ethics and illness*. Cleveland: The Pilgrim Press.

第三部分

理论应用与实践

第六章　法庭专家的伦理学推理

这一章，我们将介绍如何将原则性及叙述性的方法整合到司法审判自身。由于在大学的科学课程或法律院校中并未教授伦理学推理的特殊程序，因此当法庭专家或律师分析证据的时候就会显得手足无措。我们要强调的首要问题就是证明什么是"正确的"，或者什么是"应该被证明的"。仅仅知道伦理学推理的历史或理论框架是不够的，我们还必须要以连贯一致的方式对其进行实践应用。

接下来的部分对于与特殊的论证相关的一些名称或术语，我们将以黑体字予以标示。

辩　护

此前我们已经暗示了伦理学推理的几个要素。例如治疗基普尼斯的案例，在进行合适的论证过程中，我们注意到辩护的重要性。的确，这是任何强有力的论证的起点。在那些公认的或已被证明的理论或思想框架中，辩护是推理的基础。这是使论证合法化的必然程序。

在哲学或科学依据中，作为论证基础的理论不能过于浅薄。因此在解释犯罪行为的过程中，我们曾断言，证明所提出的假设要依据经验法则而非偶然事件。在法庭上，我们不能不说："被鉴定人回答问题的方式与思维障碍患者的行为一致，却并非被邪灵附体。"通过多方面的同行鉴定文书并依据精神病患者的行为，专家能够证明其解释的真伪。这些鉴定文书依据证明疾病及诊断的专业理论，而不是依据这些患者个体的超常行为。

规　范

但是，以公认的理论或原则为基础的论证仅仅是起点。应用在某种意义上被科学及法律所接受的理论要求连贯性及一致性。我们需要在理论与实际案例的鸿沟之间填充一些公认的应用程序，而事实上我们恰巧有这样的形式——那就是规范。

规范遵循一定的理论并且使之应用于手头上的案例。如果法庭专家依据物理学原理来描述血滴的类型，在被讨论的案例中，他们就必须应用这些物理学基本原理。在被研究的案例中，以特定的方式应用物理学原则，案例中的特殊证据也要支持这种观点。

平　衡

在法庭专家能够将我们理论上的观点应用于具体实践之前，他们必须要有一个以上的规范作为指南。在案例水平上使用丰富的叙述原则，需要一些规程或规范。我们使用平衡的方法，这种方法在某种意义上符合哲学家琼·罗尔斯和詹姆斯·查尔里迪斯的辩证态度。这是我们从罗尔斯反应性的平衡及生物医学伦理学原则的讨论中总结出的一种方法。

我们可以用最简单的平衡形式衡量由一种方法（如纯理论）及其他不同的方法（如纯叙述）所导致的利弊。例如，纯叙述可能允许使用个人的人生经历来证明一些行为，这些行为可能源于已经确定的文化、家族、宗教的框架，而纯粹理论则几乎不允许社会上主流人群所承认准则之外的行为。

詹姆斯·查尔里迪斯和我们一样，也在广泛的模型中选择平衡。我们可以借鉴亨利·理查德森（1990）在以原则为基础的思想与案例之间的经典联系，他称这些联系为应用、平衡及规范，而查尔里迪斯也是许多钟爱平衡理论学者中的一员。为了避免简单的依赖直觉来决定如何平衡矛盾的价值观，查尔里迪斯利用大量的规则以帮助任何使用此方法的人。

1. 违反一种原则或规则需要认识到道德客体的现实期望。
2. 如有违反原则则事先必须要有提案。
3. 如有违反原则必须要有最起码的可能性。
4. 行为人必须将违反原则的负面影响降到最低。

我们可以证明对人身自由的侵犯行为。如为了保障社会安全这项最为基本的社会福利，人们就会接受政府对公共安全的调整，这就可能导致对个人的人身自由造成侵犯，但这是一种平衡的结果。同样的，为了保障社会的平安，个人应在被限定的范围内享有自由。而在税收等社会政策调节下，个人的财富和权利也将被限制在一定范围内。这些都是"平衡"的例子。

但是所有的这些辩护、规范及平衡的过程都应该被严格监控，这些过程需要检测及校正。理论及案例之间的联系是动态变化的。这样做的目的是为了将对这些珍贵原则的暴力性损害行为降至最低，并且达到与案例一致的最完全而且协调的论证过程。

论证本身

接下来我们介绍一种特殊的、起源于立法的论证，这主要指出现在那些闻名遐迩的著作中的批判性论证。这些论证是关于美国法律体系中的一个重要组成部分——是否具有执行死刑的刑事行为能力的医学鉴定。

美国（以及英国）法律禁止处决任何一名不知道或不能理解死刑的罪犯。有史以来，有关死刑的话题总是会引起社会上广泛的争论，这些争论吸引了一些最杰出的医学及法律人士，而他们在这些争论中则处于互相对立的位置。

只要在能力所能触及之处，我们都将提出一些或强势或弱势的争论。我们强调强有力的论证模型，我们也强调叙事可以增强原则性的理论，并指出查尔里迪斯的规则可以帮助我们衡量伦理选择的轻重之处。我们不仅计划将理论上的争论付诸司法实践，而且还将帮助其他人认识到论证的社会价值。正如我们所建议的，在法庭上只有充分表明观点并对其进行详细的阐述才可以取得最终胜利。

分析罪犯是否具有死刑执行能力的辩论非常激烈，因此我们进一步重申我们反对死刑。尽管我们不同意以下讨论的原理要素，但我们仍然尊重那些书面表达反对死刑的人们。我们提供分析，并使之作为一种思想运动出现，其必定也会超越参与有关死刑辩论的情感。对于读者，这也是额外的挑战。

讨论——精神病学医生及死刑：伦理学困境

关于精神病学医生的伦理学及道德行为的危机

——阿尔弗雷德·弗雷德曼，阿伯拉罕·海尔本

关键性的争论发生在美国，主要是关于医生是否可以参与执行死刑。这种现象引发了世界范围内的医学伦理学及道德的讨论 [1]。令人不安的是，在美国很多人尽了很多努力允许精神科医生参与死刑执行。而与此同时，令人惊讶的是，许多各种国内外的社会组织都已以提案的方式禁止医生参与执行死刑。尤其需要强调的是，1996 年 8 月在马德里举行的世界精神病学学会代表大会中，全体代表一致通过马德里宣言（Madrid Declaration）。该宣言包括如下内容：在任何情况下，精神病学医生都不被允许参与合法授权的死刑执行或鉴定受刑者是否具备执行能力。

有些人认为精神科医生参与执行死刑是符合伦理学规范的。我们认为，即使这不是谬论，有关这种观点的争论仍然后患无穷。例如，鉴定关于被告是否有能力接受刑罚，由于此时被告仍未被判处施以何种刑罚，我们又如何能够评价他们是否有接受该种刑罚的能力；或者鉴定已经宣判的罪犯是否具有出庭质证的能力，由于他已经被定罪，再行鉴定其是否具有出庭质证的能力就会显得没有必要。同时，上述的这些事例也正是伦理学所不允许的，这些不符合伦理学规范的医生证言将使当事人感到困惑。关于个体是否有执行死刑能力的问题仅在法庭宣判某人死刑之后才有意义；当然，已经做出死刑判决后，再想起应该鉴定犯人是否具有死刑执行能力的情况也时有发生。在伦理学层面上，不允许精神病学医生参与鉴定或被授权合法的执刑死刑。打个比方，这种参与执刑的医生的行为好比是近似于刽子手的共犯 [2]。

更麻烦的是实行"司法精神病医生例外论"的提议，这个提议使国际上的精神病学医生群体极为沮丧。该观点断言在为法庭进行鉴定工作时，司法精神病学鉴定人并非精神病学医生，因此也就不受各种精神病学学会明文规定的伦理学原则所约束。为了从精神病学伦理学分离出来，司法精神病学鉴定人可以作为"公正的拥护者"或"公正司法的辅助者"，或类似于"国家的代理人"的身份出现。该观点的主要倡导者声称：司法精神病学鉴定人在一种截然不同的伦理学框架中工作，该框架依据司法系统的合法需求而建立 [3]，他建议将司法精神病学鉴定人称为"法医学家"。这是种危险的信念，认为"我们可以不忠诚于传统的医学伦理学"，为针对医生参与执刑的某些行为如进行拷问折磨、诱导嫌疑犯等，开启了方便之门。在美国伊利诺伊州就已经通过立法允许医生参与执刑死刑而不会被吊销行医执照，这些行为包括注射致死物质等。理由是，因为在那种司法角色下他们并非以医生角色出现，所以他们不受医学的伦理道德限制。

同样麻烦的是精神病治疗将会导致判决延迟。在极端痛苦的情况下允许治疗，却对"痛苦"无法充分地定义，导致对这种治疗的限制被弱化了。但是精神病医生或狱医可以很容易地施以治疗以减轻病人的痛苦，从而完成对死刑执行能力的恢复及促进执刑。1992年精神病学医生皇家学院公布了伦理学指导方针，强调在有干预治疗或需要治疗的情形下，要强制性执行治疗，这就是说"精神病学医生没有任何理由做出某人在治疗后适宜某种判决的陈述"。在美国马里兰州，一名患严重精神疾病的死囚申请要求医学治疗，但仍被判处终身监禁而非假释出狱。

特别是在某些特殊的职业领域，因法律需求而做出妥协让步或提供司法协助的情况下，现在的精神病学医生确实处在传统的伦理学原则及强大的社会压力之间的夹缝之中。与其妥协让步，不如维持原有的传统理念。精神病学医生及其他医生必须参加到倡导伦理学及道德的原则的斗争中来，否则他们迟早会被淹没在社会暴风骤雨般的谴责声中。当美国医学会发布的伦理学指导方针发生变化时，美国精神病学学会理事会于1995年7月召集各个组织展开讨论，并于1997年5月在圣地亚哥召开了一个专题辩论会。目前，医生是否应该参与死刑执行能力鉴定的伦理学问题仍悬而未决。我们很高兴看到美国精神病学学会正在进一步研究此问题，而且议院代表已经要求伦理学委员会及美国医学会重新考虑相关的审判事宜，以及关于精神病医生是否可以参与到合法授权的死刑执刑的问题。

有些人可能希望将"国家代表"重新解释，而这将使道德上及伦理学上不被允许的行为合理化，这一提议无疑将使精神病学医生成为死刑合理化过程中的共犯。

参考文献

1. Freedman AM，Halpern AL. The erosion of ethics and morality in medicine：physician participation in legal executions in the United States. *NY Law School Law Rev* 1996；41：169 – 188.

2. Bloche MG. Psychiatry，capital punishment and the purposes of medicine. *Int J Law Psychiatry* 1993；16：301 – 357.

3. Appelbaum PS. *A theory of ethics for forensic psychiatry. Presidential Addressin Abstract of the* 27th *Annual Meeting of the American Academy of Psychiatry and the Law.* Bloomfield，CT：AAPL；1996.

评论：逻辑及伦理学距离

弗雷德曼及海尔本通过定义该问题开启了这部分内容的研究——这是任何论证中最重要的第一步。出色的辩论者，如法庭专家，应该用最有益于论证的方法来定义本领域的术语，并从根本上为其陈述定好基调。这里，我们引用国际组织表达的一个世界性的意见作为陈述的前提：精神病医生不应该参与任何合法授权的死刑执刑过程，或鉴定评估已判决死刑的囚犯的死刑执行能力。

学者们已经搭设了这个舞台，来自世界组织的压力唤醒了学者对国际意见的尊重，同时也包括对重要的专业组织的尊重。以下是一些权威专家的论证：一个受尊重且令人敬畏的团体认为它们承载着与生俱来的使命。权威专家的争论也是为法庭专家的辩护过程。这些权威专家分别在自己所擅长领域内阐述他们的意见。当然这不是足够充分的辩论，因为方法论或推理论证并不总是有力的或清晰的。他们的兴趣在于更为标准化的出庭质证准则。但对于完成论证，这仅是个开始。

巧合的是，职业伦理学（世界精神病学学会的规定）建立在社会关注的基础上。这两者之间是有关联的，因为在这个论坛上，一些人从临床意见角度争论并谴责利用注射药物执行死刑的行为，而且参与死刑执刑本身和参与鉴定死刑执行能力已经合二为一。这样也就没有逻辑上及伦理上的距离，它们只是同一问题的不同组成部分。

在社会伦理与职业伦理之间的斗争中，前者往往获得最终的胜利。毕竟如果没有稳定的社会，任何职业都不可能昌盛。为了避免强迫读者选择他们的责任所在，职业也好，社会也罢，弗雷德曼和海尔本在一开始就巧妙地抬高职业的伦理性，而两者之间的相互关系则被刻意淡化了。

在这里，对于医疗行业的描述可能已经起作用了。医疗在社会中历来拥有特殊的地位，从古代宗教的圣医及萨满教僧（shamans）①的尊贵地位到现代医生的社会经济地位。广泛的讲就是，医学精英们拥有着对待患者的特权——特别是例如注射这样的侵入性操作行为。这是建立在医疗与社会背景下的特权。

由于存在有这种社会契约，社会能够辨明某些医生的注射行为是保证或促进执行死刑吗？这可能极大的要求转换对职业性质的表述，并导致社会对医生职业地位的重新认识。

下面的论点引入了一个术语"法医例外论"（forensic exception-

---

① 萨满：该词源自通古斯语 saman 与北美印第安语 shamman，原词含有：智者、晓彻、探究等意，后逐渐演变为萨满教巫师即跳神之人的专称，也被理解为这些氏族中萨满之神的代理人和化身。萨满通过"通灵"的方式将人的祈求、愿望转达给神，也可以将神的意志传达给人。萨满的职业追求也是以各种精神方式掌握超级生命形态的秘密和能力，获取这些秘密和神灵力量是萨满的一种生命实践内容。——译者注

alism），用来介绍并概括接下来的论述。我们认为，这是一种与主流社会形态明显尖锐对立的观点。"例外论"认为，当为司法系统服务的时候，临床医生的行为脱离了原本的角色（如临床工作之外的行为）。这也是我们之前讨论中所提到的由不同领域的杰出专家所提出的观点。"例外论"的危险在于允许法医工作于非医疗伦理学框架之中，这抛弃了医学伦理传统，"开启了任何种类的行为的大门"。这是拒绝法庭专家具有角色差异的观点。

这个争论可归类为"滑坡效应论"（slippery slope argument）。医生因为社会伦理上难以接受的行为，如参与刑讯逼供或死刑执行等，而引发社会对于医疗职业的批评，这也导致医生不可避免的超越伦理学所许可的范围，滑下丧失道德的滑坡。这种角色自身的分离预示着无情的道德沦丧。

认识到这种推理形式的重要性依赖于认识到它的不足之处。正如许多伦理学及哲学教授所提及的，这种"滑坡效应论"要求我们避免一定的难以实行的选择，因为很难在依赖进一步沦落道德的情况下实行正确的行为选择。它要求我们暂时中止道德评价，似乎我们将来会很快失去甄别道德行为的能力。这种论证是投机的，藐视未来道德观的分析过程，也是对道德暗区的轻视。一系列的历史事实证明了在存在滑坡效应的情况下，不公正的裁决的发生率急剧攀升。这说明，这种理论本身就是非常薄弱的。

同样的，这种"滑坡效应论"也出现在关于治疗犯人并延缓其执刑的争论中。允许对"极端痛苦"的死囚施以治疗，这被视为一种温和的干涉途径，使囚犯恢复至适宜将判决或死刑顺利进行下去。这种情况也同样出现在被判处终身监禁的精神病犯人身上，为他们治疗的目的不是为了缓解他们的疾病，而是为他们的神经状态稳定后，可以继续在监狱中平稳地度过余生。这违反了传统的医学伦理观，这种治疗本身可能与死刑同样恐怖。

意图导致出现差异，如经典的"双重影响论"（double-effect arguments）。过去经常有学者提及双重影响论：虽然临床医生以减轻患者痛苦为目的对其进行施治，但治疗行为最终也可能导致患者的死亡（例如，在濒死期应用大剂量的麻醉剂可以减轻痛苦，但也同样也抑制呼吸）。简单地说，一种行为的结局具有两种结果，这其中一种结果是主观期望的或被完全承认的。读者必须判断这种对比是否适用于执行刑罚。如果第二种结果是第一种结果不可避免的附属产物，进而断言第一种结果就是可以被接受的行为，这种想法仍有可能是错误的。那么，缓解病人痛苦的意图（针对死亡）和减轻精神病犯人痛苦的意图（针对执行死刑）之间是一样的吗？

我们同时在叙述性观念中找到对意图的阐述。因为双重影响的原则发挥了作用，叙述可以帮助探究道德的执行者的意图。法庭专家的动机是无私的、惩前毖后的，还是偏袒的、先入为主的？囚犯的意愿被充分地了解并被有尊严的地表达了吗？同时是否还应该顾虑到罪行受害者的陈述？

如果合法审判的结果是死刑，读者就要评判一名法庭专家是否可以在伦理上阻止该结果的发生，尤其是那些严格的角色理论的追随者们。法庭专家的角色是执行死刑，抑或治疗痛苦？即使这两种角色是相近的关系，但却存在着不同。读者们在这可能看到两种行为间关于逻辑及伦理的距离的论证，推测他们的意图、方法及历史陈述。这种分析远比简单的后果要重要许多。

在法庭推理中，逻辑学及伦理学之间是相互临界的。在原因与结果之间，推理及距离起了关键作用，因为专家很少是直接目击者，他们必须在事后重建整个事实。

案例：英国保姆；法庭上逻辑及伦理学上的距离

在这个争论得沸沸扬扬的英国保姆路易斯·伍德沃德的案例中，

双方的律师都聘请了专家证人：他们分别擅长头部外伤、神经病学及虐待儿童等方面的鉴定。辩方专家指出一个叫马修·伊彭的孩子遭受的外伤是在他死前一天形成的。这点至关重要。这样的结论可以使得路易斯·伍德沃德无罪，因为她曾照顾马修洗澡并试图在其失去知觉时唤醒他。

一位擅长头部外伤鉴定的专家在鉴定书中提出，他发现了死者有视网膜出血，并认为该症状经常在暴力性摇晃孩子的时候出现，这使得人们在某种程度上怀疑保姆具有"犯罪意图"。该专家通过他的病理学检查结果专业地作出了非意外损伤的推断，她认为自己发现了有意义的病理学改变，并进一步确信保姆具有犯罪意图。

但是在后来的证言中，她认为视网膜出血的原因除了摇晃之外，还可能是颅内高压。这位专家否定了之前的推断，她含蓄地表示不应该暗示有人故意造成孩子的损伤，她主观介入性的推断使得鉴定意见截然不同。她从客观的体表发现（如视网膜出血）转到可能的原因（例如虐待性摇晃和为了唤醒而摇晃），再到犯罪者的思想状态（例如犯罪意图），在医学发现及假定意图之间，逻辑及伦理上的距离实在太大了。

如果关于这种分析有任何怀疑，那就是这个法庭专家的证言使法庭忽略了在"确诊"上的差别。在我们的这种观点下，第二位法庭专家证明关于"婴幼儿摇晃综合征"的尸表发现与致伤原因之间是"相符的"但不是必然的"诊断"虐待儿童的依据。致视网膜出血的原因既可以是人为故意也可以是意外。他的分析使人们认识到尸表的证据、潜在的原因及致伤者主观意图之间的距离。

对于法庭专家来说，这些分析交汇于各种简约性的相关原则。同样知名的是 14 世纪后期的英国逻辑学家威廉·奥卡姆提出的奥卡姆剃刀理论①（Occam's razor）。这个理论倡导，分析结论绝对不能将更多的因素归于一种原因。具体来说，如果有两种同等地位的预言性的理论，择其简单者。例如在临床医学及法医学两方面的鉴定意见中，我们需要的是最简单的、最保守的推理。与其选择各种可能都可导致某些症状的鉴定意见，法庭专家宁可选择能够解释所有疑点的鉴定意见。这就是简约性的精髓。

在法庭辩论中，我们强烈呼吁尊重传统的职业伦理。在这样一个强大的社会力量向医学施压的时代，我们拒绝对传统的医学观念做出任何形式的改良。对于法庭专家来说尤其艰难的是，社会已经在司法系统、军队系统、社会工作场所和保险行业（残疾鉴定）里接受并实行了所谓的妥协。拥有着双重身份的医生们为两个或两个以上的机构服务。他们以边缘身份的角色工作着，因此在不同的平衡、妥协的伦理学冲突中，伦理学原则的新平衡、新格局已然形成。

詹姆斯·查尔里德斯的准则可以有效的说明，哪个明辨是非者决定哪种伦理占优势，哪种冲击对另一种原则的影响最小，哪种策略将负面影响降至最小。尽管我们都不赞同此论点本身，但我们的观点认为道德分析必须综合权衡医学历史的叙述、边缘角色理论及在这场有关鉴定的戏剧中的演员叙述（被鉴定人和法庭专家）。

作者推断把那些将自己定义为"国家代言人"的鉴定人归纳为不道德行为的共犯。这样描述方法更像是一种修辞手法，虽未被证实，但极具强硬意味。在逻辑架构的结尾刻意地出现了贬低人格的内容，明显体现出了一种情绪化的攻击。但是，如我们一样，许多读者仍不赞同双重身份代表拥有从事某种不道德行为权利的论断。

---

① 奥卡姆剃刀理论：是由 14 世纪逻辑学家、圣方济各会修士奥卡姆的威廉提出的。他在《箴言书注》2 卷 15 题说"切勿浪费较多东西去做用较少的东西同样可以做好的事情。"这个原理也被称为"如无必要，勿增实体"。——译者注

论坛（内容）

约翰·甘恩教授

精神病学研究所，司法精神病学部。

英国，伦敦，Denmark Hill，De Crespigny Park，SE5 8AF。

1975 年，世界卫生组织驻欧洲区办事处的一个工作组在意大利的锡耶纳举行会议，讨论的议题为司法精神病学。讨论必然包含伦理学问题。该次会议最重要的结论之一就是"恰如同样的适用于医学的其他领域，一般的医疗伦理学也适用于司法精神病学，特别是司法精神病学鉴定人应该将对患者的责任视为其首要任务，并且不应该视自己为国家司法系统的一部分来执行鉴定职能。"

同时他们固执地断言，在苏联，那些与政府政见不同的人被像对待精神异常者那样锁起来，并对其"使用"精神科药物强迫他们改变政见［1，2］。

在此压力下，苏联政府被迫放弃世界精神病学会席位长达数年。最终苏联允许西方观察员监督他们的医院。而在 1989 年，美国也的确派遣一组官方代表团对其进行监督。1991 年，代表世界精神病学学会的代表团对苏联又进行了进一步审查，该团队由英国人詹姆斯·伯利领队，代表团还包括前美国代表团的医疗组组长罗兰·罗斯。

日本政府也在承受另外一种压力［3，4］。自 1968 年起有报道称，其对精神病患者实施暴力监护，甚至导致患者死亡。在 1984 年，一名医院院长被送进了监狱，因为他把医院的利润放在了第一位而忽视了患者的利益，并最终导致该患者死亡。精神病患者利益维护人户冢及其拥趸通过联合国常委会人权组织开展谴责运动，并于 1988 年促使日本通过了一项新的法律——《精神卫生法》。

面对这些伦理学问题，我们许多人关注美国的观点，并期待着美国的支持和领导。美国有着重要的成文宪法（世界上最古老的），它建立在真正的自由和民主之上。但对欧洲人来说，理解美国的法律很困难，他们早已废除了死刑制度（前苏联的一些国家有所例外），他们难以理解为什么文明的国家仍然执著于冷血地将败诉之人置之死地的死刑。欧洲的医生们更难理解当代关于医学专业是否应该参与死刑执行过程的争论。假使最坏的结果发生了，死刑被再次引入欧洲国家，医学专业是否应该将自己脱离于这样的政治突变。确实，公众就是对医学专业抱着这样的期待，公众知道医生由他们职业的伦理学束缚，即安慰患者、保护生命，而不是伤害任何人。其特权、责任、医疗服务的状态地位，都来自对其本质明确的认识——医生是什么。他们若不以高标准来要求自己，不用职业道德来规范自己的行为，他们将被本专业所抛弃。

从大西洋东部海岸开始，类似讨论在美国已进行了数次，这些讨论的结果已经以论文的形式发表。这些讨论看起来几乎难以理解，以致后来都无法分清楚这些讨论之间的详细差别。即使去美国实地访问、考察也不能完全地了解其本质，因为这些问题实际上是美国内部观念的问题。在某种程度上，非美国人感觉像是无助的旁观者，寄希望于山姆大叔或至少是山姆大叔的医生，这样他就可以醒悟。这样非美国人就能再次加入对其他恶意扭曲医生形象及利用医学专业的斗争中来了。

新闻报道称中国的医生像刽子手一样［5］。据说曾有一名医生用各种各样的药物做试验，来验证哪种药物更适合以"注射"的方式处决死刑犯，并用以替代现有的枪决形式。这种情况类似兽医以猪为实验品试用不同的药物，最终确定哪种药物最适合杀死猪。当然，他们也并不反对将死刑犯的器官卖到香港进行器官移植等商业行为！

世界医学互助会需要肩并肩的团结，站出来反对医学科学的滥用及医生职权的滥用。任何一种抗议的力量对中国的影响都比不上来自美国医学界的影响。可是美国医生不能全心全意地加入这样的战役中，因为他们正忙于证明自己的某些成员不恰当地参与了死刑判决工作，忙着争论医生在参与司法程序时是否应该进行非医学角度的重新定义或者是否该简称自己为"法医学家"（刑事司法系统中的一种代理人）。

话题重回到1975年的锡耶纳原则［6］，我们应促进其在全世界范围内的签署通过。这不仅符合患者的利益（而且这是至高无上的），也有利于医疗职业的发展。一个专业偏离其崇高的理想预期最终将不能被其滋养的土壤——公众所容忍。

参考文献

1. Bloch S, Reddaway P. *Russia's political hospitals: the abuse of psychiatry in the Soviet Union.* London: Gollancz; 1977.

2. Lader M. *Psychiatry on trial.* Harmondsworth: Penguin; 1977.

3. Totsuka E, Mitsuishi T, Kitamura Y. Mental health and human rights: illegal detention in Japan. In: Carni A, Schneider S, Hafez A (editors): *Psychiatry, law and ethics.* Berlin: Springer-Verlag; 1986.

4. Harding TW. Ethical issues in the delivery of mental health services: abuses in Japan. In: Bloch S, Chodoff P (editors): *Psychiatric ethics.* 2nd ed. Oxford: Oxford University Press; 1991.

5. Sheridan M. Doctors are China's new executioners. *The Sunday Times* 1997, 5 October. p. 26.

6. World Health Organisation. *Forensic psychiatry. Report of a Working*

Group，Siena 1975. Copenhagen：WHO；1977.

评论：绝对论

来自世界舆论（尤其是以世界卫生组织）的压力促使我们重新重视绝对论的立场，即司法精神病学医生永远不应该作为国家司法控制系统的一部分来从事鉴定工作。这种参与的危险很大，并且在苏联、中国及日本，滥用鉴定权利的案例均有集中体现。

采用绝对的立场是真正的冒险。不允许细微差别的论点不能应用于具体情况。处于伦理边缘的案例讨论很重要，因为正如我们所看到的，整个决疑论系统通过提出个案讨论而发挥作用。我们不得不注意到决疑论，即使在案件已经不符合经典案例条件的情况下，仍然想通过讨论某个具体案件所代表的价值来说服大众。但是正如我们所看到的，许多案例要求临床医生扮演被社会控制的代理人角色。

在这一节，我们希望通过鲜明的、已被视为正常的滥用权利案件强调开启此种门径的危险性。显而易见，这就是在应用滑坡效应论。

下面是关于原则的讨论。美国，除去其崇高的宪法和民主传统之外，仍然被排除在民主开化的民族之外；欧洲人无法认同仍然适用死刑的国家，因为死刑冒犯了民主自由的基本原则。尽管我们想代表这片大陆说话，但在某种背景下行使某种极端手段是可以理解的。尽管有其他的少数派仍然支持，但其他民主自由国家没有适用死刑。读者们将不再寻找这种类型争论的章节。如果这种现象能够持续，大众也许会改变观点。

但是，鉴于死刑、死亡声明和判断疼痛以及极度痛苦的医学属性，医学在死刑判决和执行中扮演的角色就没有那么固定了。

这可以帮助读者审查这个议题里的一系列争论。例如，若是医学放弃那些不具备临床意义的领域，这将导致严重的后果。这种争论就不容易被化解了。此外，格里菲思强调在认识不到个人、家庭、文化根源的意义状态下，某人不能从事司法鉴定工作。这将医学专家们排除在刑事责任能力鉴定工作之外，无疑是将原本具有最好的伦理学素质的人们从司法审判系统中剥离出来了。这便是绝对论本身最薄弱的地方。

我们还必须认识到专业和社会价值观念是如何互动的。即使死刑被重新引入欧洲，我们仍然认为，医学界和公众依然不会赞同。公众期望医生安慰、照顾和保护患者以避免其受伤害。这一重要的社会期望使我们认识到社会价值和专业价值的交互作用。这可能是不切合实际的，因为大众具有反复无常或不定时改变心意的特点（即对广受关注的案件更倾向于执行判决）。此外，对于在实行死刑方面不同于美国的欧洲，我们并没有提出文化差异方面的具体原因。

这里缺乏对法医学鉴定一般要求的认知：当法庭专家开始法医学评估的时候，他们必须描述他们的发现。他们不是被鉴定人的医生。就像专业组织所强调的准则那样，法庭专家必须向被鉴定人清楚地解释鉴定的目的和意义，以免被鉴定人误解他们的角色。组织机构内的伦理学、章程和制裁条款都是为了避免法医学专家们滥用职权，而且不能低估公众想要理解专家证人这一特殊角色的渴望。

然而这个进程仍然是艰难的：在没有完全放弃法医角色的前提下，公众就不能指责所谓的角色滥用。这其中没有灰色地带：我们听说在中国，医生们广泛地参与了执行死刑的过程；因此，全世界人都应当站起来反对这种医学科学的滥用。

显然，讨论的重点已经转移。我们的立场从反对角色滥用变成了反对医学在社会控制中的任何角色。但是，在医学滥用中的参与不同于扮演法医的角色。人们已经渐渐地发现了这种角色移位。

论坛（内容）

劳伦斯·哈特曼博士
美国马萨诸塞州，剑桥市，布拉特尔街 147 号。

我完全同意弗雷德曼和海尔本的观点，并赞同 1996 年世界精神病学学会代表大会公布的马德里宣言，该声明宣称："任何情况下精神病学医生都不得参与死刑判决或参与对死刑执行能力的鉴定"。布洛克已经很好地讨论并详细地阐明了这种观点 [1]。

我认为核心问题在于是否应当参与死刑执行。过于直接的参与死刑执行产生了合法的医学伦理学例外，这同时也是伦理学上的例外。比如说，治疗精神病患者是道德的，但是治疗监狱里的精神病死刑囚犯就是不道德的，因为治疗他们的唯一目的就是使他们能够顺利接受死刑判决，而对囚犯的死刑执行能力进行最终鉴定也是不道德的。在美国等允许执行死刑的国家，这种鉴定经常在很多精神病学医生参与、法律工作完成后以及囚犯已经被判决后才开始进行；所以，从时间和结果来讲，上述行为都直接成为判决的一部分，以至于要接受伦理道德的质疑。因为专业伦理道德要求法庭专家们保护医学的治疗行为，富于同情心，而最为重要的是应当帮助人们，而不是对他们造成伤害。

有些人把禁止精神病学医生参与死刑执行能力鉴定的讨论等同于关于反对死刑的争论。反对死刑也是相对的。不管是赞同还是反对死刑，人们都可以反对医生参与死刑裁决。有些人认为限制这种鉴定工作可能导致司法精神病学鉴定的倒退。其实不然，我认为司法精神病学的鉴定工作应该会更好、更清晰、更完善。

我们发现司法精神病学鉴定人例外论问题既麻烦又有趣。阿佩尔鲍姆和另外一些人声称"司法精神病鉴定人面对真相时并未扮演精神病学医生的角色"。阿佩尔鲍姆多多少少创造了这个关于"真相"的伦理学以及"司法系统的合法需要"。这种角色及其价值与一般的医学伦理学相冲突,而且必然对医学产生危害。

我曾建议任何一名精神病学医生在进行死刑执行能力鉴定时最好都穿上一件警察制服以使得其主要角色清晰起来;这样做不只是有利于精神病医生自己,也有益于曾反复受到刺激、而且头脑不甚清楚的临终囚犯。

当1994年美国精神病学学会理事会向司法精神病学鉴定人做出让步时,并没有经过太多的争论就改变了它的立场。它允许精神病学医生们参与对死刑执行能力的鉴定。理事会并没有充分地了解到司法精神病学这一亚群专业拥有的既得利益和价值并有同时对社会抱有某些期望(就如附属于卫生行政管理部门的精神病学医生),而这些都与更大范畴的精神病学或医学的利益价值不甚一致。

参考文献

1. Bloche MG. Psychiatry, capital punishment, and the purposes of medicine. *Int J Law Psychiatry* 1993;16:301－357.

评论:关于距离、断言和不完整性的争论

前一节我们聚焦于如何定义逻辑学和伦理学之间的距离,我们断言对濒临执行死刑的人进行施治不仅是不道德的,而且简直是在促进死刑。

某些人可能会批评由这种断言引发的争论。断言一种道德与验证这种道德相去甚远,而且没有提供有效的、潜在的可能性辩论。

对死刑罪犯的治疗是否使罪犯"过于直接（too directly）"的面临死刑本身有待于对其治疗意图的判断，以及对我们先前讨论过的关于道德自然属性问题的结论。治疗痛苦的目的等同于执行死刑的目的吗？治疗死因和为因犯执行死刑做准备，两者在伦理学层面上有差别吗？读者们可能要问，为什么这两者对作者来说就没有区别呢？治疗这些因犯有合法的理由吗？是否应该赞同判处终身监禁且因犯不能接受治疗呢？"过于直接"到底是什么意思？因犯和鉴定人的陈述也许能帮助我们理解并研究这些问题。

接下来我们将否定阿佩尔鲍姆将司法系统需要凌驾于医学伦理学之上的理论。这里有一种充分的观点来说明这个问题，例如政府能将某些司法断言凌驾到其他之上吗？少数人的观点能被接受吗？政府可能只听取一种司法观点——支持死刑的观点——还是说也应当意识到其他的选择呢？有多少成功的法律修改要归功于其他团体的司法解释？所以，这里要强调，美国允许各个州自行决定是否采取死刑。

但是这个观点并不完善。实际上，美国司法就是认定某些原则优先于其他原则，常被描述成有缺陷的程序司法就是一种评价其他所有程序和证据规程的系统。在承认很难得到绝对真相的前提下，相对应的，我们的司法系统建立在严格的法规之上。我们用对抗程序来消解对真相的不同看法。此外，如果这个系统像我们所预期的那样公正，那么每个公民都有最基本的义务来运作该系统。伦理学家马克·亚伯勒就曾发表一些煽动性的言论，他认为"只要整个法律程序是完善的，它就能提供足够完善的证据……做出公正的决定"。

我们认为阿佩尔鲍姆并没有建立关于真相的、抽象的伦理学（通过认识法律价值），而是在专业价值基础之上评价社会构造。我们已经在第一部分和第二部分中否定了这种方法。但是，尽管这有可能损害公众对法庭专家们的印象，却也可能恰当地平衡法庭专家辅助司法裁判的能力。

　　查尔里迪斯规则可以提出一些有价值的问题：对死囚的死刑行为能力鉴定是对医学规则的介入吗？这种介入可以视为一种可被接受的侵犯吗？或者说对司法程序的参与太多了？从描述性的观点来讲，医学专家对死刑行为能力的鉴定是可以被接受的部分呢，还是说必然会破坏其医学伦理学初衷？起平衡作用的方法也许可以得出一个更合理的、更完善的答案。

　　读者也许会认为我们所提出的辩论留下了很多至关重要却没有回答的问题。确实，这些回答是不完善的。如果精神病学医生不在执刑前鉴定因犯的行为能力，难道说另外一种特殊的非临床医学专业的鉴定者就能成功介入吗？而其余的那些人就会变成支持死刑的临床医生吗？前述的那些辩论在其发展过程中遗留了一个很大的空间：精神病学医生退出后，鉴定工作将会进入哪种格局呢？对弱势社会价值的保护还会存在吗？显然，我们还没有考虑到为嫌疑人洗脱罪名的重要性。

　　就像我们对阿佩尔鲍姆非常明显的异议一样，房间里的大象①（elephant in the room）依然宣告着死刑的非人性化。阿佩尔鲍姆反对了太多的东西，可能跟哈姆雷特说的一样，坚持排斥"死刑执行能力的鉴定"并不是要评价死刑。他承认它们之间是有关系的，但没有决定性的关系。他并没有解释其原因，所以，再一次在他的分析中留下了一个不完整的部分。

---

　　①　房间里的大象（elephant in the room）：屋子里面有一只大象（或者说大象走进了屋子里），然后人们看到了都会以为大象是真的，而房间是假的。也有一位失去女儿的母亲写的诗以此为名，表达了自己的痛苦和面对女儿死去这个事实的痛苦。通常用来形容人们认为不可能发生的事情却发生了，但是人们却都不愿意去承认事实。作者在这里比喻人们已经认识到了死刑的非人性化，但却不愿坦然接受。——译者注

美国的司法系统要求在让囚犯受到处决之前即对其死刑执行能力进行鉴定。伦理学标准尽管是很低的一个标准，但如果囚犯不知道在他们身上发生了什么，则禁止对其进行处决。所以才有了死刑执行能力鉴定的介入，以避免判处没有完全执行能力的囚犯而酿成大错。而对于我们来说，这种联系"过于直接"了。

人们可以反对死刑，但是对于这些死刑反对者，让他们承认死刑准则是违背常规的。作者所倡议的减少死刑数量就是为了要废除死刑。

阿佩尔鲍姆应用了一个术语——回避实质问题（重提问题，似乎那个问题已经被回答了）。他重提或是重新界定了两个事件的相似性（法律的要求）作为其不道德的证明。这样的讨论再次证明了这个讨论的真正目的是指向死刑本身。

阿佩尔鲍姆的观点只能被看作对医学伦理学持有异议。他没有看到医生的职责和患者之间的关系。缺乏对其他团体、专业和其他受影响的个体的敏锐观察和了解，他的这种观点剥夺了上述这些职责真正的伦理学内容。

这一部分让人们形成了一幅鲜明的图像，而且让大家都产生了共鸣。我们都想在法医学鉴定工作中为医学伦理学谋得一席之地：我们建议让进行死刑执行能力鉴定的医生都穿上警察制服。法庭专家们不知道要等多久才能真正遇到与此场景相似的生动场面。

案例：斯科特·彼得森：用断言来进行辩护

在法庭辩论中经常出现频繁强调结论以引起注意的辩论方式。

在众人皆知的斯科特·彼得森案件[①]中，这个加利福尼亚男人因杀害其怀孕的妻子被判处罪名成立，而辩方律师从一开始就做出许多承诺。他们承诺将证明他的妻子雷西，在失踪当天仍然活着、她是被过路人绑架的、她的孩子出生并存活了下来（为了反驳一项检举控诉），以及母子俩都是被绑架者杀害的。

根据已掌握的案件情况，这位彼得森先生有婚外恋行为，带着他弟弟的身份证明离开了家还携带了大量美金。但是，尽管如此，辩方律师需要做的仍然只是在陪审员的思想里不断地引起这样那样的疑问：没有凶器，犯罪现场也没有证人，而且（在刚开始的）没有尸体。

辩方的强调策略是卓有成效的。辩方暗示附近的过路人可能绑架了雷西。辩方律师曾试图将雷西的死和附近的一起入室抢劫案联

①　斯科特·彼得森案：32 岁的彼得森是一名肥料推销员，他外形英俊、一表人才。2002 年圣诞节前夕，彼得森的妻子、已经怀孕 8 个月的雷西突然神秘失踪了。事发后，彼得森向警方报案，声称妻子神秘失踪，并说出事当天他独自驾船去一个湖边钓鱼去了。面对这一蹊跷的案件，加州警方立即在全国发动了大规模的"寻人行动"。可是，随着案件的深入调查，警方越来越发现，喜欢拈花惹草的彼得森是此案的重大嫌疑人。案件的这一突破得益于彼得森的一名情人，她向警方吐露了彼得森的婚外恋。这让彼得妻子失踪案的调查出现了关键线索，警方初步推断是彼得森喜新厌旧谋杀了妻子。4 个月后，警方在加州旧金山湾发现了雷西的无头尸体以及她腹中胎儿的遗体，而且位置就在彼得森所说的他驾船钓鱼的地方。2003 年 4 月 18 日，警方将彼得森逮捕。此时的彼得森已经把深色的头发染成了金黄色，身上还携带有 1.5 万美元现金，当时检察官就怀疑他正准备逃往墨西哥。不久，检察官对彼得森提出控告，并指出他杀害妻子是早有预谋的，因为他在犯案前不久才买了一艘船。彼得森被捕后，这起谋杀案立即震惊了全美。由于他杀妻及杀害未出生孩子的手段特别残酷，加之有不少名律师为他辩护，所以此案更是引起了美国民众的高度关注。但是，由于缺乏直接而有力的证据，此案的审理相当艰难，历时也很长。2004 年 3 月，加州法院的陪审团开始开庭审理这一案件，其间总共传唤了 184 名证人作证，备案数百页证据，还一度因为案情的复杂和微妙几次更换陪审员。不过，证人、检举人提供的信息，以及警方详细的调查，还是将此案的审理日益清晰化，法庭也获得了一些重要的证据。其中，很关键的信息包括彼得森杀妻动机，有检举人透露，彼得森不仅喜新厌旧、经常撒谎、欺骗，而且他一点也不愿意过有孩子拖累的生活。历经 8 个月后，法院的审理终于有了结果，陪审团于 2004 年 11 月 12 日达成了一致意见：认定彼得森杀妻一级谋杀罪成立。同年 12 月 13 日，法官判处彼得森死刑。——译者注

系起来，并且试图证明是其他人而非彼得森典当了雷西的珠宝。

但是典当商并没有被要求到法庭作证。辩方请来的警察说当地的盗贼都不像谋杀犯。没有任何证据能证明婴儿已经出生并且为活产，也没有任何人可以证明，证明莱西在失踪的当天仍然活着。

总之，新闻记者和其他媒体一直猛烈地抨击辩方后续论据的不足。之前承诺的目击证人都没有当庭质证，关于犯罪的说法也没有新的进展，而最初所承诺的证据都没有被具体化。除了一系列没有支持的论断，辩方的争论不具任何实质内容。最终彼得森被判杀妻罪名成立，并被处以死刑。

弗雷德曼和哈尔彭对阿佩尔鲍姆的两个观点毫不含糊的批评是绝对正确的。阿佩尔鲍姆断言：（1）精神病学医生为执行死刑而进行死刑执行能力鉴定的时候并非在进行精神病学实践；（2）指导法医精神病学的医学伦理学要适应司法审判的需要。这两个观点都显然不合逻辑，对社会有害而且绝对会腐蚀医学伦理学的完整性。

我们所被赋予的使命是确定精神病学的性质。死刑执行能力鉴定有赖于精神病医生所掌握的医学知识和技巧。正因为法庭缺乏这种专业知识，对精神病学法庭专家的误解才会层出不穷。阿佩尔鲍姆笨拙的暗示让精神病学医生成为法医学家，是对现实公然、古怪的扭曲，无异于为不道德的违法行为祝福。

同样的，医学伦理学及它的分支——精神病学伦理学，不是简单的为了命名而命名的，也不是为了政府的需要或是我们强加到医学科学上的。医学伦理学源自全世界人类与疾病艰苦斗争，源自医生们对疾病侵害性、从属性以及可治愈性的了解。医学的终极目标是治愈、帮助、安慰和关怀；每一个医生自踏入此专业领域伊始就宣誓为这些终极目标服务。成为促进人类死亡的共犯完全不符合医学目标。任何法律或法令都不能改变这个事实。

阿佩尔鲍姆的弹性逻辑以政治和意识形态的名义篡夺了医学的

伦理价值，而不是立足于患者的最根本利益。集权主义国家可以完全放任自己并这样去做；而民主国家也不过是表现出了多一点的判断力。不管是哪种情况，其结果都将是让我们这个社会最弱势的群体处于危险的境地。

　　精神病学医生要坚持用完整的职业道德及其伦理学根基来规范自己的行为。世界精神病学学会提醒我们注意，除了那些直接参与死刑执行的行为之外，辅助死刑执行的医学行为也应被视为是违反伦理道德的。在现代，世界精神病学学会不断对医学伦理学完整性进行观察研究，从而确保法庭伦理学可以脱离空想怪谈或政治力量的掌控。

参考文献

　　[1] Pellegrino ED. Guarding the integrity of medical ethics：some lessons from Soviet Russia. *JAMA* 1995；273：1622 - 1623.

　　[2] Pellegrino ED. The Nazi doctors and Nuremberg：some moral lessons revisited. *Ann Intern Med* 1997；127：307 - 308.

评论：法庭专家属性是单一的还是复合的？

　　简单来说，正如前述章节所体现的，阿佩尔鲍姆，这位被视为国内最伟大学者之一的伦理学学者聚焦于"例外论"的两个要素，并对其双管齐下，猛力攻击。他以鲜明的人物描述开始，以可靠的论点做支撑。

　　首先，他讨论了通过行为目的来定义精神病医生的问题。确实，任何类型的临床医生都不只是从事"技工"的工作。专家是从伦理学意识和信赖上建立起来的具备某领域专业才能的人。

正如我们所强调的，临床医学也是由强大的历史性的沉淀培育起来的。精神病学并不属于法庭科学的分支，而是通过自身的价值分担某些责任，这是毋庸置疑的。

但是后续的讨论仍然削弱了这种观点。他将特征化的法医"例外论"定义为笨拙的说辞，认为它是对现实公然、古怪的扭曲，说明作者在此时已经丧失了其伦理学的高度。这是种很不幸的个人攻击，有时也被称作偏私的论证，其目的在于"人"，而不是我们所讨论的具体的"事"。此外，这种攻击体现了破坏对方知识结构的不良用心。

多了解叙事的方法将有助于这名学者改变其原有观点。佩莱格里诺可以合理地批评其动机，前提是更为公正地分析对立的理论家如何论证其观点。如果没有这种前提，我们便要质疑这种方法了。这就是经典的动机争论，即质疑对方的动机或精神状态。动机争论不仅经不起推敲，而且是本质上的谬误，因为任何人都不可能准确完整地推测别人在想什么。归因于动机在对精神疾病专家的讨论中显得尤为讽刺，因为他们知道即使是在强效精神病学治疗之后，要想确定动机仍是非常困难的。不负责任的将原因归咎于别人的动机比一场粗劣的辩论更荒谬，其实是智慧上的一大败笔。从这个方面来讲，动机争论与针对个人喜好的争论非常类似。

案例：对专家的偏私的攻击

在新泽西州的一所日常护理中心，一名年轻的雇员被控多次性虐待及身体侵犯她所看护的孩子。该名看护者曾赤身裸体的在孩子们面前演奏钢琴，或者试图切断小男孩的阴茎，并殴打一个孩子致其眼部青肿。法庭专家对伤情的鉴定被用来证实孩子们的证词。诉讼之中，有人反驳控方法庭专家对本案所做的鉴定。因"存在对人的主观攻击"，辩方律师列举了检察官行为的不严谨之处，并在与控方的庭辩过程中称其聘请法庭专家为愚昧的"巫医"。

问：医生，您是说您用了主观经验来判断要花多长时间来脱光一个人的衣服吗？

答：当然。

问：那么，医生，依靠主观经验来发表看法的科学家，岂非退步到了巫医的水准，难道不是吗？

答：这是完全不同的事情。

问：医生，难道这不正是您写进您的书里的观念吗？一个医生将其观念建立于未经检验的主观经验上，便退化到了一名巫医的层次。

答：那是未经证实的。

问：是的。

答：那并非是未经证实的。

受理上诉的法庭最终没有采信鉴定中涉及主观判断的鉴定意见，不过这场辩论的确表现出辩方专家过人的庭辩技巧及对鉴定主观性的认识。

佩莱格里诺博士的批评同样引发了可检验假设的观念。这是一种具有历史渊源，通常用于科学特别是在法庭陈述上的重要标准。这些可以追溯至卡尔·波普尔的伪证方法学。易测性为检测法庭专家和警察提供的鉴定意见创造了标准：从某人因何致死到因何而受刺激。可检验的假设相比那些不能被检验的而言，具体更多的科学价值。在司法鉴定工作中，波普尔的标准在波拉克及戴尔蒙德探究对抗性证据中也可以发现（常用于测试法庭专家的鉴定意见），并且解释数据的透明性为鉴定意见提供支撑。

在这一观点中，如果解释是可被反驳的假设中的一部分，那么支持这些假设的理论就不能被认为是科学的。就如尸体腐烂过程或是子弹在空气中的移动方式是已经被观察、测试及重建的模型中的一部分，他们的可检测性获得了广泛的采信。

有关心理学问题的争议一直未能达成一致，因为试图描述心理动机的法庭辩护并不能轻易地由可检测的数据来支持。事实上，在波普尔对西格蒙·德弗洛伊德的经典批判中可以找到有关心理动机的讨论。所有的联邦法庭及许多的州法庭现在使用的是道伯特标准（Daubert standard）①，用于评估法庭专家证言证词的科学性、检验效果、错误比率，以及被接受的程度等。

案例：吉卜赛诉讼——对于犯罪不可检测的假设

一个吉卜赛血统的新英格兰人，因一项车道铺砌事件而被指控。他提供给年长顾客们一个关于修补的超低报价，执行完全的重新铺设工作，然后索取高于他最初报价的酬劳。一位精神病学家要求辩

---

① 道伯特标准：1923年，美国哥伦比亚特区巡回法院在对弗赖依诉合众国案所作的判决中写道："法庭将接受一个公认的科学理论或科学发现演绎出的专家证言，但从中做演绎推理的东西必须有足够根基并在其领域得到普遍承认。"这个判决可以看作美国司法界关于接受专家证言标准的初步确立。半个多世纪的司法实践证明，这一规则由于无法适应现代科学高度专业化的特点，所以对证据是否具有科学性无法做出准确的结论。1993年，美国联邦最高法院在道伯特诉梅里尔·道药品公司案中对弗赖依一案确定的规则进行了修改，确立了接受专家证言的法律标准，即道伯特标准（Daubert Test）：1. 争论中的理论或技术可以检验并受到过检验吗？2. 该理论或技术已被同行评估过并公开出版过吗？3. 在使用科学技术的案件中，已知的和潜在的错误率是多少，且存在控制该技术操作的标准吗？4. 普遍接受可以作为决定特定证据可采性的重要因素。围绕这一标准，美国司法界及法庭科学界展开了"科学知识何以有效"的激烈争论。在这场争论中，许多人认为，在满足道伯特标准的要求方面，传统的和新兴的科学证据理论均存在许多不足。比如研究人员发现指纹证据的科学性并不像人们想象的那么可靠，它无法满足道伯特标准，所以，有些律师认为应当将指纹排除在证据之外。宾夕法尼亚州东区的刘易斯·波拉克法官也承认："在指纹鉴定的可靠性研究测试方面，政府几乎没有什么成就"。可见，美国司法界在多年以前就展开了对科学证据依赖科学知识有效性的争论，其间虽然有诸多怀疑主义的观点，但是，他们以理性对待科学证据的精神亦彰显于争论之中。——译者注

方证明被鉴定人由吉普赛人抚养并且被传授的是"不同的规则",即欺骗及谎言是文化上的"生存策略",而不是一种不道德或是犯罪的行为,然而辩方不能就上述问题给予充分支持。

这一争论在法律及临床医学道德规范中曾引发了广泛注意。在有关这个庭辩的另一个版本中,伦理学家卡尔·艾略特已经公开质问那些反社会个体,即那些有固定性格特点而不能使之理解何谓"道德关系"的人,他们是否会因他们的行为而感到道德上的羞耻。他们不能而非不愿,使自己与社会价值规则保持一致。

但为了这样的论证,为便于成功构建我们的伦理框架,我们必须使之建立于来自被鉴定人恰当的临床叙述及特殊的基于科学的论著,而不必担心犯罪行为归于一种文化而不被惩罚。关于动机及心理思维,论证无法简单地脱离于常识。如果有充足(指在我们统一理论体系中定义的充足)的数据来支持论证,那么它在伦理学上即是可行的。但是如果证词只不过是建立在专家的主观经验及被鉴定者的主观叙述之上,那么论证看上去就相当脆弱了,而陪审团几乎肯定要否认它。

佩莱格里诺的论证将医学的终点描述为治疗与协助,这种观点得到了大多数主流形态的支持。但是他之后阐述道,法庭专家的工作似乎是促成人类死亡(死刑)的共犯。当然的,如果医学的终点不总是纯粹的治疗,如同伤残鉴定中一样,那么就有必要更加细致的刻画这项工作的真实情况。这样的观点是非常有趣的,因为它描述了一个纯粹法庭专家角色(不同于临床医生),这个角色服务于政治目的而非患者需求。

一旦亚里士多德成为任何城市或城邦的统治者,城市或城邦一切事务就全都与政治相关了。亚里士多德远古城邦内充满这样的争论,但他坚信城邦有必要为公民的幸福而努力。事实上,在亚里士多德的观念中,政治才是首要的科学。在我们现今的时代也是如此,不囿于职业窠臼的价值必须结合到公允、犯罪、惩罚及道德岌岌可危的制度上。

角色分离随即被称作是极权主义国家的特色，那些国家虐待甚至谋杀弱小。在那里，纳粹和苏联医学的专制幽灵制造了巨大的阴影。但民主一直与专制斗争着，正如我们所做的，伴随着不同角色之间的细微差别，专制与极权必然消逝。

最后的呼吁是对于医学道德规范的，这些道德规范因在法庭专家与临床医生角色的分离过程而受到威胁。然而完整性的含义被给予更为丰富的意义。我们相信我们能融合多元化的价值，使之成为一个社会的道德构架。这样一来，尽管它们有所差异，但仍然可能使临床影响融入司法体制之中。这是完整性——即价值的整合，是我们在法庭科学道德理论中努力争取的。

论坛（内容）

理查德·伯尼博士

弗吉尼亚大学法学院，法律、心理和公共政策研究所主任，法学教授。

美国，弗吉尼亚州，夏洛茨维尔，马西路580号。

弗雷德曼和海尔本应当受到褒奖。法医精神病学伦理学上的模糊点，更准确的来讲，医学实践在死刑案中的困境引起了人们的高度关注都得归功于这两人的不懈的努力。尽管我不赞同他们在死刑执行能力鉴定问题上的态度，但是我认同他们其他很多观点。

弗雷德曼和海尔认为，当法庭专家面对政治和经济压力时，他们有必要保持伦理学的完整性，这将有助于维护公众对以治疗为中心的医学专业价值的信任。我衷心的同意他们的这一观点。纳粹医学专家的行为、苏联对精神医学的滥用，极大地损害了医学价值和人类基本权利，当他们将医学用于国家统治工具时，这种损害更具危险性。这也是我为什么要帮助前苏联和东欧国家的精神病学医生，建立一种独立的专业基础研究机构，并着手建立一种传播和加强伦理学框架的原因。

我明确无误的反对医学参与死刑（包括注射致命的巴比妥类药物、确定注射部位、给予技术指导，或在他人参与下执行注射等）。美国医学会和美国精神病学学会明确的谴责上述行为。迄今为止，据我所知，任何专业性的学术组织对于上述伦理学要求均不持疑义。

确认禁止医学参与死刑的伦理学原则是非常有益的。但是，反对医学参与死刑并非仅仅等同于排斥医学履行"非治疗性"角色：伦理学是允许一些"非治疗性"行为的。例如，对于工伤赔偿中的伤残评定，或者是制定刑事司法系统中的刑事赔偿标准等。（如前所述，对于精神病学伦理方面的争议主要存在于，诸如死刑执行等介于伦理学和司法精神病学基础之间的阴影地带，我们将在下面进行说明。）

为什么我们一定要认为医学参与死刑是非道德的呢？根本原因并不在于治疗上的伦理，而在于作为国家惩戒手段的医学参与，并不被医生的社会角色所接受。

作为医生，不能将自己的技能和知识应用于促进惩戒之目的。这种原则贯穿于所有的惩戒行为。例如，虽然全世界范围内的人权标准得到广泛维护，但鞭刑仍然没有被绝对禁止。因此，必须从有利于受刑者的利益出发，利用医学知识对受刑者的身体健康、是否可以经受此类刑罚，以及如何执行等进行评估，这将有助于防止过度惩戒。即便如此，仍然要禁止医学参与此类刑罚的实施，因为医生没有必要遵从与国家的司法意志，不应参与决定该刑罚的实施与否、亲自参与执行或指导执行。同样的，医生参与死刑执行也是应绝对禁止的。

不幸的是，有关评估受刑能力的医学评估问题远未解决。以我们上述的观点来看，此类医学评估是不被伦理学所接受的。实际上，精神病学医生评估罪犯的心理状态，仅仅是为了向狱警提供该罪犯是否可以被处以刑罚的建议，而不是亲自参与。但这种评估也应被禁止。因为这也是一种参与刑罚的行为，正是因为有了医学评估的许可，刑罚才可能变为现实。评估罪犯是否具有受刑能力，与亲自观看执行过程没有区别，均应被禁止。

但是，我们还应该考虑另外一种允许医学参与刑罚的情况。假设受刑者的律师申请精神病学专家对当事人的心理状态进行评估，确定他的心智程度是否可以有能力明确刑罚的本质、目的和结果。我们再进行假设，如果精神病学专家评估后，认为罪犯并无接受刑罚的能力，那么，他应该在法庭主持的听证会上陈述该观点。首先，涉及刑罚的医学检查，应该是代表了罪犯的诉讼，用来确认他是否具有承受刑罚的临床学基础。其次，精神病学医生以尽法庭专家的职责，而不是刑罚执行与否的决定者。

正如弗雷德曼和海尔本提出的，精神病医生对死囚死刑执行能力的鉴定，在某种程度上是鼓励或支持了死刑，所以应当被禁止。然而，这里的很多问题都是值得探讨的：精神病医生在这种情况下进行的死刑执行能力鉴定和之前对其进行的法医学鉴定并没有本质上的区别；为囚犯的责任能力出庭质证与为死刑出庭质证也没有本质上的区别。基于这些考虑，精神病学医生的出庭质证可以在定罪量刑之前得出合法的必要结论。如果法医早期的参与死刑案件是合法的，如果审判程序尊重了囚犯的意愿而最终的判决来自于法官，那么在这种合理构架下的死刑执行能力鉴定也是可以被接受的。对于这个观点，公众可能仍存有争议，但是美国精神病学学会经过多年的研讨和考虑，已经认同了这种观点。我想弗雷德曼和海尔本可能将就美国精神病学学会对这个极其困难的问题的深切考虑产生误解，并认为它是医学界向司法审判妥协的产物。

精神伦理学专家同样不能认同这种情况，即在某些条件下，囚犯恶化的精神状况可能使其免受死刑，应该允许对这样的囚犯进行伦理学关怀。有些人可能会有这样的担忧，如果治疗有效，那么犯人的精神状态得到医治，使其具备正常的刑事承担能力，从而使其可以接受死刑的惩戒，这种方式是不是将本来可以免于死刑的人推到绞刑架前呢。如果是这样，那么被定罪的人最好不要接受这样的治疗。当然，如果治疗的目的就是为了促使死刑的实现，那它将是不符合伦理学要求的。但是在一些情况下，罪犯对于囚禁生活感到痛苦折磨，对他们的治疗的目的应该是使他们更易于忍受这种痛苦。我们可以想象（作为一种启发性的设定）一个罪犯，通过相关的促进健康的诊治，增加了其接受刑罚惩戒的可能，这种情况下是否能够被伦理学所允许呢？在这种情况下对于罪犯的治疗措施是否是合乎伦理学要求的呢？通过对这个问题的讨论，我并不鼓励监狱为了罪犯的刑罚而进一步寻求治疗措施，虽然某种程度上，医学伦理也允许某些例外情况。弗雷德曼和海尔本似乎勉强承认为减轻极度痛苦而进行医疗施治行为原则，但在那些边远监狱的精神病医生可以运用"含糊的"例外论将不道德行为解释为易于执刑的手段，我认为确实存在这类情况，但我们认为，仔细的观察分析远比不加思考的接受这些伦理学允许范围之外的情况更为重要。

后续的讨论引起了我们高度的关注。我想重点强调我完全同意弗雷德曼和海尔本的观点。治疗已经定罪的囚犯问题使得医生处于伦理学的两难困境。只有让法律减免不具备完全死刑执行能力的囚犯免于死刑惩罚才有可能让医生们走出这种困境。而且，即便死刑仍然存在，精神病学医生进行治疗时也绝不应当在死刑执行鉴定时扮演任何促进死刑的角色；在某些背景之下，治疗者的角色和鉴定人的角色应当完全分开。

我想再次强调，我要为弗雷德曼和海尔本在处理伦理学问题中所做出的重要贡献欢呼。但是同时，我也怀疑那些指责死刑执行能力鉴定的医生们要么是从道德上反对死刑，要么是对司法精神病学有更深层次的伦理学考虑。再一次明确的我态度，我反对死刑。根据我的经验，律师、法官、医生以及其他任何从事与死刑有相关工作的人都无法避免地陷入伦理学的沼泽之中。不幸的是，为了躲避这种困境的专业努力却侵犯了被鉴定人和囚犯的权利和利益。死刑的确应当被废除，但是只要死刑还存在着，就不能无条件地禁止精神病学医生对死刑犯人进行鉴定或治疗。

　　对于司法精神病学来说，我认为弗雷德曼和海尔本误解了关于司法精神病伦理学的一些术语。没有人认为精神病学医生在扮演法医角色时就不受限于精神伦理学。阿佩尔鲍姆和其他一些人认为指导司法精神病学的伦理学准则不应当从指导医患关系的治疗伦理学中脱离出来。挑战在于如何制定规范的原则以使得这个特定社会角色的指导原则能植根于医学专业的繁荣，并禁止放弃行医原则或扮演国家权利代理人等滥用职权情况的发生。要是能帮助制定伦理学框架而不是否认这个任务的重要性，弗雷德曼和海尔本就能够更好地为法庭伦理学服务了。

参考文献

[1] Polubinskaya SV, Bonnie RJ. The code of professional ethics of the Russian Society of Psychiatrists: text and commentary. *Int J Law Psychiatry* 1996; 19: 143 – 172.

[2] Bonnie RJ. The death penalty: when doctors must say no. *BMJ* 1992; 305: 381 – 383.

[3]　Bonnie RJ. Healing-killing conflicts：medical ethics and the
death penalty. *Hastings Center Report* 1990；20：12 – 18.

评述：如何构建论证之一

法医学文献中，关于推理论证最受欢迎的篇章之一就是如何构
建论证。法学教授理查德·邦尼基于优先原则构建了他的论证，谨
慎地解析了伦理学问题，并避免了先前一些学者的错误之处。

邦尼首先以赞扬的姿态展开了他的论述：他赞扬学者哈尔彭和
弗雷德曼对死刑中关于伦理学问题所做的努力。他提到职业的廉洁
性在面对政治和社会压力下将会屈从于纳粹和苏联的专制暴力，这
一点很能引起读者共鸣。因为对纳粹罪行的频繁的、修辞色彩的使
用可以淡化某些历史事件，所以我们通常不以纳粹做比较。然而，
在本书中却需特别说明这些历史事件的真实性。众所周知，纳粹御
用医生具有臭名昭著的行为历史，他们进行医疗行为的目的远远超
出了医生本源的角色。邦尼因精彩的描述了精神病学在这些极权政
体，如苏联框架内的独立情形而闻名于世，并使之在学术领域占有
一席之地。

邦尼教授继续赞同临床医生中的占绝对优势的多数的意见，即
直接参与死刑执行是完全错误的。他进而定义何为"直接参与"，从
而使判断这种行为有了明确的出发点。邦尼定义的"参与"是进行
死刑注射或监督死刑执行行为。这并非是简单的对权威断言或呼吁
的争论，它为邦尼的论证设定了可以依据和参考的基础。逻辑和伦
理距离这些核心概念在一开始即被提出。别人可以不赞同其定义，
但是一旦定义了中心术语，就摒弃了主题概念的漂移性和模糊性。

但是邦尼并未简单地从这个观点出发继续延展下去，而是转向
了辩论的根本原则。从基本原理构建论据是消除敌对情绪和对抗情
绪的确定性策略。他指出，法医学工作的指导原则并不能简单起因

于施治者的治疗目的或背景。他指出在社会的残疾鉴定、工伤赔偿和刑事行为责任能力鉴定中，其非治疗目的的工作内容已经被社会广泛的接受了。在治疗与帮助惩罚之间必然存在着交集，这个交集必须有其特有的指导原则。

我们可能会注意到角色理论在满足双重角色情况下的所带来的问题。撇开作为一个临床医生的更深层次的含义，双重角色的最主要问题在于它在很大程度上依赖于其他人对该角色的期望。邦尼意识到了这些，并利用角色理论将善行原理与临床鉴定结合，二者均有相似性，但有别于参与死刑。

他利用决疑法（基于案件的推理）构建自己的案例论证——将一个本不被伦理允许的案例映射到他坚信可允许的案例上。这使得他的观点更为明晰。他为决定允许性提供了标准，鉴定的要求来自囚犯，并且法官是终极裁判者，这种论断比前人的更为深入。这就是决定何为正确的标准规则。

为评价该方法的作用，需要重新回顾在伦理系统中的基本问题，即"何人决定"。在解决伦理学两难问题中，寻找最终决策制定权威（如患者、医生、法官、立法机关）可能是一个有效的途径。

案例：纳德哈德林·克莱门斯，法庭上的决疑法

1991 年 4 月，纳德哈德林·克莱门斯伙同另外三个人，犯下了一场令人发指的罪行。他们在密苏里州大桥袭击了两名妇女及其男友。他们强奸了这两名妇女并将其推下大桥致其死亡。同时强迫其男友跳下大桥，但该男性幸存下来并对他们的袭击行为予以指证。

在审判的犯罪事实确认阶段，检察官利用范例案例中决疑论方

法进行陈述，并将克莱门斯和查尔斯·曼森①进行类比。但是法官判定该行为不具有可比性，声称：

"检察官不能使用任何涉及查尔斯·曼森在内的类比，亦不能使用其他任何恐怖的或众所周知的假定，因为这可以误导陪审员。我并非是说你在进行比较，而是说这使得陪审员过多地意识到这一点，而忽略案件本身的客观性，进而误导陪审团。"

很遗憾，检察官在审判的定罪阶段也同样的应用这种可能误导陪审团的类比方法：

"（事实是克莱门斯）之前并无重要的犯罪活动。大家知道，同样例如查尔斯·曼森，这个曾杀害七人的罪犯……"。

辩论结束时，法官不仅驳回了检察官异议，还对其类比部分的法庭辩论不予记录，并以"藐视法庭"、"干涉庭审"等为理由对检察官处以500美元的罚金。

是否可以将此案与曼森案进行类比，曾经存在极大的争论，并提呈至州最高法院和区联邦上诉法院进行二审，但最终克莱门斯的

---

① 查尔斯·曼森：美国历史上最疯狂的超级杀人王，他所控制的邪教组织丧心病狂、杀人如麻。在披头士热潮崛起的60年代，查尔斯·曼森和当时很多的青少年一样，极度迷恋披头士的音乐，但是在吉他以外，他亦迷上了另外一样非常流行的东西——毒品。他本身是一名妓女的儿子，在美国非法出生，年少时已经犯案累累，档案被标明"危险"和"永不可信任"。在保释外出期间，他曾两度结婚，如一个正常的普通人般组织家庭，但两次婚姻也以失败告终。不过凶残的杀人组织曼森家族并不是真的指一家人，而是一群仰慕他的追随者（多数为年青富有的中产女性）所组成的杀人集团。到了1969年，这个组织已经有25个主要会员和60名一般党员。有一天，身为首领的他宣布进行终极计划，发动末日的种族和阶级战争，并扬言只有他的信徒才可以存活下来。首个被波及的地方是著名导演波兰斯基的豪宅，除了波兰斯基外出拍片避过一劫之外，包括他有身孕的妻子在内的5人都被虐杀。接着则是一间超级市场的夫妇。但这场战争在这里就停住了，原因是其中一名中坚分子因另一宗谋杀案被拘捕后，不知为何滔滔不绝地把所有罪行招供，恶名昭彰的曼森家族就此瓦解。上述案件经过洛杉矶警察局的努力侦破，被证实为邪教组织"曼森家族"的一男三女四名成员所为，而幕后主使者就是他们的领袖查尔斯·曼森。而查尔斯·曼森则经过法庭审判，最后被判终身监禁。——译者注

上诉被驳回，被处以死刑。

邦尼的确将哈尔彭和弗雷德曼的辩论与职业或专业的辩论技术进行了区别，而且防止了以私人角度所进行的个人攻击，这一点符合了大众的心态。

邦尼以此为出发点，将角色理论成功的应用到临床常规诊治的范围之外，并同意对死刑罪犯施以治疗。一名囚犯明确要求进行某种治疗，虽然这会导致死刑如期执行。这种情况对实际判例极具价值和指导性，该类案件促使我们思考医疗行为的绝对"治病救人"的职责，呼吁我们对这种纯粹的医学伦理理念进行探讨。这导致了我们更易于接受例外论，并因此提供了一个新鲜理论的楔入点。最终邦尼利用治疗学的规范证明了法庭专家工作的正当性，即使它在某些死刑反对者看来仍然是无法成立的。

邦尼同样表示他的理论也存在着一定程度的瑕疵。他同意，对即将获罪的罪犯进行治疗，使他们能够更"健康"的接受刑罚，的确使医生处于伦理学冲突的中心位置。这里唯一的例外是，当经鉴定后，罪犯的确无刑事行为能力时，将使他免于刑事处罚，很明显这是查尔里迪斯规则中最小化竞争价值副作用的例子。临床价值在"公平正义"这个更高标准的司法境遇下，只能通过客观鉴定，才能将侵害达到最小化。邦尼同样建议分离刑事能力鉴定中的治疗和鉴定角色，从而使它们不必那么显得那么"紧张"。而这也正是我们解决这类问题的一个主流方案。他同样论证了针对死刑执行能力鉴定的辩论是由反对死刑的意图推动的假设，进而提出了动机辩论。但他表明这是自己的"假设"。或许他也很清楚其他人在该主题上的观点。如果读者需要更多动机来支持该方面的医学伦理学情感，可以研究作者在《伦理沼泽中死刑案例》的丰富讨论。

邦尼进而得出结论，虽然他同样赞成法庭专家和临床医生具有某种程度的社会统一性，但法庭专家工作的基本原则必须有别于日常的临床治疗工作。由于医生"救死扶伤"的天性使然，所以必须对法庭专家的角色进行某种程度的干预或控制——而这也是我们仍在面临的一大挑战。

有别于其他专业，精神病学陷入了患者期望和社会期望的冲突中。现今，美国的精神病学在决定和恢复死刑执行能力鉴定这一点上显现的特别突出。

具有讽刺意味的是，国际上关于该角色的辩论，尤其是在医生对患者的责任和社会对法庭专家的要求等方面反映了医学伦理学研究进展方面的巨大失败。明确一点说，一些批评家虽然反对死刑，但是这部分批评家反对死刑的观点根源于未能明确区分患者和被鉴定人角色的希波克拉底式伦理观。

论坛（内容）

格雷格·布劳切博士
美国乔治敦大学法律中心，法学教授。
美国华盛顿特区，新泽西法界600号。

（格雷格·布劳切博士同时是美国约翰霍·普金斯大学健康政策部的兼职教授，也是国际法律和心理健康学会和人权医师主任委员会的成员）

例如，我们习惯脱离这些理想化状态，并且传统医学伦理学并未指明我们何时可以脱离 [1]。社会维持医学方面的个人和公众所期望的矛盾 [2]。作为患者，我们期望医生在我们具有医疗需求时保证公正性，并且指责其没有维持公正性的行为。当然作为公民，我们在民众生理和精神健康状况方面拥有无数权力、义务和机遇，所以我们因此要求各种保护个体健康的药物。就业机会、获得残疾抚恤金的资格 [3]、兵役义务 [4]、罪犯的能力权限、儿童托管、流产权利 [5]，和签订合同的能力均为常见的以医学角度鉴定但绝非以治疗为目的（治疗转移）的行为。

司法精神病学鉴定人即是通过解决这些公众期望，甚至因从事这些而导致对当事人的伤害而存在着。当对死刑执行能力的鉴定可以决定囚犯是否可以接受死刑时，法庭专家们在死囚区所进行的临床工作就造成了这种异常强烈角色和冲突的矛盾。但这些矛盾充斥于所有法医学鉴定实践活动中，并同时充斥于其他所有非以关怀患者为目的的临床医疗实践活动中。因此，针对涉及司法精神病学鉴定的争论在死刑执行方面更能引起人们的共鸣。在这种意义下，弗雷德曼和哈尔彭意识到了标识这些精神病学道德规范"危机"的重要性。

那么，我们是否可以以个体患者或临床医学主体为代价来声讨服务于各州、社会或其他第三方团体所有不道德的临床医学工作呢？在驳斥使医生成为"法律要求的合作者"所产生的"妥协"上，弗雷德曼和哈尔彭建议可以这样做。但是这样做意味着要求医学职业无视在这种关系中的社会表现需求。然而相比健康状况的更为深层次的，关于权利、义务和机遇的合法性决策的司法鉴定而言，这种绝对论者的观点是不现实的。

那么，最近与死刑相关的许多司法精神病学鉴定人声明自己和其他服务于国家或法律系统的医生"其实不是在扮演医生的角色"[6]，因此无需担心为患者维持公正的希波克拉底责任，即保持对患者的忠诚并避免对他们伤害？这种声明被多次强调，然而其最大的危险在于，它制造了国家期望和希波克拉底誓言之间的紧张状况。欧洲司法精神病学家驳回了该声明，而更倾向于补偿这种由于紧张而引起的道德上的紊乱。美国司法精神病学家同样习惯避免仅以这样简单的答案来解答如此复杂的问题，而代之以在公正系统的义务和患者福利之间找寻某种平衡[7]。

为补偿这些义务和掺杂其间的纠缠，司法精神病学家接受这种在他们服务于国家基础上的对于传统医学道德的约束。但这种束缚并未使医生和专家证人找到医学和司法鉴定上的平衡点,反而它会导致对精神病学的过度抑制,而且没有杜绝美国医生参与死刑执行中的致命药物注射行为。服务于国家意志的医生并未忠实地履行国家所赋予的惩戒职责,这与国家需要的初衷产生了矛盾。当有关权利和义务的鉴定更倾向于精神健康状态评定时,法律职能便转向法医精神病学的本原,而这种鉴定则通过医学原则对国家职能提出挑战并施加压力。

从这个意义上说,这些医学鉴定活动可能导致对临床医学主体的损害。它们有违社会对于医疗技术妥善使用的期望,也同样侵犯了司法鉴定的期望。即使精神病学家明确地表示用于法律目的之前会进行客观的医学鉴定,但非认知暗示还是会混淆被鉴定人对医学善行上信念的理解,这样利用"善念"的伤害会持续许久。恰恰相反的是,在临床医学设置上的动态转变却在鼓励这种"伤害"。事实上,最至关重要的临床技能与被鉴定人的感情联系所引起的信任感并不反映法庭专家的司法鉴定的目的。

伦理上敏感的法律工作者难以了解这些困境。无论对于引起伤害的医学工作强硬的坚决要求,或是明确拒绝承认与这种伤害的伦理学关联,都不能使我们依从于他们的观点。关于死刑执行的临床医学伦理学争论彰显了这个问题巨大的社会意义,在争议的背后蕴藏着更多的探讨并解决这个问题的机会。在社会各方关切下,媒体报道了包括阿佩尔鲍姆在内的一些美国司法精神病医生试图平息美国有组织的医学反对者在医生进行死刑执行能力鉴定方面的不同声音,他们的努力使之在美国精神病学学会所管辖的范围内发挥影响[8]。但是,许多美国知名的精神病学医生及伦理学家包括弗雷德曼和哈尔彭及哈特曼对此均持反对意见,并督促学会再次慎重的考虑该问题。

我们之前更大的挑战就是调和精神病学医生与他们患者及社会之间不一致的义务，在一定意义上尊重健康状况的社会重要性及医生治疗的可靠性存在冲突。我的结论是，具体而言，当对医生善行的社会信念被刺激性地或挑衅地决裂时，此时的考虑就要求基于国家的利益而禁止临床医生的工作 [9]。我相信反对精神病学涉及死刑执行案例讨论已经足够引起我们的关注了 [10]。

参考文献

1. Stone AA. *Law, psychiatry, and morality*. Washington DC：American Psychiatric Association Press；1984.

2. Bloche MG. Menschenrechte und die problematik der todesstrafe. *Deutsches Arzteblatt* 1996；93：172 - 175.

3. Mashaw JL. *Bureaucratic justice：managing social security disability claims*. New Haven：Yale University Press；1983.

4. Halleck SL. *The politics of therapy*. New York：Science；1971.

5. Bloche MG. The 'gag rule' revisited：physicians as abortion gatekeepers. *Law Med Health Care* 1992；20：392 - 402.

6. Appelbaum PS. The parable of the forensic psychiatrist：ethics and the problem of doing harm. *Int J Law Psychiatry* 1990；13：249 - 259.

7. American Psychiatric Association. *A report of the Task Force on the Role of Psychiatry in the Sentencing Process*. Washington DC：American Psychiatric Association Press；1984.

8. Rothstein DC. Psychiatrists'involvement in executions：arriving at an official position. *Newsletter Am Acad Psychiatry Law* 1995；20：15 -

17. Appelbaum PS. Letter to Dr David Orentlicher (American Medical Association Ethics and Health Policy Council), 17 September 1993.

9. Bloche MG. Psychiatry, capital punishment, and the purposes of medicine. *Int J Law Psychiatry* 1993; 16: 301 - 357.

10. American College of Physicians, Human Rights Watch, Physicians for Human Rights, and the National Coalition to Abolish the Death Penalty. *Breach of trust: physician participation in executions in the United States.* 1994.

评论：何时论证发生了错误的转变

接下来，读者发现了这些论证的另一个需要谨慎对待的部分。格瑞格·布劳切和我们一样将问题解释为在患者与社会的期望之间的直接压力。读者将注意到我们在本书开头陈述的造成伦理学困境的力量。布劳切强调了这个更大的医学伦理学失误，承认辩论所具有的辛辣意味，并缓和了他自己的论证中的主要思想矛盾。

他通过集中焦点于决定及认可死刑执刑能力权限的精神病学角色来诠释角色言论。他也通过调用希波克拉底的伦理学内容来强调依赖首要原则不会引起任何伤害。特别是在这个辩论中，如同我们之前说到的，我们支持对首要原则的应用。

与其他人讨论现代医学采用的非罪原则"首要的，不会引起伤害"是很困难的。我们只是讨论在复杂的伦理学争论中，绝对论者希波克拉底的观点可能而且也是过分简单化的，并且因其根源存在的瑕疵而无益于帮助我们。医生对待患者持续的忠诚原则应该得到继续发扬，如同许多现代学者关于非罪行的清晰表述。我们仅仅反对源自历史上对于希波克拉底理论的片面理解的辩论。

我们已经对将传统视为道德上的依据的观点进行了细致的批评，我们认为无论历史具有多么强大的借鉴意义，都不影响我们理解和认识现代伦理学困境的必要的和绝对的力量。我们支持在我们自己的理论中，尊重医学伦理历史上的必要性，但没用任何最终的伦理学权威来影响它。我们以平衡的方法衡量尽可能多的原则，包括反思理论、由叙述浓缩的原则等。

布劳切意识到纯粹的善行，无论它的起源是什么，都不会使我们偏离这个辩论中的主旨思想。在他的文章中，他认为传统的医学伦理具有"多重监控的功能"，从伤残程度及罪犯义务到决定子女监护权的归属，甚至涉及所有有关临床医学（例如，虐待，暴力）的鉴定。即使当有可能导致某种伤害的时候，司法鉴定也必须面对这些公共期望。这就是所谓"黑手问题"（Dirty hands problem）的核心；它"充斥在所有司法鉴定工作中"。

那么我们应该因此而责备所有的司法鉴定工作吗？当然不。布劳切承认这种全盘的责备是绝对论者的不切实际的论调。出于社会对司法鉴定的需要，他支持社会关于法庭专家基本的权利及义务的决定。因此，他认为临床医学不应轻易放弃司法鉴定这一领域。

布劳切不赞同纯粹的司法鉴定理论，因为它建议法庭专家不再扮演医生的角色。他不喜欢这种方式，他认为司法鉴定工作已经完全背弃了善行理论。他将纯粹的司法鉴定角色描述为从可识别的伦理学压力中的一种逃脱，这个观点根源于他对临床医学伦理学的直觉论及自身的感悟。布劳切喜欢审判系统及被鉴定人之间的平衡义务，并认为它可以被广大的医学界所接受。这是平衡规则及阿佩尔鲍姆的反思理论影响下的结果。

但是我们必须逐步理解和解释布劳切的观点。他声明他的立场受到某些非常规压力的束缚，他反对对国家目的的不加控制的忠诚。他认为这是缺乏限制的表现，在集权主义国家中这种压力已经慢慢破坏了精神病学本身。他指出司法系应该不遗余力地支持法庭专家，支持他们应用临床医学的概念及策略解决司法鉴定中的问题。

但是被鉴定人的期望是什么？尤其在这种力量不对等的背景下（例如，临床医生会持有更多关于被鉴定人的信息，而被鉴定人则多处于受控制的状态），被鉴定人往往很难受到传统医学"善念"的关怀。对医学善行的信任主要源于社会对医学的期待。应用临床技能及富有同情心的检查方式抵消最初社会对司法鉴定残酷性的指责，被鉴定人的担忧是抵御法庭专家道德偏移的最后壁垒，这一点同样清晰无误的体现在美国精神病学学会及法律的伦理学指导方针中。

布劳切的观点为临床医学绝对服务于国家机器设置了一定的界限。它限定了在进行司法鉴定前，应明确被鉴定人的精神状态以确定他是否可以进行司法鉴定，并且建议法庭专家谨慎地完成鉴定过程。布劳切禁止一些纯粹出于司法目的的鉴定，他认为这些行为可能慢慢破坏社会对于医学的期望，但是他并不清楚这些活动可能的最终结果。

他努力使他的观点变得清晰明确，当确实找到反对死刑执行能力鉴定的关键问题所在时，他非常惊喜能够得到这个结果。在权衡、强调日常鉴定与死刑执行能力鉴定的区别之后，作为伦理学重要问题的法庭伦理学在死刑执行鉴定方面做出了妥协。

具有讽刺意味的是，布劳切的理论在进一步讨论传统医德观念与法庭专家"冷酷"鉴定之间显得论据不足，没有余地。他所面临的挑战是一种患者利益与社会司法需要之间的义务选择。布劳切的平衡理论尊重健康状态的重要性（临床医生的需求），同时也包括司法鉴定的社会正义性。明显地，平衡的模式仍然存在，正如临床医学与司法的伦理学之间的紧张气氛一样。但是在没有充分的论证下，布劳切已经为这个问题制定了这样的一种妥协的界限。

在一些激烈的论证之后，布劳切选择更为抽象的解释为法庭伦理学设定伦理学界线：在医学善行中，司法工作与社会信念全无关系。但是在讨论角色间的平衡及压力之后，他认为仅仅重视社会的期望还远远不够，每个人都有其各自年代的伦理道德观念，但至于什么是统一的、公认的伦理道德标准则显得过于模糊。为什么要将是否违背法庭伦理学的界线仅仅限制在死刑执行能力这一方面的鉴定上？虽然布劳切已经进行了充分的论证，但仍不能避免有错误的观点混淆其中。

论坛（内容）

保罗·S·阿佩尔鲍姆博士

马萨诸塞大学医学院精神病学系教授和主席。美国马萨诸塞州伍斯特市。Email：pappel@ ummed. edu.

美国精神病学存在伦理学方面的危机吗？由于司法鉴定的特殊性损害了传统意义上医生维护患者利益的忠诚性，并且在司法鉴定实践中，某种程度上鼓励法庭专家将自己的经济利益而不是被鉴定人的利益置于首位，因而可能存在着危机。但是弗雷德曼和哈尔彭认为司法精神病学鉴定人对于死囚的死刑执行能力的鉴定引发了伦理学危机，这些死囚的执刑能力鉴定广泛的受到伦理学的质疑，这的确将给美国的大部分从事司法精神病鉴定的法庭专家提出挑战。我们将介绍这个问题的产生背景并探讨其产生原因。

美国50个州中有38个州允许死刑，主要为了惩罚那些极端恶劣的谋杀犯罪。在美国宪法中，如果囚犯没有刑事行为责任能力，他将不能被处以死刑 [1]。简要地说，这一前置性条件的解释意味着不能理解刑罚本质及其需被迫接受刑罚的理由的囚犯必须免于执行。在马里兰州，这样的囚犯的死刑改为了无期徒刑，在路易斯安娜州，如果囚犯无刑事行为责任能力，他将不会被执行死刑。但是据不完全统计，对于囚犯的死刑执刑能力的鉴定还并不普遍。

困扰弗雷德曼和哈尔彭的到底是什么呢？他们相信精神病学医生不应该参与对于死囚的死刑执刑能力的鉴定。为什么他们会持有这种立场，这在他们的论著中并未解释得十分清楚，除了主张参与死刑执行能力鉴定的法医鉴定人，没有人相信这种事情在伦理上是被允许的。他们的观点不被官方所支持，因为由此引发的对正在发展的伦理学标准、针对美国医学，特别是司法精神病学鉴定的控诉逐步增多。美国医学会的伦理学及法庭事务委员会在研究这个问题数年之后，他们得出结论，进行这种鉴定并不等同与参与执行死刑。事实上，"没有医生的参与，无刑事行为能力人极有可能被不合情理地执行死刑了" [2]。美国医学学会代表委员会也支持这个结论。类似地，美国精神病学学会伦理学委员会规定，允许精神病学医生参与死刑执刑能力的鉴定 [3]。

这些结论与精神病学医生在死刑执刑能力鉴定中应充当有别于传统医生角色这个理论充分一致。在鉴定完囚犯的刑事责任能力之后，精神病学医生在听证会上予以证明关于他们的鉴定意见。同样，法庭会也从其他人口中听到有关刑事行为责任能力鉴定的其他证据，尤其是监狱看守或其他与囚犯有关的人。关于囚犯是否具有刑事行为责任能力，或者是否能够被执行死刑这个问题留给了官方，这个决定者往往是法官。精神病医生参与这个过程并不能完全等同于参与执刑。

但这种鉴定并不能被伦理学所允许，这也正是弗雷德曼和哈尔彭所坚持的，它将为精神病学医生带来一个难以想象的伦理学困境。想象一下，精神病医生认为囚犯是精神病或精神错乱，因而不具备刑事行为责任能力，但他们是如何做到这一点的，或者说他们具有这样精确判断的能力吗？而且在司法实践中，有些囚犯的精神状态异常是由孤独所致，而不是典型的精神分裂症。但弗雷德曼和哈尔彭仍然认为，如果我们绝对的禁止死刑执行能力的鉴定，那么精神病学医生将默默地注视（因为对于囚犯刑事行为责任能力鉴定将被正式禁止）并目送那些不具备刑事行为责任能力的囚犯走向死亡。

人们无论如何也不能相信这是正当的伦理行为，公众不能理解这样的事情。

那么需要依赖什么样的力量来鼓励这种偶尔违背常规伦理学的司法鉴定呢，所有从事伦理学研究的个人或机构能赞同这种伦理学例外吗？他们能赞同这样的医学伦理学危机吗？死刑执行能力鉴定在支持者及反对者间引起了强烈的情感冲突。可以理解，许多反对者寻找任何有效的论点来尝试证明该鉴定的非法性。但是很明显，这对从事该项鉴定的精神病医生及囚犯都是不公平的，在死刑执行能力鉴定这个问题上，政治力量也许才是终极裁判者，而参与这个问题的所有人都可能使自己成为牺牲品。

对于这个问题，尽管在弗雷德曼和哈尔彭的论著中表述得并不清楚，但应该注意到没有人会愿意被牵涉进这个辩论——美国医学会、美国精神病学学会，包括我本人——都不认为精神病学医生应该努力治疗患者恢复行为能力以助于死刑。这不是在这讨论的问题。总的来说，对于我们在司法精神病学伦理学的观点，也是与弗雷德曼和哈尔彭有悖的内容，我们已经在此问题上进行了详尽地说明，而且让感兴趣的读者继续关注有关这个问题的讨论 [4]。

参考文献

1. Ford v Wainwright, 106 S. Ct. 2595 (1986).

2. Council on Ethical and Judicial Affairs: *Report 6 – A – 95*, *Physician participation in capital punishment*; *evaluations of prisoner competence to be executed*; *treatment to restore competence to be executed*. American Medical Association; 1995.

3. American Psychiatric Association：*Opinions of the ethics committee*. Washington DC：American Psychiatric Association；1996.

4. Appelbaum PS：A theory of ethics for forensic psychiatry. *J Am Acad Psychiatry Law* 1997；25：233 – 247.

评论：如何构建论证之二

现在阿佩尔鲍姆的理论有机会说明这个伦理学问题。他引用了更多的判例而不是纯粹的伦理学理论讨论这个问题。他认为法庭专家要做的不是普通精神病学医生应该做的那样简单，诊断、开具处方、治疗等，他们要做的是一个道德的蓝图。这是一个比简单地引用某个或其他职业组织的伦理学更为丰富的领域，而对死刑执行能力的鉴定仅仅是这其中的一个微小部分，我们不应仅仅局限于此。

他在论证分析中谈论解决这些伦理学问题的办法，他利用能够使支持死刑与否的双方都可以接受的逻辑来评价死刑执行责任能力鉴定，并尽量拉近双方的伦理学距离。他引用社会权威机构撰写的文章及伦理学规范来阐明他的观点，尽管这可能看起来是在利用社会权威机构的影响去对抗激烈的矛盾，并且不像有些人建议的那样绝对禁止精神病学参与死刑执行能力鉴定。这种做法使有关的法庭伦理学讨论变得轻巧灵动，不会具有那么激烈的对抗，因而这种符合社会实践的方式受到社会舆论的欢迎。

而且阿佩尔鲍姆也提醒读者，马里兰州及路易斯安那州对不具备刑事行为能力的罪犯减刑的做法已经将精神医学鉴定所带来的损害降至最低。而且，这同样也可以视为将我们所珍视的伦理学原则在司法鉴定领域给被鉴定人所带来的伤害降至最低的行为。

阿佩尔鲍姆赞同邦尼的观点，即刑罚的最终决定者应对是否符合伦理学规范承担责任。医生并非是最终的决定者，他们不是裁判者，他们仅是死刑执行过程中的一部分，而且我们应该鼓励他们应用自身的医学知识为裁判提供医学支持并有助于最终的裁决。审判委员会或法官才是"根本问题"的回答者。在尊重司法的氛围中，允许法庭专家在传统医学伦理之外争取他们的地位和价值。而且，我们应该认识到，如果没有医生的参与，那么一定会有一些真正不具备刑事行为能力的人最终会被处以不公正的处罚。

我们可以设想，如果完全禁止医生参与司法领域的鉴定，这将会引起司法公正方面的空白。也就是说，法医学鉴定绝不是可有可无的。虽然存在激烈的伦理学冲突和矛盾，但法医学鉴定的存在至少说明它本身就具有基本的伦理学标准。

从事司法精神病学鉴定的法庭专家在这种反复纠缠、激烈争辩的讨论中很有可能沦为伦理道德的牺牲品。阿佩尔鲍姆也担心他的观点会激起反抗死刑者的激烈批评，但是本书的作者仅仅应用简单的方式来讨论读者所关注的焦点，我们并没有站在两者的任何一方，我们也没有对任何一方进行伦理学上不礼貌的攻击。

我们已经注意到了基于历史的、已有判例支持的不同伦理学理念之间的种种差异，由于它们均起源自己的伦理范畴，并且都已为社会历史所接受，所以我们认为它们都是正当的，并值得尊重。我们希望从多重、多种观点中获得真知，我们怀着对真理的渴望进行有关法庭伦理学的对话。

论坛（内容）

玛丽安妮·卡斯特鲁普教授。

丹麦，哥本哈根，Borgergade13 号。

直到现在，在死刑中涉及的医学问题尚未得到充分的承认。在大赦国际（Amnesty International，AI）这个国际知名的组织中，反对医生参与执行死刑的医学组织已经成立，其通过增加公众，特别是增强医生对该问题的认识以达到反对死刑的主要目的。大赦国际定期发表时评，并在多年前发表了大量的论文［1－3］，讨论在死刑执行过程中的医生，包括精神病学医生［4］不同方面的角色问题。

在司法精神病学鉴定领域，阿佩尔鲍姆［5］特别关心精神病学医生参与司法鉴定的有关事宜，这些从事司法鉴定的精神病学医生已经参与死刑执行能力的鉴定超过10年之久，这种境遇使他们已经相对地在美国的伦理学争议中变得孤立无援。因此他们非常欢迎弗雷德曼和哈尔彭的文章和他们在某些会议上的观点。弗雷德曼和哈尔彭提到世界精神病学学会的马德里宣言中的明确标准及对特殊情况的指导原则，这其中包括允许精神病学医生参与到死刑执行能力鉴定中。但是，早在1989年国际精神病学会就曾发表声明，认为中国精神病学医生参与到与死刑执刑有关的任何行为都有可能违背职业伦理学。因此至少在国际精神病学会伦理范围内，精神病学医生参与死刑执行是否符合伦理学规范仍然是一个两难问题。

弗雷德曼和哈尔彭特别关注有关对死刑犯刑事责任能力鉴定的质疑。他们认为这一方面的鉴定包括死刑犯自身的责任能力和通过治疗使之具备承受死刑惩罚能力的两方面，但其他方面的问题也值得探讨，包括在在鉴定过程中的司法精神病学法庭专家的角色及他们的鉴定能力等。精神病学方面的证据的确可能有影响力而且确实在死刑裁决中起了关键的作用。最后，我们应该认识到，关于死因的精神病学鉴定的全部问题都值得进一步关注，这必须包括出现在死因自身的问题，也同样包括这类鉴定所引发的社会问题。

死刑执行能力鉴定是精神病学组织所关心的问题，而且会得到更进一步的关注。

参考文献

1. Kastrup M. Henrettelse af psykisk syge og psykisk handicappede. (Execution of the mentally ill and handicapped.) *Ugeskr Loeg* 1989；151：1629.

2. Kastrup M. Psykiaterens rolle i dodsstrafsager. （The psychiatrist's role in cases of death penalty.) *Ugeskr Loeg* 1989；151：2164.

3. Kastrup M. Fremtidig farlughed og dodsstraf. （Future dangerousness and the death penalty.) *Ugeskr Loeg* 1989；151：3273.

4. Kastrup M. Psychiatry and the death penalty. *J Med Ethics* 1988；14：179 - 183.

5. Appelbaum P. Competence to be executed：another conundrum for mental health professionals. *Hosp Comm Psychiatry* 1986；37：682 - 684.

6. Freedman AM，Halpern AL. The erosion of ethics and morality in medicine：physician participation in legal executions in the United States. *NY Law School Law Rev* 1996；41：169 - 188.

评论：滥用滑坡效应

下面的部分我们将简短介绍大赦国际及其他国际组织团体对于死刑执行能力鉴定的一些观点。卡斯特鲁普教授提出一些观点并进行了论证。卡斯特鲁普教授是该领域研究的权威之一，讨论这些观点也是为了超越它们，这些观点不以"首要原则"来构建它的理论体系。读者可以结合前述内容辩证地看待它们，它们在某种程度上也不是十分明确的，在某些方面也是或多或少受到限制的，因而，虽然它们来自于权威机构，但这个论证的力量是不确定的。

这个方法就是对历史进行叙述，并借鉴历史传统的影响力。回顾 1989 年国际精神病学会有关禁止精神病学医生参与死刑执行的立场，我们觉得这个观点近乎绝对了。直至现在，这种观点仍然对现今的司法鉴定有着重要影响，并且限制着这个领域的鉴定工作。这样的先例增加了我们的困惑，但可以从反证的角度支持我们的观点，传统作为道德的保证及维护国际组织的威信的方法是值得怀疑和讨论的。

接下来我们将对上述的观点进行讨论，通过反证的方法对历史的、传统的观点展开辩论。出于对伦理道德的维护，对死刑执行能力的鉴定以及其他类似的鉴定不允许精神病学医生介入，如果违背了即意味着违反伦理道德，这就是我们所说的道德"滑坡效应"。为了避免这样的"道德悲剧"，精神病学医生被要求从司法鉴定实践中脱离出来。

法庭、当事人及律师频繁地要求法庭专家鉴定犯罪事实。在死刑案例中，卡斯特鲁普教授认为证明法庭专家提供这类证据可能是"极具影响力的"，且"影响法官的决定"。他以"可能"的语气将推测置于讨论的起始环节，并谨慎地谈到这些由实践引发的问题，即什么时候、什么样的环境条件下才会允许法庭专家介入，这是否是将法庭专家介入的允许权交与陪审团呢？

下面是卡斯特鲁普教授的进一步总结："最后，关于死囚的精神病学鉴定中的整体问题值得进一步注意"。但是他所谓的"整体问题"是什么呢？在上下文中，体现了一种虚无主义风格，使我们再次意识到了这种讨论的灵活性。

我们的感觉是这种形式违反了伦理学推理中的一般化实践原则。为了将关于近似的论证演绎为鉴定具有危险性，而其据此完全否定精神病学介入死囚的刑事责任能力鉴定是不适当的，但这却是一个绝对的、被奉为经典的结论。承认金标准① (Golden Rule) 及康德的绝对强制性原则（例如，好像你的行为就是万能的法律的论断），在某些事情上具有其合理性。虽然可以应用这些理论进行概括，但如果某种行为不能满足所有的要求，它将受到伦理学的质疑。

读者可能也认识到历史的叙述（作者代表世界精神病学学会及大赦国际）实际上否定了所有可能。阿佩尔鲍姆已经指出职业组织愿意考虑刑事行为责任能力评估。的确，在古代，亚里士多德承认外来势力会影响行为、鉴别强制及无知，并以此作为减少个人责任的基础。他并不是责备那些不是故意做事的人。在现代，亚里士多德的伦理学有利于关于强制与无知的临床医学鉴定。通过熟悉亚里士多德的分析，读者可能认识到人物历史的叙述强调精神病学的证据的重要，而非忽视。

论坛（内容）

艾哈迈德·奥卡沙
世界精神病学学会伦理委员会主席。
埃及，开罗，卡斯尼尔，Shawarby 街 3 号。

早在 2000 多年前，古希腊及古罗马就出现了有关法律及精神病学之间关系的问题。这种关系的发展并不能被医学知识积累的过程所显现，因为这些医学知识正应用于司法系统。人们不能理解逐渐受到司法体系影响的医学，甚至后来一些新的有关精神病学的法律解读。法律及精神病学受它们自身的互相调整支配，也

---

① 金标准（Golden Rule）：为人准则，即《圣经》中所说的"你要别人怎样待你，你也要怎样对待别人"。——译者注

包括知识、技术及客体的持续交换。经过了数个世纪，这两种原则看起来伴随着普遍的转换，在对个人的照顾及社会的保护之间的转换。他们的相遇经常使我们后退到存在于两者之间的二元性空间，一方面是健康价值的矛盾的概念，另一方面是自由、完整性及自主性的概念。

精神病学医生也不例外，任何医生的终极目的就是缓解痛苦及改善患者的生活质量从而使他们更好的生活。但缓解痛苦及治疗将被执行死刑的患者，是与医学伦理学上相矛盾的。我作为世界精神病学学会伦理委员会的主席，与其他委员一起，发表了马德里宣言及特别情况下的特殊指导原则。我们在有关死刑的段落陈述了"在任何情况下，精神病学医生都不应该参与合法授权的死刑执刑，也不应该参与死刑执刑能力评估"。在 1996 年，世界精神病学学会全体会议中一致通过了这个声明。即使完全从伦理学角度出发，我们也不能接受将司法精神病学医生排除于这种鉴定之外。原因在于，法庭专家就如国家权利的代理人一样，他们是作为主张公正或公正审判中的助手出现的。

弗雷德曼和哈尔彭认为"精神病学治疗以恢复死囚的死刑执行能力这个问题同样是扰人的难题"。是否允许精神病学家治疗那些极度痛苦的死囚呢，我们的想法是，我们应该允许司法精神病学鉴定人介入到对一些临刑囚犯的治疗中。这些死囚正在忍受精神疾病或自虐行为所带来的极度痛苦，他们通常认为审判至真正执刑之间的时间应该长达数年，但实际上，执行时间应该并且是经常提前的。我们完全赞同精神病学皇家学院的指导方针（1992）："精神病学医生决不应该这样向国家允诺，治愈该患者之后就可以执刑死刑"。

上述观点由几个国家及国际医学组织的伦理学准则认可：这些组织包括，世界医学会、国际精神病学会、美国医学会、英国医学会、皇家精神病学学院及美国精神病学学会。

评论：平衡医学及法律的价值

著名的国际精神病学会伦理学委员会前主席，洛佩兹·德伊沃尔以描述历史、法律及医学如何相互塑造彼此作为开始，进一步阐述了伦理学的实践活动（如我们在阿佩尔鲍姆的部分所讨论的一样）。他反对过于简单化的理解它们之间相互的关系。这种相互关系既是医学知识向法律的转移，也是法律经典渗入医学的过程。在不同时期，这两个学科在个人与社会两方面塑造了联合。这种观点曾出现在我们描述过的脆弱角色理论内容中，而且也出现在我们所认同的平衡模型中。

但是，这似乎有一种"稻草人（the straw man）①"的意味。这好像是为了驳斥论证，而提出一种容易被驳倒的观点，这是一种辩论欺骗。我们在推理中发现，那些赞同对死囚执刑能力评估的人一定忽略了司法义务的二元性及医疗职业的主要的治疗目的。这是一种推理形式，推断法庭专家应该期盼哪一种结果，辩论欺骗抑或都不是。

以从容不迫的描述法律与医学之间的历史上的关系为开始，洛佩兹·德伊沃尔突然转向另一个主张："任何医生的终极目的都是缓解痛苦……"当然，这个主张消除了医生角色的任何灵活性，或对于双重代理人的更复杂的理解。作为伦理学委员会的主席，他所指的是世界精神病学学会直接的反对死刑执行能力鉴定，并认为这是对所有司法鉴定人的禁令，司法鉴定人有可能因从事死刑执行能力鉴定而被排除在司法鉴定领域之外。

上述这些是国际精神病学会伦理学委员会的权威解释，没有人

———————

① 稻草人：意为假想的对手，被当做挡箭牌的人。——译者注

可以质疑这个解释的权威性。但是它强调职业组织机构的伦理学理念与公众或个人的伦理学之间的差异。在有关这个问题的讨论中，读者可能寻找超越了国际精神病学会伦理委员会意见的分析。到目前为止，在所有的讨论中，最成功的方式是已经我们已经确定了伦理学的重要原则及其应用，并通过已有的现实案例或叙述来证明它们。

洛佩兹·德伊沃尔随后拓展了他的观点。他礼貌地否定其他著名学者（弗雷德曼和哈尔彭）关于治疗死囚苦楚的例子。他用有力的论据来证明这种治疗的可行性（例如，死囚治疗到执行期限的长度，及法庭复检的可能性）。但他决不赞同成功地治疗囚犯的目的在于他们更好的适合执刑。

这种方法极好的剖析了什么是允许的、什么是不允许的。这个论证使我们很容易地清晰认识之前的一些过于广泛的概括及那些不合理的主张。但是通过严格地应用相关的证明、历史的叙述及他自己的职业地位，和其他的学者相比，洛佩兹·德伊沃尔将伦理学限制引入不同的方向，这是个很好技巧和方法，并且是一个有证明力量的模型。

案例：抗抑郁药是否引起自杀？法庭上的伪证者

马休·米勒是一名 30 岁的男性，他曾被诊断患有精神抑郁症。在应用处方抗抑郁药舍曲林后 7 天，他在家中自缢身亡。米勒的家人随后以非正常的死亡控告舍曲林（Zoloft）[①] 的制造者辉瑞制药有

[①] 盐酸舍曲林片属片剂。本品可选择性抑制中枢神经系统对 5－羟色胺的再摄取，从而使突触间隙中 5－羟色胺浓度增高，发挥抗抑郁作用。亦可用于治疗强迫症。——译者注

限公司①。

后来，辉瑞公司向医学专家寻求有利于自己的证据，并引用法庭专家自己对于之前的自杀的不确定性的陈述，他们试图阻止法庭采信原告法庭专家的所有证言。应用道伯特理论，辉瑞公司争辩到，法庭专家没有检验评价自杀风险的方法论，他们的错误率过高，并没有死者关于自杀的意见的实际理论基础。法庭不赞同辉瑞公司这一观点，法庭认为这是一种回顾性的诊断，而且法庭发现辉瑞公司在抗诉过程中并没有充分的证据证明自己的观点。

"西佛曼医生在他的宣誓证言中没有陈述舍曲林可能导致马休·米勒是自杀的，西佛曼医生也承认他不能合理的陈述医学不确定性，马休·米勒是患有过量应用药物导致的舞蹈症，但像舍曲林那样的选择性5－羟色胺再吸收抑制剂药物有可能触发自杀行为"。被告称这些意见难以接受，因为西佛曼医生不能合理的陈述医学不确定性，以及确切的解释关于舍曲林引起自杀的关联性或马休·米勒患的舞蹈症的直接原因。

这是关于"稻草人"现象的明证。在法庭记录中，西佛曼医生一直在强调这种不确定性的意见。法庭需要排除西佛曼医生的证言，西佛曼医生仅认为舍曲林可以引起舞蹈症以及马休·米勒可能已经患有舞蹈症，而不是确认。

法庭的意见是辉瑞公司超越了西佛曼证言中可证明的范围。被告陈述了自己的理由，但因为他们所陈述的也不是精确的专家论证，法庭当庭驳斥了它们的辩解。每名法庭专家都可能发现，无论他们

---

① 辉瑞（Pfizer）公司是一家拥有150多年历史的以研发为基础的跨国制药公司。辉瑞公司为人类及动物的健康发现、开发、生产和推广各种领先的处方药以及许多世界最驰名的消费产品。辉瑞公司包括三个业务领域：医药保健、动物保健以及消费者保健品。——译者注

是否愿意，他们的鉴定分析被律师有意歪曲或扩大化了。

论坛（内容）

朱万·洛佩斯教授

世界精神病学学会竞职主席。

西班牙，马德里，Nueva Zelanda 44 号。

在美国立法系统有两种特质，可能会误导读者，认为弗雷德曼和哈尔彭提出的问题并不是为了世界范围内的重要伦理学利益。

首要方面是死刑在美国一些州存在，而在没有死刑的州，则是另一种局面。当精神病患者实施了犯罪行为并被判处死刑后，这时候确认精神病状态便成了一个性命攸关的问题。在死刑不存在的那些地方，人们认为长期监禁或被精神病院监管是一样的；特别是现在许多监狱对囚犯提供心理康复治疗，然而，现在精神病院在许多国家都变质了，以至于很多人认为有限的监禁判决要好于无时间限制的精神病院治疗。然而建立制度对职业工作很必要，否则保持适当的医患关系、合适的治疗及必要的康复程序都将难以在监狱中进行。

大体上，美国立法系统及英国——撒克逊人国家的第二个特性，就是强调程序法而不是实体法。在除英美之外的其他国家里，实体法拥有一系列的标准，特别是在那些罗马法盛行的国家（法国、意大利、西班牙及拉美国家）。在实体法中，作为法庭专家的精神病学医生及其他职业看起来更为简单。法庭专家拥有两个角色：第一个是对患者进行医学诊断，第二个是鉴定患者心智的状态。

最近，西班牙的两个案例可以帮助我们明确上述问题。在这两个案例中，没有精神病患者，但是精神病医生被要求对被告进行鉴定。第一个案例是一群青年进行了一个被称为"角色"的游戏并在一个凌晨残忍的杀害了一名清洁工。这个游戏的主题是"扮演角色", 这群青年人扮演了"义务警员"或"种族清理者"的角色, 危害弱者、老人及外国人。在经过街头游荡之后, 他们发现了一名清洁工, 一名年迈的外国人, 由于他可能在晚上看起来比较丑陋, 因而遭到了这群青年的杀害。在这个案子的审判过程中, 精神病学医生及心理学家之间展开了斗争。因为嫌疑犯中, 特别是那些主犯, 并没有人符合精神病学诊断标准, 因而精神病学医生不能认定他们精神异常。但心理学家没有背负提供精神病学诊断的重担, 他们更有能力对被告的品格做出评判, 但他们认为被告不应对他们的行为负责。事实上, 他们一直试图在精神病症状未表现异常的情况下进行精神病学辩护。这样的压力不是来自审判系统自身, 而是来自与被告利益相关的团体。

另一个案例, 这是我与另外一名精神病学教授一起参与的涉及西班牙警方的一名前任警长的鉴定, 他被控告贪污及其他相关的罪名。与其接触的同事认为他始终处于一种压力之下, 而且由于其心智不正常, 常常表现出某种邪恶的特质。但对于这个人的精神病学鉴定显示, 他并没有任何精神疾病, 也没有其他有关性格及情况的详细说明支持其患有精神方面的疾患。随着案件审理, 法庭专家的鉴定意见可能会改变人们所预想的结果, 这个人不会因为精神疾病方面的问题而被免于起诉。

弗雷德曼和哈尔彭的建议就是, 精神病学医生应该在任何情况下都作为一名精神病学医生, 并且只能作为一名精神病学医生。即使在没有弗雷德曼和哈尔彭描述的那样极端的环境, 司法精神病学法庭专家也应彻底的阅读马德里宣言, 进一步明确自我价值。

评论: 不同的法制系统产生的不同伦理观念?

现在, 我们将着重于讨论道德问题的普遍性。世界精神病学学会杰出的前主席, 洛佩兹·德伊沃尔指出, 保证伦理学体系完备是一个重要的国际问题，尽管美国基本的惩罚体制已经很完备了。但他担心在监禁过程中那些常被禁止的治疗行为与在医院心理恢复等治疗手段相比较更具惩戒性。

我们先不论这种观点是否成立，我们再次提起它的目的在于提醒人们注意，法庭专家的角色存在于司法体制中是有其必然性的。现在，虽然舆论可能对长期监禁的审判和如何委托鉴定持有异议，但法庭专家不仅仅在完成鉴定的过程中起到道德援助的作用，而且他们会避免非伦理的惩戒。

这正适合美国法律的特点。美国强调程序法，但由于天然的"距离"和较少的受到外来文化的"影响"，像法国和意大利这样国家的法律，往往被认为是保持原始特色的法典。在这样的系统中，法庭专家履行着两个简单的角色：在诉讼争议时的"鉴别"和"判定"作用。这是对绝对角色理论的直接表述。也许这种角色理论并没有充分说明社会层面与法庭专家之间丰富的相互作用，但至少它与美国法庭专家现今所处的角色一样引发了众多的争议。

下面的所述的两个例子也许可以阐明这两种体制之间的差别。其中一个例子是一位辩方的法庭精神病学专家试图以一种"并不充分的鉴定"来为当事人免除责任。另一个例子描述的是法庭专家在消除公众误解和偏见中所起的作用。这里的讨论丝毫没有涉及美国或欧洲的法律体系。洛佩兹·德伊沃尔仅仅以一名医生，具体来说，是一名精神病学医生的角度来陈述上述问题，从而很好地避开了有关雇佣费用等问题给法庭专家所带来的压力，同时也避免了媒体的强烈质疑。

然而，我们这里所要指出的重点是，普通法系或英美法系，如英国和美国的法律，与民法法系或大陆法系（优士丁尼民法或拿破仑法典）是不同的。在普通法系（英美法系）体制下，已发生过的判例及遵循先例原则是被优先考虑的，而理性的分析整合（法律面前人人平等的原则，个人财产不容侵犯原则等）往往被置于次要位置。

　　我们仍然不清楚在这两种司法体制之下的伦理学讨论是一个什么样的结果。我们发现，在这两种体制下，宿命论和尊崇自由意志一样，都很容易得到认同。有些人认为，人的基因决定了他的犯罪行为，而另外一些人则认为犯罪是人的思想过于自由的产物。无论我们如何发挥法庭专家的社会调节作用，这些价值冲突仍然存在，我们仍然需要一种复合的理论体系来明确这一系列复杂的实践问题。

　　我们对处于解决不同欧美司法体制之间的有关法庭专家的争议抱有合理的期待。比如，法庭专家可以参与到有关案件的调查中，询问相关目击证人，这些举措可以促进缓和诉讼双方之间的争议。通过合理的司法调查和全面的医学检查，即使处于这种冲突的司法体制中，法庭专家可以比较全面的掌握被鉴定人心理特征等方面的信息。这也许就是我们所说的法庭专家与司法审判程序之间存在"一定距离"的含义所在。这些严格的司法体制成功的避免了法庭专家双重代理所带来的弊端。但是，也正因为如此，法庭专家却有可能成为明显的国家意志的代表者。

　　工作于这两种体制之间的法庭专家，将非常有益于我们了解这两种体制有着怎么样的不同。但是现在仍然没有对下列问题合理的表述或解答，这就是法庭专家在相当广阔范围内所要面临的专业的司法压力。

论坛——法庭精神病学家和死刑：一些道德困境

——阿尔佛莱德和亚伯拉罕·哈尔彭[a]

　　我们希望我们的法庭专家同仁能够在百忙之中阅读我们的文章

---

　　a　美国纽约医科大学主席和名誉教授，美国精神病学学会前主席和名誉教授，美国精神病学法学学会前主席。

《精神病学家的道德和道德行为中的危机评论》，并感谢他们对该文章观点不吝赐教。这样的讨论或所关注的问题通常会超越传统的医学和精神病学的固定领域和涵义之外，而延展到当代社会的伦理道德问题。因此，这类讨论可能仅仅是对这个问题的浅显涉及。但我们有信心，通过所有与之相关人士开诚布公的讨论，我们一定能够就上述问题达成一致，而这样的讨论结果必将能够为大众所接受。

遗憾的是，在重申了他的观点后，阿佩尔鲍姆并没有提到我们的观点。我们反对他在 1996 年美国精神病学和法律学术年会上的发言。他发言的主旨就是"无论处于何种伦理模式下，精神病学医生的司法鉴定工作都应立足于社会对正义的合法需要的基础上"，这种观点是阿佩尔鲍姆严重偏离精神病学道德伦理观的论据和为其开释的基石，这种观点也同样的出现在其他许多文章里，包括在佩莱格里诺的评论中也有所提及。这意味着服务于司法系统的精神病学医生不再是一名精神病学医生而是一名"正义维护者"，"正义行政部门"的拥趸或一名正义"辩论者"，而不再是忠实于或被传统医学道德所约束的医学家。我们强烈支持佩莱格里诺的观点，阿佩尔鲍姆的想法是"全然不合逻辑的，是毒害社会和医学伦理正义的腐蚀剂"。

在最近的一篇文章提到，哈佛大学医学和法学院 [1] 的一些司法精神病学鉴定人背离了保护隐私的承诺，默许暴露隐私的行为，文章称这种现象是令人无比悲痛的。斯通将这种情况归因于迫于法庭的需要，我们同意这样的说法，而且相信它是司法力量介入鉴定的结果，从而使精神病学医生丧失自我。随之而来的是，没有人会继续或必须尊重隐私保护，而司法精神病学鉴定也将会无限的屈从于法庭的压力。

阿佩尔鲍姆曾引用美国精神病学学会伦理委员会在 1996 年 2 月 17 日的报告以论证自己的观点，但是他未能对该报告进行更为清晰的陈述，包括其中另外一些模棱两可的论述，即"……精神病学医生是医生，而且医生永远都是医生"。他还引用了在 1997 年 6 月美国医学学会会议上纽约代表团草拟的 1995 年美国医学委员会关于伦理和公正（由司法鉴定人提出的）的报告修正案。这个修正案移交给委员会进行了多次审议。因此，整个问题仍处于被热议的状态，并成为美国精神病学学会和美国医学会难以一时解决的问题。

邦尼和阿佩尔鲍姆提示我们，拒绝医生参与执刑死刑是消除社会对法庭专家不甚信任的一个有效的策略。哈特曼阐明这样努力是为了使公众明确，医生的参与与否并不能决定死刑的执行与否。值得注意的是，当我们在美国精神病学学会上收集了反对死刑的精神病学医生的签名时，即使有部分人表示某种程度的支持死刑，但他们也同样强烈反对精神病学医生参与执行这种刑罚。

我们很高兴邦尼愿意与我们就精神病学医生如何参与死刑执行过程进行交流，尤其是对已经宣判死刑犯人的极度痛苦进行治疗这一问题进行详尽讨论。然而，除此之外，我们感兴趣于真实、明智、合理地解决争端。我们毫不隐瞒地表达我们支持废除死刑的强烈情感。我们赞同美国在 1997 年 7 月有关暂缓执行死刑的讨论（理由有：在死刑判决上存在种族歧视、犯人有时候严重缺乏对死刑的认识、死刑不利于制约法庭权利、死刑的执行使那些后来出现的可以证明犯人无罪的新证据变得毫无意义）。我们也再三地重申，我们支持 1969 年美国精神病学学会理事会废除死刑的提案，并且认为"最有效的、科学的法庭专家意见与司法改革的进程并不一致，有时候，它反而可能有悖于刑罚学和司法精神病学的发展。"我们必须再一次重申，我们非常遗憾邦尼和阿佩尔鲍姆认为我们只是反对死刑执行能力的鉴定，因为我们不仅反对这方面的鉴定，而且在道德上反对死刑。这就是我们给予伦理学准则的、豪无争论余地的现实意义目的，这些准则禁止医生参与法律授权的任何参与死刑的过程。并且我们乐见于世界精神病学学会明确地宣布，精神病学医生参与囚犯的执刑评估鉴定属于伦理可以接受的行为范畴。因此，有理由相信，我们所支持的观点将在文明社会具有一席之地。

我们注意到，在 1993 年和 1997 年之间，美国有 21 名已被判处死刑的人，最后经过法庭重审是无罪的。在这几年间，又陆续地出现了许多重审后改变死刑判决的案例。现在，许多州都成立了为已定罪的囚犯进行无罪申诉的组织。这样为死刑辩护的范围逐步扩大，而死刑执行的数量可以得以缩减。我们期待能快速增加成立这类组织执刑人的数量，避免那些本来无罪的犯人被执行死刑。但是，有一个明显的风险就是，精神病学医生会鉴定那些本来无罪的囚禁者并宣称其有死刑执行能力。不同于阿佩尔鲍姆，我们认为上述现象是一种危机。

邦尼认为对被处以死刑罪犯的同案犯也要进行鉴定，虽然这样做的目的"只是为了告诉法官或法警这个人是否适合被处死"，但这在伦理上是不可接受的。虽然囚犯在伦理上接受了一个精神病学医生去为其做精神病学鉴定，但这只是在法庭的强制要求下进行的鉴定，而并没有顾及精神障碍者的囚犯是否有理解该鉴定本质的能力。邦尼的失败在于，他认为这种鉴定表面看起来是对这些囚犯有利的参与，但这种行为会立即为"决策者"邀请精神病学医生参与执刑死刑开启一道大门，并且得到囚犯的律师所期望的完全相反的鉴定意见。结果就是，法庭可以自由宣布进行执刑死刑。这不仅仅存在理论上的可能性，而且在现实中的确发生了。最近佛罗里达州的一个典型案例就充分说明了这个问题。佩德罗·梅迪纳，一名被宣判死刑的囚犯，经由法院聘请的三位精神病学医生进行司法精神病学鉴定，鉴定意见一致认为其现有的异常行为均为诈病或造作，他具有死刑执行能力。辩方律师质疑该结论，重新申请鉴定，这次又有三位精神病学医生对其进行鉴定，而鉴定意见与前截然相反，结论为佩德罗·梅迪纳患有严重的精神障碍。之后，法院又重新指定了两名司法精神病学鉴定人对其进行重新鉴定，他们认为佩德罗·梅迪纳"吃自己的大便，并且胡言论语"的行为都是他刻意制造的假象。辩方律师要求法官将佩德罗·梅迪纳送至州立医院先行治疗，或再次鉴定，但法官依据最后一次的鉴定意见驳回了律师的申请，并宣判死刑立即执行。（律师旁观了整个执行过程，据他描述，两位医生对犯人证明正身，佩德罗·梅迪纳被蒙上了黑色的面罩，之后电流开启、关闭，经医生确认佩德罗·梅迪纳死亡之后，法警宣布"执行完毕，你们可以离开了"，律师及其他旁观者一起默默离开。律师说，他对医生全程参与死刑过程感到不解。）

事实上，医生在司法鉴定过程中担任的是一个非治疗的角色（例如，伤残评定或社会保险赔偿，或者在法庭上辅助审判），如果在这些领域内没有伦理法规的约束也就没有正义而言。与邦尼和阿佩尔鲍姆的主张相反，我们认为法律授权精神病学医生参与执刑在道德上是应该被禁止的。我们这样坚决反对邦尼的想法，原则上，法庭专家鉴定死囚是否具有死刑执行能力与在死刑宣判时的作证行为没有什么不同。

我们将提醒阿佩尔鲍姆，作为正义团体一员，他的观点是有社会责任的。1987 年在芝加哥美国精神病学学会的年会上，通过了如下决议："由精神病学医生鉴定或治疗被鉴定人，以确定他们是否有完全死刑执行能力的行为是不道德的"。阿佩尔鲍姆指出，精神病学伦理学要求精神病学医生行使医治者的职责，而不是决定某个人是否有完全死刑执行能力。但司法精神病学鉴定人却不同，他们扮演罪行惩治体制中的会诊或顾问的角色，而医治者角色只是次要的并且是附属的作用。如果鉴定有助于审判结果，那么医生应该允许自己的次要角色支配主要角色。阿佩尔鲍姆认为精神病学医生参与司法鉴定，如果"他缺少转换医生到鉴定人角色的能力，那么他仍然可以直接介入鉴定领域"[2]。

阿佩尔鲍姆和邦尼仅仅是一部分反对我们观点的人，我们发现反驳他们是必要的。我们非常感谢支持我们观点的同仁，我们也尽所有努力支持他们。

葛恩使我们再次注意到了锡耶纳会议的声明，这个声明呼吁精神病学医生应该放弃"国家控制的一部分"的工作，他通过引用前苏联精神病学令人心痛的历史证明精神病学医生赋予自己"正义的倡导者"或"国家的一份子"的角色存在隐患。

从上述例子可以看出，哈特曼坚定地反对医生参与死刑执行的任何过程，并认为允许医生参与死刑并不是废除死刑的方式。

我们认为奥卡萨努力促成了国际精神病学会道德委员会制定马德里宣言（前面我们引用的）。由于给予我们在治疗"极端痛苦"死囚方面的指导，我们也认同精神病学皇家学院 1992 年的声明。

洛佩兹·德伊沃尔，作为国际精神病学会的主席，也是马德里宣言的一个重要倡导者。我们知道这种鉴定精神失常的死刑案件中，人们一直在努力避免死刑的判决。然而，在专家证人证言中滥用司法精神病学鉴定的情况时有发生，这导致司法精神病学招致普遍争议和批评。患有严重精神疾患的病人不应该被执行死刑，同样的，如果我们最终能够取消死刑，那么我们也就无需再进行死刑执行能力这样的鉴定了。

卡斯特鲁普对阿佩尔鲍姆关于医生是否应该参与死刑执刑的观点演变很感兴趣。由卡斯特鲁普引用阿佩尔鲍姆 1986 年的观点和上述我们所提及的 1987 年的讨论资料可见，阿佩尔鲍姆始终坚持医生不应参与任何的死刑执行过程。但遗憾的是，1990 年阿佩尔鲍姆的观点发生了改变，这种改变在他之后的一系列论述中都有所体现。

美国杰出而卓越的医学伦理学家，佩莱格里诺具有精辟总结事件的能力，我们上面有关"自称服务于法庭或国家的法庭专家"的论述均来自于他的观点，他的相关论述支持了我们的观点。

布劳切一直反对医生参与任何的死刑执行过程，他的相关的言论表明了他在此方面始终如一的承诺。

但现实情况是，虽然经过了广泛的探讨，不仅精神科医生在司法审判中的参与程度，而且医学中的道德和伦理的重要基础作用均受到严重削弱。我们真诚希望本书的内容可以提高医生、特别是精神科医生提高对饱受非议的、脆弱的伦理和道德标准的意识。佩莱格里诺曾说过，"医生必须作为其专业道德操守和职业道德的监护人……在这些时候，他们必须排除奇谈怪论或来自于政治权力压力，他们的忠诚对医学伦理的完整性是一种保证"。

参考文献

1. Stone AA. Conflicting values in the house of psychiatry. *Psychiatric Times* 1997；14：24.

2. Tanay E. Psychiatric evaluation for competency to be executed. Personal reflections. Presented to the Ethics Committee of the American Academy of Psychiatry and the Law. Denver, USA：22 October 1997.

尾 声

下面，我们将对本书中出现过的观点，包括大量的反对观点，进行总结。首先，我们注意到，截至本书成稿之时，所有的司法意见均倾向于美国医学学会、美国精神病学学会和美国儿科学院的精神病学等允许执行死刑执行能力的意见。与此同时，仍有一些谨慎的学者继续阐明其反对观点。

我们可以运用某一作者之前的观点来反驳该作者。阿佩尔鲍姆有关死刑执行能力鉴定的思想无疑已经发生改变，但这种改变一直都符合规律和原则性。事实上，谨慎的、理性的改进在于作为维护传统的最佳褒奖，它是一种对先前理论的微小调节，是一种接受反对意见，并协助改进观念的一种可取的方式。法庭专家不必担心有关此类改变的批评。

我们的工作重点仍然是我们一直推理论证的问题：辩护、规范、平衡的重要性；保持合乎逻辑又合乎伦理学规范的必要性，以避免专制主义和"稻草人"现象。我们反对源于权威、动机、断言的论断，以及出于私利的攻击。

当我们在道德法庭上从理论走向实践，我们借助罗尔斯和查尔里斯的理论进行原则的平衡——通过反思理论和案例间的均衡，以及尽量减少核心理念相互冲突时所造成的破坏。

为了保证司法鉴定实践的强盛生命力，我们通过宣传教育、同行复核、协商和运用伦理学框架来改善道德执业者的习惯和技能。我们建议专家证人要透明公开他们的证人证言，要诚实分析个人观点的优劣，避免后续的伦理学问题，避免法律与科学背离。

对于司法鉴定工作而言，我们推崇使用个性化叙述去完善具体案例具体分析的方式。我们利用彼此相异的观点和理论丰富我们的分析。我们不愿错过辛勤工作背后那些生动的历史和文化潮流，同样也不能宽恕对非主流群体近乎苛刻的持续冷漠态度。

道德戏剧中的个体故事是如何影响我们推理的呢？我们所主张的推理确实是能够影响我们参与司法审判的一个动态过程。一体化叙述的过程就是把我们专业角色中更复杂或稳健的形象寓于其中。

我们希望这种强烈的责任感可以为个人道德观和价值观在职业道德中的主导地位提供合适的位置。它促使我们献身于职业理想而不是最低限度伦理规范。结果是道德分歧的空间为大学间的交流增加了更多余地，而减少了求助于专制主义的机会。

事实上，这种依靠角色的动态推理会导致丰富多彩的道德立场。这些立场使得法庭专家们超出其律师及组织的声明范围以外。这种推理没有提供解决复杂司法鉴定问题的简单途径，却增强了其感染力。

要想使法庭专家们的道德思想获得统一是一项复杂的任务，需要汲取众多领域里众多学者的思想。法官和陪审团、物理学家和化学家、律师和法学家、伦理学家和执法人员、被鉴定人和他们的亲人们都会认识到——法庭专家的司法鉴定工作具有十分重要的价值。

参考文献

Beauchamp, T. L., & Childress, J. F. (2001). *Principles of biomedical ethics* (5th ed.). New York: Oxford University Press.

Berger, P. L., & Luckman, T. (1967). Society as objective reality. *The social construction of reality* (p. 116). Garden City, NY: Doubleday.

Boehnlein, J. K., Parker, R. M., Arnold, R. M., Bosk, C. F., & Sparr, L. F. (1995). Medical ethics, cultural values, and physician participation in lethal injection. *Journal of the American Academy* of Psychiatry and the Law, 23 (1), 129 – 135.

Childress, J. F. (1997). *Practical reasoning in bioethics*. Bloomington: Indiana University Press.

Courttv. com. (2001). http://www.courttv.com/trials/woodward/week3. html#oct20, last viewed July 31, 2004.

Daubert v Merrell Dow, 509 US 579 (1993)

Elliott, C. (1996). *The rules of insanity: Moral responsibility and the mentally ill.* Albany: SUNY Press.

Finz, S., & Walsh, D. (2004, October 27). Defense called surprisingly weak. *San Francisco Chronicle*, p. A1.

Foot, P. (1990). Ethics and the death penalty: Participation by forensic psychiatrists in capital trials. In R. Rosner & R. Weinstock (Eds.), *Ethical practice in psychiatry and the law* (pp. 207 - 217). New York: Plenum Press.

Griffith, E. E. H. (2005) Personal narrative and an African-American perspective on medical ethics. *Journal of the American Academy of Psychiatry and the Law*, *33*, 371 - 381.

Hundert, E. M. (1990). Competing medical and legal ethical values: Balancing problems of the forensic psychiatrist. In R. Rosner & R. Weinstock (Eds.), *Ethical practice in psychiatry and the law* (pp. 53 - 72). New York: Plenum Press.

KABC - TV. (2004). Los Angeles, abclocal. go. com/kabc/news/102704_ NW_ peterson. html, last viewed November 11, 2004.

McCarthy, J. (2003). Principlism or narrative ethics: Must we choose between them? *Journal of Medical Humanities*, *29*, 65 - 71

Mark Miller et al. v. Pfizer, Inc. [Roerig Division], (2000), Civil Action No. 99 - 2326 - KHV.

Pellegrino, E. (1993). Societal duty and moral complicity: The physician's dilemma of divided loyalty. *International Journal of Law and Psychiatry*, *16*, 371 - 391.

Pfeiffer, S. (1999, August 11). Defense duo lawyer, psychiatrist offer novel theories in Court. *Boston Globe*, p. B1.

Popper, K. (2002). *The logic of scientific discovery.* London: Routledge Classics.

Rawls, J. (1971). *A theory of justice* (esp. at pp. 85 - 86). Cambridge: Harvard University Press [Belknap].

Richardson, H. S. (1990). Specifying norms as a way to resolve concrete ethical problems. *Philosophy and Public Affairs*, *19*, 279 - 320.

State of Missouri v. Reginald Clemons, Supreme Court of Missouri, Case no. 75833, handed down 5/27/97; 946 S. W. 2d 206, (Mo. banc), cert. denied 522 U. S. 968 (1997).

State of New Jersey, plaintiff-respondent v. Margaret Kelly Michaels, defendant-appellant, Superior Court of New Jersey, Appellate Division 264 N. J. Super. 579 (1993)

Veatch, R. M. (1977). *Case studies in medical ethics* (chap. 2), Cambridge: Harvard University Press.

www. praxagora. com/sierra/flum/9902. htm, last viewed December 22, 2004.

Yarborough, M. (1997). The reluctant retained witness. *The Journal of Medicine and Philosophy*, *22*, 345 - 367.

附 录

一些伦理学准则

美国法医学会

伦理学行为准则

第一部分　总　　则

美国法医学会所制定的法医伦理学行为准则旨在提高学会所有成员高品质职业能力和个人行为的规则，它被本学会所有成员和分支机构认可：

a. 美国法医学会所有成员及其分支机构不得因某种私利或企图而运用法医科学对他人产生不利影响。

b. 美国法医学会成员及其分支机构不得提供任何包括教育背景、培训经历、执业经验或科学研究等方面的失实陈述材料，任何虚假陈述的内容都将是对本准则的侵犯。

c. 美国法医学会成员及其分支机构不得以任何失实的鉴定材料或数据作为鉴定意见或结论的依据。

d. 美国法医学会成员及其分支机构在没有得到学会许可的情况下，不能对本学会的具体事务向社会发表任何公开声明。

第二部分　成员及责任

任何美国法医学会成员如果违反了本伦理学准则，将依据下面的第五部分的规定被处以警告、中止鉴定资格、取消鉴定资格等处罚。

第三部分 调查委员会

美国法医学会调查委员会的行为可被视为学会行为，其主要的职能如下：

a. 进行调查和取证，如有必要，负责召开听证会，听取有违反本准则行为的成员或分支机构的陈诉。

b. 对违反本准则的成员或分支机构的行为提供处罚建议。

第四部分 调查及调查程序

在下列情况下，伦理学委员会可以启动调查程序：

a. 学会成员或分支机构认为其他成员或分支机构有违反本准则的行为，并向学会秘书或主席提交正式书面报告的。

b. 基于违反本准则的事实，或有证据表明的确有进行进一步调查必要时，伦理学委员会将启动调查程序。为了规范调查程序，任何学会官员在收到有关学会成员或分支机构对违反本准则行为的申诉或指认时，应以书面表述形式提交伦理委员会讨论，并应附有处罚建议，如果具有上述书面表述，应启动调查程序。但是，这仅为伦理学委员会的建议，不具备绝对的约束力。

第五部分 规则及程序

无论是本学会成员、分支机构，还是伦理学委员指称或书面投诉的学会成员会或分支机构的不道德行为及不法侵害行为，下列程序都应适用：

a. 如果有指称违反本准则的书面陈述材料，学会秘书应在第一时间内转交伦理学委员会主席。

b. 伦理学委员会将确认申诉或投诉是否是在其所管辖的伦理学

范围内，并决定是否将其提呈至伦理学委员会主席。

c. 如果经伦理学委员会初步审查，认为该申诉或投诉不在其伦理学管辖范围内，或缺乏事实根据，就不能认为该申诉或投诉是合理的，而应该撤销它们。这时，伦理学委员会应该向学会理事会提交一份书面报告，说明所涉及的基本事实，但应在这份报告中省略涉及申诉或投诉的双方名字，并详细说明撤销调查的理由及结果。这份调查报告一式两份，申诉或投诉所涉及的双方各执一份。

d. 如果经伦理学委员会初步审查，认为该申诉或投诉在其伦理学管辖范围内，或具有事实依据，是合理的，那么它应该依据伦理学委员会制定的条例或细则，将被申诉或被投诉的一方列为调查对象。伦理学委员会将开始收集原被告双方的陈述及他们所依据的事实材料，并应决定其是否需要进行更进一步的调查。

e. 伦理学委员会可以指派一名学会成员或其他人就申诉或投诉展开调查，如有必要，这名被指派展开调查的人士将全权代表美国法医学会。

f. 作为调查结果，伦理学委员会可以在没有召开听证会的情况下，做出撤销申诉或投诉的决定。但它必须将此结果通知原被告双方，并应就此结果向学会理事会提交书面报告，阐述基本事实，但可以省略双方的名字，也可以不就做出这项决定的理由进行说明。

g. 如果伦理学委员会决定就申诉或投诉举行听证会，那么它应该给予原被告双方同等的机会，使其可以充分的陈述自己的观点，并进行答辩。之后，伦理学委员会可以做出决定，并且向原被告双方告知这个决定。同时，它还必须就做出该项决定的理由及是否有必要采取进一步的调查向学会理事会提交书面报告。

h. 在收到伦理学委员会的调查报告后，学会将对调查结果进行表决，如果有3/4的学会理事认为该行为是违反伦理学准则的，那么学会将对当事人进行处罚。处罚方式包括警告、中止鉴定资格和取消鉴定资格。根据本准则规定，任何被调查的学会成员将在其被调查期间，暂停鉴定工作。在学会理事会投票否决申诉或投诉后，被调查的成员可以继续鉴定工作。

i. 被告人有权在学会理事会做出表决后提出上诉。在进行上诉时，上诉人必须提交一份简明扼要的上诉书，书面声明自己的主张和要求，这份声明同时要求有不少于120人的本学会成员的签字。

j. 在召开学会年会40天之前，学会理事会必须准备一份年度工作报告并由学会秘书处存档保存。

k. 在20天之内，学会秘书处应给每一位参加投票表决的理事会成员邮寄上诉人的上诉书及陈诉理由，如果条件允许，也需邮寄理事会的声明材料。

l. 所有学会成员可以在年会上对理事会的工作进行评价，如果有超过3/4以上的成员对理事会的工作不甚满意，则可以提出弹劾议案。同时，学会年会也具对成员进行警告、中止鉴定及取消鉴定资格的权利。

m. 伦理学委员会应以迅速、公平、谨慎、公正处理所有的伦理学申诉或投诉为己任，负责任的制定学会内部的规则及规范。对该伦理学准则的任何删节、增补或修改，均应经学会理事会批准。

第六部分　成员及分支机构的资格中止

中止鉴定资格结束后，被暂停鉴定资格的成员和分支机构可以继续鉴定工作，在中止鉴定资格期间，被暂停鉴定资格的成员和分支机构无须缴纳会费。

美国精神病学与法学学会

司法精神病学伦理学指南
2005 年 5 月

Ⅰ. 序　言

美国精神病学与法学学会致力于制订最高标准的司法精神病学鉴定准则。司法精神病学是精神病学和法学专业的交叉学科。考虑到该学科特殊性，本学会制订了司法精神病学鉴定的伦理学指南。

注　释：

司法精神病学是精神病学的分支学科，在司法领域内应用精神病学的理论和方法就涉及民事、刑事、修订规章或立法事项及特殊医学诊断事宜等，如刑事责任能力鉴定等方面，进行医学鉴定。该伦理学指南在精神病学医生以及对司法鉴定人身份进行司法鉴定时适用。

这些伦理学指南是对美国医学学会医学伦理准则，特别是对关于精神病学学会的精神病学伦理准则说明的补充。

司法精神病学鉴定人在法律和精神病学的交叉领域内进行医学鉴定。由于法律和精神病学都早已建立起其各自的学科体系、章程、价值观等，这必然造成司法精神病学鉴定人在鉴定过程中不得不面对困惑、冲突、误解和滥用鉴定权的潜在危险。

人们呼吁精神病学医生在履行司法精神病学鉴定人职责的同时，

应当平衡其对个人和社会的责任。他们应受到潜在的伦理道德规范的限制，如：对人的尊重、诚实、公正以及对社会的责任。然而，当在鉴定过程中确立了医患关系时，如治疗被鉴定人时，司法精神病学鉴定人应当履行是精神病学医生对患者的职责。

Ⅱ. 隐私权

进行司法鉴定时，司法鉴定人应首要考虑到尊重个人隐私和保密性原则。在法律允许的范围内，司法精神病学鉴定人应当尽可能地为被鉴定人保护个人隐私，他们应该重点关注被鉴定人是从医学角度，而不是司法鉴定角度理解保护隐私原则。司法鉴定人在进行鉴定时，也需要注意被鉴定人对隐私保护的合理期望。对某一特定的司法鉴定而言，源于该司法鉴定的任何信息及报告均受限于保密规则，任何涉及该司法鉴定的披露亦因此受限。

注　释：

司法精神病学鉴定实践中经常会遇到保护隐私这一突出问题。司法精神病学鉴定人应该了解那些特殊法医案例中产生的有关隐私保护问题，并加以警觉。我们提醒鉴定人注意，应意识到被鉴定人、律师及社会存在对隐私保护的合理期待，鉴定人应注意到它们，并尽力维护这些期待。司法精神病学鉴定人需要在鉴定之前明确被鉴定人的身份，并根据所获得的信息决定下一步的鉴定方式。在司法鉴定开始之前，鉴定人应明确的告知被鉴定人，他们不是被鉴定人的"医生"。即使是这样，被鉴定人仍有可能坚持认为他与被鉴定人之间存在医患关系，因此，司法精神病学鉴定人应将对保护隐私权的敏感性贯彻至整个鉴定始终。司法精神病学鉴定人亦应采取相关措施，以确保不会泄露被鉴定人的这些个人隐私信息。

当参与假释、缓刑、拘役或其他强制人身自由的鉴定时，司法精神病学鉴定人应该清晰地意识到个人隐私保密性原则，并确保将这些限制措施的内容明确传达给被鉴定人。司法精神病学鉴定应熟悉有关保护隐私的政策制度。如果没有明确的政策制度，司法精神病学鉴定人自己应尽力去澄清这些问题，并制定和完善鉴定的行为指南。

Ⅲ.知情同意权

在开始鉴定之前，司法精神病学鉴定人应向被鉴定人明确无误的说明鉴定目的、鉴定方式及保持隐私的权利。在必要和可行时，应在被鉴定人知情同意后方开始鉴定，如果此时被鉴定人不具备表达自己意愿的能力，那么也应当在获得有关当局的授权之后开始鉴定。

注　释：

知情同意权是医学和精神病学道德实践的核心价值观念。它反映了尊重病人的原则，它同时也是精神病学和司法精神病学实践中的一个基本原则。

重要的是认识到，特定情况下，如法院委托对已认罪伏法的人进行司法鉴定，知情同意权也是非常重要的。在这种情况下，司法精神病学鉴定人也应告知被鉴定人有关的鉴定事项，如果他拒绝鉴定，那么鉴定人应将此选择记录在案，并在鉴定报告书或之后的出庭质证过程中有所体现。如果被鉴定人似乎或根本不能理解被告知的鉴定事项时，鉴定人也应将其记录，并在可能的情况下，使其在鉴定报告书或之后的出庭质证过程中有所体现。

如果没有法院的特别委托，司法精神病学鉴定人不应为控方、政府机构或没有法律援助的人进行司法鉴定，这些人包括：民愤极大的罪犯；正在接受调查的刑事犯罪嫌疑人；在押人员或正处于拘役的人员；正在接受审讯的刑事犯罪嫌疑人；敌视政府的政治犯；非法移民等。但在有关社会赔偿或医疗健康方面的鉴定，如民事责任能力鉴定、保险赔偿鉴定等，不受上述限制。对任何医生或精神病学专家来说，在他们履行司法鉴定人角色时都不应扭曲事实真相。

为监狱内或其他已限制人身自由的人员进行鉴定与上述所说的知情同意权有所不同。为这些机构提供鉴定行为时，司法精神病学鉴定人仅应熟悉被鉴定人基本权利及有关规章制度即可。

Ⅳ. 诚实和力求客观

在法律诉讼过程中，司法精神病学鉴定人应遵守诚实和力求客观的原则。虽然他们可能受聘于民事或刑事诉讼的任何一方，但司法精神病学鉴定人应以客观临床资料及法律事实为标准，客观地得出鉴定意见。

注　释：

司法精神病学鉴定实践中，对抗性的法律诉讼具有特殊的危险性。由于司法精神病学鉴定人受聘于民事或刑事诉讼一方，在出庭质证过程中，他们会自然流露出意想不到的袒护和偏颇的意见。以诚实的行事方式，努力达成客观的鉴定意见，从而减小上述危险是司法精神病学鉴定人的责任。

在司法实践中，处于司法鉴定人角色的精神病学医生，均应增强鉴定报告或专家证言中所使用观点和数据的公正性和客观性。他们应进行诚恳的沟通工作，努力实现客观性和正确的司法鉴定鉴定意见，尽可能地区分"医学事实"、"临床推论"或"医学印象"这些表述中已经核实的和未经核实的信息。

虽然司法精神病学鉴定人受聘于当事人，但他们亦不应故意扭曲鉴定意见。如果他们没有亲自对被鉴定人进行身体检查，那么鉴定意见的诚实性、客观性就会受到质疑。但对于某些鉴定而言（如审查渎职案件），身体检查不是必须的。其他的所有司法鉴定，如果的确不具备身体检查的条件，那么则必须基于案件的其他信息得出鉴定意见。在这种情况下，更应认真和审慎，以确保鉴定意见、质证发言或专家证言的客观性，同时必须明确指出该鉴定意见是在没有进行身体检查时做出的，并明示其局限性。

在有关羁押案件的司法鉴定中，依据鉴定意见的诚实性和客观性要求，如果有可能的话，鉴定人应当在出具鉴定意见之前，均与被鉴定的当事人进行过当面交流。如果没有做到这一点，无论出于任何原因，都应当在鉴定报告或鉴定人出庭质证过程中表明这一点。如果在出具鉴定报告之前，鉴定人只与被鉴定的当事人的其中一方进行过会面，那么这样的行为意味着损害另一方的利益。如果出现了这种情况，鉴定人应当在鉴定报告或鉴定人出庭质证过程中表明这一点。

以风险代理方式收取鉴定费用会破坏诚实和客观性，这是不能被接受的。而以聘用费的方式收取鉴定费用不会破坏诚实和客观性，因而是可以被接受的。

司法鉴定可能会损伤司法精神病学鉴定人和被鉴定人之间的关系。司法鉴定通常需要获得被鉴定人的第一手资料，而且需要披露信息接受公共监督，客观鉴定和医学诊治行为有可能潜在的损害鉴定人和被鉴定人之间的关系。临床医学和司法鉴定之间存在的矛盾冲突有可能对两者都造成损害，因此，在鉴定之时，务必使被鉴定人明确他们的司法角色，避免他们迷失于医患角色之中。

司法精神病学鉴定人作为"事实"的证人应当避免暴露不必要的被鉴定人信息，并意识到他们的"专家意见"也可能引起误解。在这种情况下，在司法鉴定中（如伤残鉴定、民事赔偿、监护权等），司法精神病学鉴定人的医学和司法的双重角色不可避免，司法鉴定人意识到这种双重角色，并对医学和司法之间的差别保持敏感性。

当精神病学医生在社会环境和相关的限制规定条件下进行司法

鉴定时，双重角色也可能无法回避。否则的话，引荐给另一个鉴定者是比较合适的。

V. 资 格

司法精神病学鉴定实践中的专业鉴定能力只应该在实践知识积累、技能培训、培训经历和鉴定经验中体现出来。

注 释：

在提供法庭专家意见、鉴定报告和证言证词的时候，司法精神病学鉴定人应出示他们的资格（证明）。合格的鉴定资格与鉴定能力是相互关联的，专业鉴定能力可以体现在实际鉴定领域的知识积累、技能培训和经验上，这种能力体现在特定领域的专门知识上，如对儿童的鉴定，对外籍人员的鉴定，或战伤的鉴定，这些都需特殊的训练或专门知识。

VI. 不道德行为的处理规程

美国精神病学和法学学会并不裁定其成员或者非会员对非伦理学行为的投诉。如果收到此类投诉，会将其移交给美国精神病学学会的当地分支部门、国家司法鉴定人资格认可委员会，或适当的涉外国家精神病学组织。如果另一个国家的精神病学学会暂停或取消一名成员的鉴定资格，美国精神病学和法学学会也将中止或取消该成员的鉴定资格。但在其他处罚方式上，美国精神病学和法学学会并不会与美国精神病学学会或其他学会组织保持一致。

注 释：

美国精神病学和法学学会欢迎司法精神病学鉴定实际中的伦理道德问题，并且愿意将它们提交至伦理学委员会讨论。

伦理学委员会只会对一般意义上的或存在假设的伦理学问题发

表意见，而对特殊的或实际司法鉴定中司法精神病学鉴定人的伦理学行为不作评价。

美国精神病学和法学学会，将通过其伦理学委员会或其他有效途径，为当地或全国范围内的精神病学组织机构，为国家鉴定人资质认可委员会或国际的伦理学委员会提供帮助，帮助它们判断并谴责那些不道德的行为，并帮助其完善和改进关于司法精神病学司法鉴定的伦理学指南。

司法心理学鉴定人专业的指导方针①

司法心理学鉴定人伦理指导方针委员会
美国心理学学会
1991 年 3 月 9 日

引 言

　　司法心理学鉴定人专业指导方针，受美国心理学学会关于心理学家伦理准则规定的影响，并为与之保持一致，旨在给司法鉴定提供更为具体的伦理学行为指导，监督他们的职业行为，采取行动帮助法院、诉讼当事人、司法精神卫生机构以及立法机构的工作。该指导方针的首要目标是提高鉴定人和司法鉴定机构提供司法心理鉴

---

　　① 该准则经美国精神病学法学学会和斯普林格科学与商务媒体许可，再次颁布。该准则经美国精神病学法学会大部分成员投票通过。同时，也经美国精神病学学会大部分成员投票认可。美国精神病学学会第 41 分部的执行委员会于 1991 年 3 月 9 日正式颁布执行。执行委员会同意由伦理指南委员会宣传并负责对该标准的修订工作。意图获得该准则的人士，可以联系犹他大学精神病学习的斯蒂芬·古登博士（美国盐湖城犹他大学精神病学系，84112，电话：801－581－8028，传真：801－581－5841），或者联系该委员会的其他成员。打印该准则的申请请发至内布拉斯加——林肯大学精神病学凯瑟·奥茨雷。
上述准则内容经美国司法精神病学学会和美国精神病学会联合伦理学委员会起草（主席：斯蒂芬·古登，副主席：托马斯·格瑞索、大卫·夏皮诺和赫尔伯特·威丝曼）。该委员会的其他成员还包括，罗伯特·芬、柯克·海尔布伦、朱迪恩·麦克尼娜、诺曼·珀伊斯瑞斯和丹尼尔·苏赫曼。他们对该准则中的疑难概念和细节倾注了极大的热忱和艰苦的工作。委员会还要向多特·比格、赖瑞·库曼、埃里克·哈里斯、亚瑟·勒纳、米切尔·米勒、拉塞尔·纽曼、麦丽雯·鲁登道夫和雷·福勒的特别帮助和指导表示感谢。在该广为流传的准则起草完善过程中，还有很多人提供了富有洞见的批评和建议，一并向他们表示感谢。

定服务的质量，从而提高司法心理学（作为一门科学和职业）的学术水平。司法心理学鉴定人的专业指导方针代表了一项联合声明，代表了美国心理学、法学会、美国心理学学会和美国儿科学会有关司法心理学的一致意见。

本指导方针不代表美国心理学学会的官方声明。

本指导方针提供了一个可被采取的心理学家专业实践的理想模式，在任何心理学的分支科学中，当他们作为法庭专家代表他们自己经常参与司法活动时，司法活动的主要目的就是给司法审判系统提供专业的心理学专业知识。这将包括：法医临床鉴定或司法心理健康系统所聘请的心理学家；向心境突变问题提供相关科学鉴定依据的证词的研究人员；审判行为顾问；参与编写法学出版物的心理学家；以心理学家、法庭专家身份出现的顾问以及司法的、立法的或行政机构的判决（能力上）行为。只能向司法系统提供不定期服务的个人，作为法庭专家（不代表自己）的人士可能会发现这些准则，特别是在与其同事（法庭专家）协商时是极其有益的。

Ⅰ. 目的和范围

A. 目标

1. 虽然专业标准的道德实践心理学作为一般的纪律原则，针对的是美国心理学学会的伦理原则和司法心理学鉴定人目前理想职业的愿望，但这些伦理学原则并不足够详细，不过它的确扩大了这些原则在司法心理学的实践应用。

2. 本指导方针是在国家法律允许范围内制定的，其目的是为了符合各州和联邦法律的要求。司法心理学鉴定人认为法律规定在和本指导方针相冲突的情况下，应按照本指导方针的程序准则和心理学家伦理原则去尝试解决冲突。

B. 范围

1. 本指导方针规定了司法心理学鉴定人理想化的专业实践性质，作为司法心理学鉴定人会经常涉及心理学的分支科学。

a. "心理学家"可以指任何个人，其职业活动是由美国心理学学会或由国家许可或注册认可的心理学实践活动。

b. "司法心理学"系指各种形式的专业心理学行为，作为处理明确心理问题的专业人士，心理学专家直接协助法院、诉讼当事人、司法精神卫生机构，以及行政、司法和立法机构的司法行为。

c. "司法心理学鉴定人"是按照 I（B）（1）（b）界定的经常进行定期的司法心理学实践的心理学专家。

2. 本指导方针不适用于以下情况，没有得到正式委托（按照上面的界定作为司法心理学服务时）要求提供心理学服务的时候，司法心理学鉴定人不能提供专业的心理咨询服务。

3. 心理学家不是 I（B）（1）（c）项所界定的司法心理学鉴定人，但对偶尔提供有限的司法心理服务的心理学家而言，他们可能会发现在准备和开展专业服务时，这些指导方针对他们是有益的。

C. 相关标准

1. 司法心理学鉴定人，按照心理学家伦理原则和美国心理学学会的其他各种声明进行职业活动，那些伦理原则可能适用于特定的领域或分支科学相关的专业实践活动。

2. 行为标准和其他有关"专家职业组织"的道德准则包括有益的指导，甚至应借鉴当前伦理学规范准则。

Ⅱ. 责 任

A. 司法心理学鉴定人都有义务提供符合他们最高职业标准的心理学服务，对他们自己的行为和在他们直接监督下的个人行为负责。

B. 司法心理学鉴定人应做出合理的努力，确保他们的鉴定意见客观而公正。

Ⅲ. 职 能

A. 司法心理学鉴定人提供的心理学服务应仅限于心理学领域，在这个领域他们有专门的知识、技能、鉴定经验和教育经历。

B. 司法心理学鉴定人都有义务向法院就具体事项作证：专家的事实基础（专业知识，鉴定经验，技能训练，教育经历等）可作为法庭专家的资格，作为法庭专家，他们在具体事件（鉴定）的鉴定事项应与其鉴定资格相匹配。

C. 司法心理学鉴定人要有基本且合理的知识机构及能够进行专家诉讼，并了解相关法律和职业化标准。

D. 司法心理学鉴定人都有义务了解在诉讼程序中当事人的权利，他们在以一定的方式参与和管理他们的职业行为时，不会削弱或威胁（当事人）这些权利。

E. 司法心理学鉴定人应该认识到自己的个人价值观念、道德观念，或在当事人的诉讼中个人和职业的关系，可能会干扰他们客观完成鉴定的能力。

Ⅳ. 诉讼关系

A. 在最初与寻求司法心理学服务的当事人协商时，司法心理学鉴定人有义务告知当事人一些与司法心理学鉴定人签订合同的决定作出有影响的因素。这些因素包括，但不仅限于：

1. 预期专业服务的收费金额；

2. 以前和目前可能会产生利益冲突的个人或职业活动与义务的关系；

3. 鉴定人的职权范围及其限制；

4. 他们使用已知的科学依据、方法和程序的限制和他们使用这些方法和程序的能力。

B. 司法心理学鉴定人不为"风险代理"的方式向法律诉讼当事人提供专业服务，这些服务包括向法院或行政机构提供专家证言证词，或者当他们要求心理学家就案件事实做出断言或表述。

C. 司法心理学鉴定人的很大一部分收入来自鉴定本身或鉴定咨询服务，在遇到经济紧张时，或公共利益和被鉴定人的利益会受到抑制（损害）的情况时，他们应当提供部分的免费服务或降低服务费用。

D. 司法心理学鉴定人应当认识到双方在法律诉讼程序中潜在的利益冲突，应设法尽量减少其对鉴定的影响。

1. 司法心理学鉴定人应当避免向在法律诉讼程序上与他们有个人或职业关系的当事人提供心理学鉴定服务。

2. 当有必要提供鉴定和治疗服务时，司法心理学鉴定人应采取合理步骤以尽量减少潜在的不利影响，在心理学鉴定或鉴定咨询中应注意保护隐私权。

E. 司法心理学鉴定人都有义务，确保被鉴定人知晓他们所经历的司法鉴定服务的合法权益、任何鉴定的宗旨、鉴定程序的性质及司法心理学鉴定人当事人团队的人员构成。

1. 除非受到法院的委托，在进行司法心理学鉴定之前，司法心理学鉴定人必须获得被鉴定人或当事人一方或其法定代表人的知情同意。即使在被鉴定人明确鉴定目的、方法，并打算开始法医鉴定之后，一旦其不愿意继续进行鉴定，也应推迟鉴定，且心理学家应该履行相应程序，使被鉴定人鉴定所涉及的具体事宜中与他/她的律师保持充分沟通。

2. 在这样的情况下，被鉴定人方或当事人方没有被告知要进行的鉴定，即没有履行知情同意权，或鉴定服务是由法院委托的，那么在鉴定开始之前，司法心理学鉴定人应在合理时间内告知被鉴定人的法定代表。如果被鉴定人的法定代表人对鉴定提出异议，司法心理学鉴定人应将上述事项通知委托鉴定的法院。

3. 司法心理学鉴定人以将司法心理学鉴定作为其主要工作内容，他们的鉴定意见应当清晰明确，应当尊重被鉴定人及被鉴定人法定代表人的利益。

F. 当司法心理学鉴定人从事研究或学术活动时，可以使用来源于被鉴定人或诉讼程序中的鉴定报酬。科研成果中所用来论证的鉴定数据也可以来自实际鉴定案例，但他们必须澄清能够预期的研究或学术成果（产品）应用价值，体现司法心理学家在学术研究或成果中的作用，并按照法律或职业标准获得同意或允许。

G. 当司法心理学鉴定人职业标准和法律标准要求之间发生冲突时，特别是与法庭，或法院人员或司法机构的委托事项发生冲突时，司法心理学鉴定人有责任使司法系统意识到冲突的根源，并采取合理的措施来解决这个问题。这些措施包括：与司法鉴定行业的同行协商，获得当事人辩护律师的意见等。

V. 保护隐私和特权

A. 所有的司法心理学鉴定人都有义务了解与司法心理学服务或鉴定结果有关的工作内容，这些内容可能会影响或限制保护被鉴定人隐私的法律标准，并以尊重（遵守）那些已知的权利和特权的方式进行专业活动。

1. 司法心理学鉴定人应当建立和维持一个有关鉴定的资料库系统，记录其与被鉴定人的沟通情况，以保障被鉴定人的权益。

2. 司法心理学鉴定人应当保护鉴定记录和资料。他们只能依照法定的要求和法院的委托，或在被鉴定人同意的情况下，公开有关鉴定的信息。

B. 司法心理学鉴定人应告知被鉴定人，鉴定和鉴定结果保密性的限制范围（参照细则 IV-E），向他们解释，并使其理解他们的权利、特权和所能做到的隐私保护范围。

C. 在这样的情况下，被鉴定人或当事人的隐私保护是有限的，司法心理学鉴定人应尽一切努力维持保护隐私的原则。

D. 司法心理学鉴定人应当让被鉴定人或其授权的法律代表人获知有关鉴定的内容，解释鉴定事项是否符合现行的联邦或州立的法规、心理学家的伦理学原则、心理测验和教育的标准，以及现有司法体制规定的规范和条例。

VI. 方法和程序

A. 由于其特殊的地位，作为法院聘请的有鉴定资格的法庭专家，司法心理学鉴定人都有义务呈现在各自领域内的科学知识、专业素质和法律方面要求的能力。他们有义务利用这些知识选择收集鉴定依据的方法和程序，按照（符合）临床医学和科学研究的标准，为进行司法心理学鉴定、心理学治疗、心理学咨询或学术/实证调查做出努力。

B. 司法心理学鉴定人都有义务，按照法院的委托或证据规则，使用所有根据鉴定数据形成的证据或鉴定意见，并提供鉴定文书以备核查。该指导方针将适用于这些文件或鉴定文书，这些文件的细节和质量将接受合理的司法审查；这一标准高于一般临床实践的规范标准。当司法心理学鉴定人进行检查、鉴定或处理当事人法律诉讼的时候，他们的专业鉴定（服务）将对司法裁判起到关键作用。在尽可能的情况下，他们承担着提供最好的司法心理学鉴定服务的特殊职责。

1. 作为鉴定证据基础的鉴定数据，必须遵照正常的规范获取，并注意保护被鉴定人隐私权。司法心理学鉴定人都有义务了解这些规则并遵照它们指导自己的鉴定行为。

2. 司法心理学鉴定人对鉴定所引用的鉴定依据负有责任，他们应该使这些鉴定依据具备合理性和客观性，最终使其可以作为证据使用，而不违反相关法律规定。

C. 在提供司法心理服务时，司法心理学鉴定人应特别注意，以避免应用不应有的方法、程序对鉴定意见造成影响，因为这可能会在经济赔偿或其他利益上影响被鉴定人司法诉讼的成败。作为一名法庭专家在进行司法心理学鉴定、心理学治疗、心理学会诊或学术/实证调查时，司法心理学鉴定人应恪守职业操守和职业道德，从所有合理的角度出发进行鉴定，并积极寻求客观信息或实际差异，证实似是而非的假设。

D. 司法心理学鉴定人不单独向被鉴定人或诉讼的任何一方提供专业鉴定服务，在鉴定之前，他们应向被鉴定人的代理律师，以适当的方式表述鉴定人身份及鉴定事项。在适当情况下，当司法鉴定服务是根据法院的委托而必须进行，且被鉴定人律师提出鉴定请求时，司法心理学鉴定人要做出合理的努力，在鉴定之前将鉴定情况通知法院。

1. 司法心理学鉴定人可以在法院委托之前，提供鉴定人的初步的、紧急的心理健康服务或指派一名律师，提供鉴定前心理学服务，用以保护和改善被鉴定人的心理健康。但这种做法的先决条件是，如果不提供这种心理学服务，将构成被鉴定人迫在眉睫的重大危险，这会损害到被鉴定人或其他人员。司法心理学鉴定人虽然是在紧急情况需要下提供这种服务的，但仍然要通知被鉴定人的代理律师。

2. 提供紧急心理卫生服务的司法心理学鉴定人，应力求避免给被鉴定人提供进一步的司法心理学鉴定专业服务，除非这种鉴定是合理的并且是不可避免的 [IV (D) (2)]。

E. 当司法心理学鉴定人需要向鉴定双方之外第三方寻求鉴定依据时，应当事先记录这些鉴定依据来源，他们应仅限于按照法律要求，并得到事先许可，或由于法院的委托而进行司法心理学鉴定。

F. 司法心理学鉴定人应非常清楚他们的专家证词会给他们的司法心理学鉴定带来很大的道德负担。当有确切的事实证明鉴定意见、证据或鉴定意见是来自于道听途说或以其他不被许可的鉴定为依据时，他们可以不予认可。在合理允许的情况下，司法心理学鉴定人应当争取获得独立的或亲自调查所获得的鉴定依据。鉴定依据是作为他们职业服务（鉴定）的组成部分，并应向法院或向参加诉讼的被鉴定人完整的提供这些鉴定依据。

1. 虽然司法心理学鉴定人会使用多种形式证明鉴定意见的正确性，但司法心理学鉴定人必须证实这些作为他们鉴定基础的关键鉴定依据。当使用没有被证实的道听途说的鉴定依据，而且仍然利用它们进行论证时，司法心理学鉴定人将肯定负有伦理学方面的责任。他们必须说明这些未经证实的鉴定依据的来源和依赖这些鉴定依据的理由。

2. 对其他任何类型的证据，除非法庭有其他方面的需求，司法心理学鉴定人应尽量避免应用与鉴定无关的信息。关键的是，鉴定中所有的鉴定依据或信息必须能够支持他们的鉴定意见、证据或证词。

3. 当司法心理学鉴定人依靠他人收集的鉴定依据或资料进行鉴定时，他们要澄清这些鉴定依据的来源。此外，司法心理学鉴定人负有特殊的责任，确保这些鉴定依据是按照职业标准要求收集的。

G. 除非另有规定，司法心理学鉴定人都知道，在任何（司法）鉴定过程中，或在任何刑事诉讼程序中，没有对被鉴定人的鉴定，就没有法庭专家陈述的证言，也没有任何其他声明可以被接纳或作为反驳被鉴定人的证据，只有对被鉴定人精神状态的问题进行司法鉴定才能起到司法证据的作用。司法心理学鉴定人有一个积极的义务，即确保其书面鉴定意见和口头证词符合本联邦议事规则或其他相关规定。

1. 由于司法心理学鉴定人往往不知道证据、文件或书面结论内容可能是什么或可能会导致什么样"声明结论"，所以他们应该谨慎的撰写鉴定报告或提供证言证词。在被鉴定人的心理状态被确认之前，或有关被鉴定人的精神状态的鉴定意见做出之前，司法心理学鉴定人应当遵循各州或联邦对法律报告要求，尽力避免被鉴定人所被控告的内容对鉴定公正性的影响。

2. 一旦被鉴定人进入审判阶段，如果行为能力等鉴定问题已经得到解决，司法心理学鉴定人将把所有已鉴定的心理健康问题、有关被鉴定人的精神状态的证据或证词，鉴定事项的结论以及与被鉴定人直接相关专家证据写入鉴定报告或质证陈述中。

H. 当司法心理学鉴定人无法亲自对被鉴定人进行身体检查时，他们应当尽力避免出具缺乏身体检查结果的意见陈述、鉴定分析或鉴定意见。司法心理学鉴定人应尽一切合理的努力，保证鉴定过程中对被鉴定人的身体检查。如果实在不能进行这样的检查而必须得出鉴定意见时，那么他们必须明确这种情况下出具的鉴定意见，专家证言证词是有局限性的。

Ⅶ. 公众和职业人员的沟通

A. 司法心理学鉴定人应当做出合理的努力，以确保鉴定的公正性，确保他们自己的公开声明和专业的证词能够明确的表达和传达鉴定目的，促进理解和避免欺骗，并给予充分、详尽的解释。司法心理学鉴定人还应当能公正地和其他相关执业人员进行良好的沟通。

1. 司法心理学鉴定人可采取合理的步骤，以纠正他们的司法鉴定意见、证言证词或有关失实的陈述。

2. 司法心理学鉴定人有义务向被鉴定人解释符合职业和法律标

准的有关司法鉴定工作，如鉴定过程结果的公开、鉴定依据的解释以及得出鉴定意见的事实依据等。他们应该用被鉴定人可以理解的语言描述鉴定意见依据并充分解释鉴定意见。

a. 根据教育和心理学检测标准的第16条规定，司法心理学鉴定人无权向除鉴定双方之外的第三方公开或解释鉴定依据或鉴定意见。如果确有必要，一定要向第三方公开鉴定依据或鉴定结果时，司法心理学鉴定人应确保所公布的信息安全可控。

b. 为了提供可靠有效的信息，原始鉴定依据必须经由合格的专业人员负责解释。司法心理学鉴定人应采取合理措施，详细的解释原始鉴定记录和原始鉴定依据，以确保被鉴定人可以清晰明确的了解鉴定事项。

B. 司法心理学鉴定人应当认识到，作为"代表法院的法庭专家"或"法庭专家代表"，他们的神圣地位赋予他们在质证陈述中的公正性和准确性上负有特殊的责任。

在法律诉讼程序中，需要鉴定或评论鉴定工作的合理性，或评价另一法庭专家或当事方的资格。司法心理学鉴定人对其他法庭专家或另一方鉴定依据、观点理论、引用标准、意见公正和鉴定的准确性持有异议时，应指出其分歧所在。

C. 通常情况下，在参与司法裁判过程中，司法心理学鉴定人应避免做出详细的公众或庭外陈述（声明）。我们强烈建议司法精神病学鉴定人一定要尽量的避免这种公众声明。法庭专家这种公开声明的目的是保证准确地反映他们的作用或其证据，而不是判断双方在法律程序中的立场，因而这些声明最好只限于法庭内。司法心理学鉴定人在出版物或交流中提及特定的法律程序，其所参考和依据的信息应仅限于部分公开的纪录，或经过当事人授权允许使用这些信息。

D. 在诉讼过程中出庭作证时，所有司法心理学鉴定人都有义务以公平的方式向双方当事人阐述他们的调查结果、分析或其他鉴定意见。这一原则并不排斥依据鉴定材料所作出的推理性判断，也不排斥由这些推理得出的鉴定意见。然而，它应当排除任何个人色彩或个人好恶的参与，不能（不论主动还是被动）扭曲事实或进行失实陈述。司法心理学鉴定人应当避免由于委任或送检材料疏漏所造成的鉴定依据缺乏，避免参与基于虚假证据的虚假陈述，也不能盲目逃避，拒绝或者颠覆违背自己的中立立场出示证据。

E. 司法心理学鉴定人，在其整个司法鉴定服务中，凭借其可公布鉴定信息的职权和披露规则，积极地解释其所有信息的来源。解释的方式可以采用特殊的书面或口头证言的形式。

F. 司法心理学鉴定人都知道，他们的重要作用是作为法庭专家协助调查事实，了解证据或确定问题的事实，提供专家证据。他们要知道，自己的职业观察，推论和结论必须区别于法律的事实、意见和结论。司法心理学鉴定人要准备解释专家证词、有关的法律问题和事实之间的关系。

国家法医社会工作学会

伦理道德准则

前 言

在成为国家法医社会工作学会会员之前，每个法医社会工作从业者要庄严承诺，遵守职业道德守则。法医社会工作从业者同意，根据本伦理道德准则，向社会、同事及他们所属的学会、全国法医社会工作学会的个人成员和国家法医社会工作学会履行下列义务。每名法医社会工作从业人员应促进福祉，尽量减少潜在危害，并鼓励平等地提供司法社会工作服务。

第一部分　国家法医社会工作学会的伦理责任

规则1：国家法医社会工作学会成员应具备从事法医社会工作所需资格的教育背景和执业经验履历。

规则2：国家法医社会工作学会成员不得以任何目的，包括为了获得成员资格、许可和/或认可，以口头或书面形式伪造成员的资格、教育背景或执业经验履历。

规则3：国家法医社会工作学会成员均应明确，任何规范与规则都是不断变化的，他们应尽力适应变化规则的影响性，并能符合实践要求。在需要的时候，他们要参加在职培训计划，参加专业会议，通过阅读专业刊物扩大他们的实践技能，向专职同仁学习法医知识，编纂/出版教材，与同行和其他专业人员进行交流。

规则4：国家法医社会工作学会成员有责任向其他专业人士和公众告知全国法医社会工作学会的工作和章程。

规则5：国家法医社会工作学会成员应明确区分他/她的发言（陈述）是代表全国法医社会工作学会，还是以一名普通公民的身份。

规则6：国家法医社会工作学会成员，在为被鉴定人提供鉴定服务时，通过与其他机构或社会成员协商，应努力明确区分法律、法规、政策和鉴定服务之间的潜在冲突。

规则7：国家法医社会工作学会成员表达调查研究结果和出版著作时，应保证保护被鉴定人的隐私权和尽量减少所有被鉴定人的身体和/或心理伤害。

规则8：国家法医社会工作学会成员参与研究的客体仅限于他/她自愿的书面同意的情形。应当注意保护被鉴定人的隐私和尊严。不得因被鉴定人拒绝参加任何研究项目而惩罚或漠视（他们）。

规则9：按照出版商制定的标准，在公开出版物上应给予参加者适当的名誉称谓，主要资助者应在列，主要作者应列在最前面。

第二部分　委托方和同事道德责任

规则10：国家法医社会工作学会成员应遵守承诺，自愿成为法医社会工作从业者或其分支机构从业者。

规则11：国家法医社会工作学会成员应向适当机构和/或专业学会报告委托方或同事的不道德行为。

规则12：国家法医社会工作学会成员应拒绝参加任何对被鉴定人、同事或学会机构不利的不道德行为。

规则13：国家法医社会工作学会成员应维持或保护对被鉴定人、

同事、学生或学员的尊重和尊严。

规则 14：国家法医社会工作学会成员应以公正和公平的方式按照学会机构规范或个人的习惯，对学生或学员进行督导和评判，并和学生或学员分享评判结果和经验。

规则 15：国家法医社会工作学会成员应和同事商议后，确定鉴定事项或鉴定意见。

规则 16：国家法医社会工作学会成员不得以私人目的进行鉴定活动，除非这些行为符合该机构的政策。

第三部分　机构对被鉴定人的道德责任

规则 17：国家法医社会工作学会成员提供法医社会鉴定服务时，不得因为种族、国籍、宗教、肤色、年龄、性别、性取向、精神或身体残疾、政治信仰、婚姻或法律地位而区别对待（歧视）被鉴定人。

规则 18：国家法医社会工作学会成员应明确被鉴定人的身份，通知被鉴定人鉴定的性质和鉴定宗旨，并在遵守合适的隐私保护标准的条件下，与他们共享鉴定信息。

规则 19：国家法医社会工作学会成员不得采取可能危及被鉴定人（受试者）身体、情感或精神健康的鉴定方式。

规则 20：国家法医社会工作学会成员必要的（适当的）时候要寻求协商（交流）。

规则 21：国家法医社会工作学会成员可以转到其他专业鉴定机构任职，当被（被鉴定人）认为某人是具有最佳鉴定能力的鉴定人时，被鉴定人有选择鉴定人为其鉴定的权利。

规则 22：当个人、家庭和/或职业责任之间有可能发生冲突时，国家法医社会工作学会成员应避免潜在的利益冲突，并拒绝接受为该被鉴定人鉴定的工作。

规则 23：终止鉴定时，应充分考虑被鉴定人的意愿，解释国家法医社会工作学会成员的决定，通过适当方式将鉴定转介到其他专业人士或机构，以确保鉴定的延续性。

规则 24：按照法律法规要求，国家法医社会工作学会成员应保护所有原始记录和文件的完整性和保密性。只有告知了被鉴定人，并且得到其书面同意后，方可公开这些信息。

规则 25：国家法医社会工作学会成员应按照有关规定，比对其他专业人员类似性质的鉴定（服务），收取合理的并可接受的鉴定费用。

规则 26：国家法医社会工作学会成员要尽量向（有选择的）贫穷的被鉴定人提供鉴定服务。

规则 27：国家法医社会工作学会成员提供鉴定服务后应领取报酬。

规则 28：国家法医社会工作学会成员不得从事任何非法活动，或进行欺诈、欺骗行为。

规则 29：国家法医社会工作学会成员不得为了推荐或接受来自同事的鉴定，而要求、提供或接受任何有价值的物品。

规则 30：国家法医社会工作学会成员不得允许他/她的个人问题、精神疾病或因吸食毒品或酒精依赖这些情况干涉鉴定。国家法医社会工作学会成员有责任在经过适当的治疗和处理后再行鉴定活动。

规则 31：法国家法医社会工作学会成员不得从事与被鉴定人、学生或其他国家法医社会工作学会成员权力之下的任何人发生任何性接触（关系）。

规则 32：国家法医社会工作学会成员，按照有关地方和国家的法律，应向适当的地方政府或联邦的机构报告任何已经确定的（记录在案的）或涉嫌儿童虐待或漠视案件，及虐待患者或任何虐待的案件。

规则 33：国家法医社会工作学会成员，在受到被鉴定人威胁，并有可能造成迫在眉睫的严重威胁致身体上的伤害时，应及时通知适当的法律部门和能确定的潜在的受害者。

规则 34：记录有被鉴定人信息的录像或谈话录音被用于职业教育时，国家法医社会工作学会成员应取得被鉴定人的书面同意。

规则 35：国家法医社会工作学会成员应考虑到对未达到法定年龄的被鉴定人的特殊的责任，并应确保仅公开有必要的信息，最大限度地将被鉴定人在鉴定中的情况告知其父母、监护人或其他适当机构。

第四部分　机构对社会的道德责任

规则 36：国家法医社会工作学会成员有义务就司法社会工作实践提出立法建议。

规则 37：国家法医社会工作学会成员要同样平等地（从事司法社会工作）对待所有的人，应提高司法鉴定的质量和标准。

规则 38：国家法医社会工作学会成员，他/她本人不得作伪证。

规则 39：国家法医社会工作学会成员不得转授职责或责任给任何没有资格履行这些职责或接受这些责任的人。

规则 40：国家法医社会工作学会成员不得利用专业知识和技能在任何学会机构内进行有损于公共福祉的行为。

1987 年 3 月 28 日国家法医社会工作学会年度会议修订

加利福尼亚刑事专家学会道德行为准则

1957 年 5 月 17 日制定
1958 年 4 月 11 日第一次修订
1985 年 5 月 17 日第二次修订

序　言

　　本准则为从事刑事侦查工作的人士提供道德行为方面的指导。本准则并不是一成不变或包罗万象的，而是代表每一个从事刑事案件鉴定的工作者应该尽力遵守的一般性原则。就像刑事专家们关注的证据一样，由于个案的不同，所应用的原则也不尽相同。所以，并不会有完美的、放之四海而皆准的指南或规则。但是，本专业领域内及本学会的成员都必须遵守本准则中的基本条款。那些违反本准则的人，将被认为不适合从事该领域的工作。多次、反复违反该准则的人，将不能成为本学会成员。

　　刑事专家所从事的工作具有很强的专业性，需要对客观证据进行科学分析及鉴定，再将这些证据提呈法庭，并做相应解释。这些解释应包括分析及鉴定所采用的原则、方式和方法，并最终确认哪一些事实是对案件至关重要的。

　　该领域工作人员的职责是全心全意的为公平正义服务。在履行上述职责时，刑事专家必须应用其所掌握的所有的科学手段，尽可能的确认那些与案件有关的关键性客观事实。在做出具有现实根据的结论后，刑事专家还必须能对其结论进行解释和评价。在整个过程中，他们必须依据自己所掌握的专业知识和经验，经过缜密的分析，得出可靠的结论，并且确保他们的意见或结论能够揭示事实真相。这些结论或意见将以书面形式呈送法庭。所以，准确的书写技巧对刑事专家也非常重要。所有这一切的最终目的是为了使人们全面的了解鉴定意见，并且清晰明确地认识到结论与关键问题间的关系。

在履行上述职责过程中，刑事专家应以专业的道德标准，遵守本准则之规定。

任何时候，刑事专家无论在动机、方式或行动上，都应具有高尚的、得体的和正确的道德行为。

I. 科研方法和道德准则

A. 刑事专家应具有纯粹的科学精神，应做到不耻下问、孜孜不倦、逻辑清晰和公正无私。

B. 真正的学者会为了确认证据，而进行充分的、必要的实验或检测。但是，他们不会仅仅为了证明其结论的重要性，而去做一些与案件毫无关联的、多余的实验或检测。

C. 现代的科学研究精髓在于科研方法上的开放和透明。科学独立分析绝不是暗箱操作，也不是建立在与相关专业无关的、偶然的实验结果上。

D. 正确的科研方法可以对检测的物质进行真实的、可靠的分析，从而保证由这些分析所得来的结论真实、可靠。

E. 真正的科研方法要求其分析检测过程中，没有那些仍未确定或仍待探讨的实验步骤。

F. 不断进取的科学研究者可以与科研方法的发展同步，并且在任何时候都会谦虚谨慎；但这并不代表，他会无条件的赞同某种未经证实的科研方法。他们的这种态度，是为了在可能的时候，更好的认识和了解这种方法。

II. 与鉴定意见和结论有关的道德准则

A. 正确的鉴定意见要求有可供实践检验的证明方法。如果存在一种切实可行的方法，刑事专家则有责任将其普及应用。这不仅要求建立一套"检测程序标准"，而且要求这种标准可以不断改进，并被本行业和其他行业所认可。

B. 检测的目的在于揭示事实真相，并且要求所有与之相关的解释能够与最终目的一致，而不会被蓄意扭曲。

C. 如果可以恰当、正确的解释实验过程，那么有关的实验控制环节也必须被证明是可行的。

D. 如果可能的话，作为实验结果的鉴定意见，必须可以被再次试验或其他途径的方法所证实。

E. 如果得到的是不确定的实验结果，则必须对此结果进行充分的解释。

F. 科学精神是客观严明的，拒绝随意改变证据，拒绝受非职责之外因素的影响，它抵制那些与证据抵触的建议、压力和强权，它只与事实保持一致。

G. 刑事专家们应该注意那些调查案件中片面的实验结果，面对这些结果时，他们应该尽量审慎考虑，避免混淆科学事实和纯粹的科学理论之间的差异。

H. 科学方法要求个人认识到自身的不足，并且拒绝超出自身能力之外的工作，这条标准同样适用于那些正在拓展新领域的学者。在经过充分的训练和论证之前，他们不应该将新理论过早的应用到实践中。

I. 如果试验的结果本来就可以兼顾控辩双方利益，刑事专家不应该因为自己的倾向性，而选择对某一方有利的结果。

J. 明智的做法是，刑事专家应针对他们的意见或结论，准备多种解释，并讨论、斟酌它们，在任何情况下，刑事专家应该清楚地认识到，什么才是清晰的、科学的解释，而什么是片面的、偶然的解释。

III. 与法庭陈述有关的道德准则

A. 专家证人在某些领域具有比普通人更专业、广博的知识。专家的见解可准确的理解为"专家的正式意见"。一般的，这些意见可是专家对某些事实的理解或见解；而实际情况中，一些经过谨慎的分析和考虑但仍未获支持的结论也会包含其内。专家意见也可以理解为专家对某些事实的信念，或者是一种正式的判断，也通常被认为是，专家依据自己所掌握的专业知识和经验，对事实的专业性思考。

B. 具有职业道德的专家，不会利用专家的特权，对那些虽在其专业领域内，但未经充分思考的事实，做出草率的论断。

C. 无论在法律上如何定义，刑事专家应该认识到对他们最基本的要求就是提供"专家意见"，专家不应该利用其特权做超出事实的论断。

D. 如果所有的证据均有同一指向，那么专家应义不容辞的提出他们由论证所得出的意见或结论，虽然他们可能还暂时提供不了足够的理论支持。

E. 无论从哪一方面讲，刑事专家都应该尽量避免使用过多的专业词汇，避免过于抽象的解释。如果必须需要一种专业化的解释，那么这种解释不仅仅要准确，而且要求通俗易懂。

F. 专家证人应该清楚，法庭上，专家证人和普通证人同样的论述，陪审团更倾向于采信专家证人的意见。因此，刑事专家应该尽力避免他们的意见被曲解或误解。

G. 刑事专家在法庭上的职责，并不是仅仅提供控辩双方都认可的证据，更重要的义务是以正当的形式，提供可被法庭采信的证据。

H. 刑事专家不应该私自的、蓄意或有意的，通过误导陪审团的方式，来帮助控辩双方的任何一方。

I. 刑事专家，作为专家证人，应尽量用通俗易懂的语言来解释他们的结论，并使陪审团能够清晰明确的理解证据。用含混的、误导的、迂回的或者是歧义的语言误导陪审团是不道德的。

J. 刑事专家应清晰、直观的解答有关问题，并可以拒绝回答超出自己能力之外的问题。

K. 如果专家必须以影像资料或口头叙述背景资料的方式向陪审团提供证据，那么获取这些资料的途径必须是正规的或被认可的，并且是可靠和令人信服的。这些资料至少要达到科学研究的水平，必须能够成为陪审团正确评估证据的基础。

L. 任何影像资料必须符合公认的、可接受的标准，不能有意的改变或扭曲、误导陪审团。

M. 刑事专家向法庭呈送的资料必须符合有关法律规范和程序。上述材料的准备可能并不是最好的，但必须努力做到最好。

IV. 刑事犯罪学实践与道德准则

A. 当刑事专家受邀请参加私人诉讼程序时，他们可以适当的收取一些合理的费用。

B. 刑事专家不能通过风险代理收费的方式提供服务。

C. 刑事专家的道德之一，就是再度检查那些以前曾被提交过，或被其他人检查过的证据。当意见出现分歧时，在证据进入审判程序之前，关键的就是要尽一切努力，从冲突的正反两方面来分析，消除争议。

D. 通常的，除非导致冤假错案发生的情况外，"诉讼代理人－委托方"之间的关系可被认为是一种实证性证据的顾问关系，而公平正义将成为指导方针。

E. 作为刑事专家道德准则之一，当刑事专家以咨询资格充当诉讼代理人时，还必须尊重其他提供证据专家对其结论的疑问。所提供的这种服务必须是出于真诚和善意的，不能是心存芥蒂的，这样做的目的在于排除那些无效证据，而不妨碍审判。

V. 职业道德

为了促进刑事科学的发展、完善本学会成立之初衷并构造刑事专家间的和谐气氛，各成员都有义务在一定原则范围内履行自己的职责。这些道德规范原则与上述的原则同样重要。其主要区别在于是从职业利益的角度出发，而不是具体的社会义务。因此，职业道德关系到个体和部门之间的关系、行业政策等所有方面。

A. 不断地提供可供本领域刑事专家借鉴的新发现及技术层面的新发展是本行业的意义所在。本专业公认的专家可以在本领域进行合理的尝试。

B. 可以预见的是，遵照上述原则和目标，我们将会在检测方式上投入更多精力，从而使那些仍未能确认的证据得到确认。

C. 从职业操守来讲，刑事专家不得在某些特殊案件的审理中，沽名钓誉。但准许通过正常途径，在正规媒体发行出版物。

D. 如果没有做实质性的工作，刑事专家不应为了提高自己的声望而无故的在出版物上署名，或参加某些社会组织。

E. 本准则鼓励成员之间自由交换学术思想或共享科技信息。尊重本学会各项声明，吸纳新成员入会，是会员的职责所在。会员应避免在本学会会议上，不必要的重复表述自己的理念。

F. 刑事专家有责任指出那些违背本道德准则的行为。实际上，我们应该严肃的认识到尽力避免反复侵害本准则情况出现的重要性。因为这种情况将证明我们所采取过的、一切的修正措施都是徒劳的。

G. 本准则可视为任何刑事专家参与诉讼程序的行为规范；遵照本准则的刑事专家将会得到本学会的全力支持。

中英文对照词表

A

Absolutism 绝对论

American Academy of Forensic Sciences（AAFS）美国法医学会

American Academy of Psychiatry and Law（AAPL）美国精神病学与法学学会

American Board of Psychiatry and Neurology 美国精神病学和神经病学委员会

American College of Physicians 美国医师学院

American Medical Association（AMA）美国医学会

American Psychiatric Association（APA）美国精神病学学会

Artificial persons 法人

Aspirations 愿景

B

Babylonian Code of Hammurabi 巴比伦汉谟拉比法典

Bioethics 生物伦理学

Bipolar disorder 躁狂症

British Medical Association（BMA）英国医学会

C

Chronic fatigue syndrome 慢性疲乏综合征

Code of Ethics and Conduct (AAFS) 伦理行为守则

Committee on Ethics (AAPL) 伦理学委员会

Committee on Good Forensic Practice (AAFS) 法医实践委员会

Communitarian ethics 共产主义伦理道德观

Consequentialism 结果主义

Council on Ethical and Judicial Affairs (CEJA) 司法实践和伦理学委员会

Cross-examination 交叉询问

D

Death penalty 死刑

Decision analysis 决策分析

Decision making 决策

Deontology 义务论

Diminished capacity 能力乏弱

Dirty hands problem 黑手问题

Disability assessment 伤残评定

E

Ethics 伦理学

Ethics Committee (APA) 伦理学委员会

Ethical conflict 伦理冲突

Ethical duties 伦理义务

Ethical foundations 伦理学基本原理

M

Madrid Declaration 马德里宣言

Medical anthropology 医学人类学

Medical ethics 医学伦理学

Moral principles 道德准则

N

Narrative ethics 叙事伦理学

National Association of Social Workers（NASW）国家社会工作者学会

National Organization of Forensic Social Work（NOFSW）国家法医社会工作者学会

National Practitioners Data Bank 国家执业者信息库

Nesting of obligations 嵌套义务

Narrative ethics 叙事伦理学

Non-maleficence 非伤害

O

Occam's razor 奥卡姆剃刀理论

P

Post-modern 后现代

Post-modern theories 后现代理论

Post-traumatic stress disorder 创伤后应激障碍

Principles of Biomedical Ethics 生物医学伦理学原则

Principles of Medical Ethics 医学伦理学原理

Professionalism 职业行为

Prima facie 表见证据

Psychiatry 精神病学

Psychoanalysis 精神分析

pure objective data 纯粹客观资料

R

Reflective equilibrium 反思平衡

Role conflict 角色冲突

Reflective equilibrium 反思平衡

Royal College of Psychiatrists 精神病学皇家学院

S

Schizophrenia 精神分裂症

Schizoaffective disorder 精神分裂症情感表达障碍

Self-regulatory 自我调控

Social contract 社会契约

Social contract theory 社会契约论

Social responsibilities 社会责任

Sociology 社会学

Specialty Guidelines for Forensic Psychologists 司法精神病学特殊行为指南

Striving for objectivity 力求客观

Suicide 自杀

Systems approach 系统方法论

T

Therapeutic jurisprudence 治疗法理学
Twinkie defense 甜点抗辩
Typology 类型学说

U

United Nations Commission on Human Rights 联合国人权委员会

V

Virtue theory 美德理论

W

World Health Organization（WHO）世界卫生组织
World Medical Association 国际医学联合会
World Psychiatric Association 国际精神病学联合会